山西省文史研究馆 ◎ 本卷主编

红色记忆

革命老区巡礼

山西篇

国务院参事室 中央文史研究馆 ◎ 主编

中共党史出版社

图书在版编目（CIP）数据

红色记忆：革命老区巡礼．山西篇 / 国务院参事室，中央文史研究馆主编．-- 北京：中共党史出版社，2025. 4. -- ISBN 978-7-5098-6792-1

Ⅰ. K29

中国国家版本馆 CIP 数据核字第 2025DW7269 号

书　　名：红色记忆——革命老区巡礼（山西篇）
作　　者：国务院参事室　中央文史研究馆

出版发行：中共党史出版社
责任编辑：庄涵莉
责任校对：申宁
责任印制：段文超
社　　址：北京市海淀区芙蓉里南街 6 号院 1 号楼　邮编：100080
网　　址：www.dscbs.com
经　　销：新华书店
印　　刷：北京盛通印刷股份有限公司
开　　本：720mm × 1000mm　1/16
字　　数：288 千字
印　　张：22.25
版　　次：2025 年 4 月第 1 版
印　　次：2025 年 4 月第 1 次印刷
书　　号：ISBN 978-7-5098-6792-1
定　　价：85.00 元

此书如有印装质量问题，请联系中共党史出版社读者服务部 电话：010-83072535

《红色记忆——革命老区巡礼》组织委员会

主　任：高　雨　袁行霈

副主任：冯　远　王卫民　郑宏英　徐　畅

委　员：耿识博　王　彬　王安禄　白和平　吴南翔
蒋志红　徐　闻　彭　英　张志文　王元勇
王振华　王华存　卫　忠

《红色记忆——革命老区巡礼》编撰委员会

主　编：高　雨

副主编：耿识博

编　委：陈晓明　吴　江　王新生　李亚平　屈小强
刘　津　杨文军　郭小霞　王　优

山西篇组委会、编委会名单

前言

PREFACE

革命老区是党和人民军队的根。百余年来，党带领老区人民同全国人民一道，以“为有牺牲多壮志，敢教日月换新天”的大无畏气概，书写了中华民族几千年历史上最恢宏的史诗。

新民主主义革命时期，以毛泽东同志为主要代表的中国共产党人追光逐梦，把马克思列宁主义基本原理同中国具体实际相结合，开辟了农村包围城市、武装夺取政权的正确革命道路。党带领人民建立的革命根据地承载着中国革命的希望之光。虽然初创条件艰苦、偏僻闭塞，近代以来经济文化十分落后，但是星星之火可以燎原，人民的精神一旦觉醒，文明的沉淀一经激发，就以澎湃之势谱写出改天换地的壮丽史诗。正是有了革命老区，革命的武装就有了后方，就能够冲开绝壁、夺隘而出，在苦难中创造辉煌，开启全国胜利的新纪元。

新中国成立后，我们党带领老区人民推进社会主义革命和建设，自力更生、发愤图强、重整山河，为摆脱贫困、改善人民生活打下了坚实基础。进入改革开放和社会主义现代化建设新时期，党团结带领老区人民实施了大规模、有计划、有组织的扶贫开发，着力解放和发展社会生产力，着力保障和改善民生，取得了前所未有的伟大成就。党的十八大以来，以习近平同志为核心的党中央情系老区，提出实现脱贫攻坚目标的总体要求，实行扶持对象、项目安排、资金使用、措施到户、因村派人、脱贫成效“六个精准”，实行发展生产、易地搬迁、生态补偿、发展教育、社会保障兜底“五个一批”，发出打赢脱贫攻坚战的总攻令。经过持续奋斗，党带领老区人民同全国人民一道，坚持精准扶贫、尽锐出战，打赢了人类历史上规模最大的脱贫攻坚战，全国 832 个贫困县全部摘帽，近一亿农村贫困人口实现脱贫，960 多万贫困人口实现易地搬迁，历史性地解决了绝对贫困问题，创造了又一个彪炳史册的人间奇迹，为全球减贫事业作出了重大贡献。

百年征途、沧桑巨变、波澜壮阔。革命老区井冈山从高举红旗创建第一块农村革命根据地到树起全国第一面脱贫红旗，“糍粑越打越黏，生活越过越甜”；曾窝在大山深处的四川巴中，易地扶贫搬迁实施后乡亲们有了“稳稳的幸福”；斯诺眼中最不适合人类居住的陕北黄土高原，如今成为全国第一个完全“拴牢”流动沙地、绿色版图向北推进 400 多公里，连片增绿幅度最大的地区；淮海战役时当地群众用小推车载满军粮支前的山东临沂，入选首批国家物流枢纽，书写出告别贫困的沂蒙传奇……山川巨变见证初心使命，中国共产党从诞生之日起，就把为中国人民谋幸福、为中华民族谋复兴确立为自己的初心使命，并为之不懈奋斗。江山就是人民，人民就是江山。这一切的变化，都是中国共产党带领老区人民追梦美好生活的最美注脚，是中国共产党人民情怀的生动体现。

追寻掩映在山水间的红色足迹，体会艰苦奋斗的峥嵘岁月，革命老区的伟大历程完整展现了中国式现代化道路的艰辛探索、光明前景和勃勃生机。这是最生动的党的故事、中国故事、发展的故事、艰苦创业的故事、勤劳致富的故事，这其中所蕴含的精神力量，今天依然是我们朝着第二个百年奋斗目标，全面建设社会主义现代化国家的宝贵精神财富。

行程万里，不忘初心。党的十八大以来，习近平总书记多次到革命老区考察调研，瞻仰革命历史纪念场所，看望老区群众。习近平总书记指出：“我们绝不能忘记革命先烈，绝不能忘记老区人民，要把革命老区建设得更好，让老区人民过上更好生活。”习近平总书记强调要传承红色基因、赓续红色血脉，让信仰之光照耀前行路，“要讲好党的故事、革命的故事、根据地的故事、英雄和烈士的故事，加强革命传统教育、爱国主义教育、青少年思想道德教育，把红色基因传承好，确保红色江山永不变色”。

为深入贯彻习近平总书记关于革命老区的系列讲话精神，国务院参事室、中央文史研究馆编辑出版了这套《红色记忆——革命老区巡礼》系列丛书，以期通过编撰、整理各地革命老区的红色历史记忆和新时代发展成就，深入挖掘革命老区所承载的红色基因，呈现老区人民底色不变、奋斗不变和发展巨变，在老区今昔发展对比中展示中国共产党的百余年辉煌足迹串连起的中国奇迹，让人们深刻领悟红色政权是从哪里来的、新中国是怎么建立起来的、今天的幸福生活是怎么得来的。以英雄的土地、人民和续写的红色传奇，进一步丰富人们的精神世界，提高人们的党史国史修养，在全社会树立正确党史观。

本套丛书第一部分“老区概览”系统梳理革命老区的历史概貌；第二部分“烽火岁月”以一个个有代表性的人物、故事为切入点，弘扬党带领老区人民所形成的革命精神、革命文化、革命传统；第三部分“沧桑巨变”展现新中国成立以来，特别是新时代以来革命老区以习近平新时代中国特色社会主义思想为指导加快大建设、推动大发展、实现大突破，在推动高质量发展中交出的红色“成绩单”。

本套丛书追随习近平总书记在各地革命老区考察的脚步，选取了目前写作较为成熟的河北、山西、安徽、福建、江西、山东、湖南、广西、四川、陕西、甘肃、宁夏等12个省（自治区）作为第一批次出版。丛书编撰得到了中央党史和文献研究院及各省、自治区党史研究部门的大力支持和悉心指导。参加编撰工作的专家学者不辞辛苦分赴各地深入挖掘史料，几易其稿、竭尽所能，终成此书。今后我们还将继续推进其他有关省（自治区）书稿出版工作。

党带领老区人民英勇奋斗的非凡历程，是数千年中华文明史、百余年中国共产党史和70多年中华人民共和国史的璀璨篇章，是取之不尽的红色资源宝库。本套丛书无法穷尽其全貌，也远未达到全面周详，但希望通过一个个感人至深的历史瞬间，缅怀先烈、激励当下，为党和国家的伟大事业作出一份贡献。倘能遂愿，则可令参加编撰工作的百余名专家学者深感欣慰。

高雨

2024年5月

目录 CONTENTS

第一部分　老区概览

习近平总书记2012年12月在河北省阜平县考察扶贫开发工作时指出："革命老区和老区人民为中国革命胜利作出了重要贡献，党和人民永远不会忘记。"[①]2013年11月，习近平总书记在临沂考察时叮嘱当地干部，"让老区人民过上好日子，是我们党的庄严承诺。"[②]2020年5月，习近平总书记视察山西时强调，"要充分挖掘和利用丰富多彩的历史文化、红色文化资源加强文化建设。"[③]习近平总书记五年内先后四次莅晋考察，对山西文物保护和文化传承工作多次作出重要指示、提出新要求，彰显了领袖对中华民族文化根脉的历史自觉和文化自信，也饱含着领袖对更好弘扬山西优秀传统文化的期许。期许是希望，也是鞭策，为我们以文化传承助力革命老区振兴提供了方向指引和根本遵循，注入了澎湃动力和强劲活力。

山西位于太行山与黄河中游的峡谷之间，这里是著名的革命老区，是中共中央北方局和八路军总部所在地，也是华北抗战的心脏和中枢。全省117个县（市、区）中有105个红色革命老区，有红色文化遗址3500余处、红色旅游景点103处。革命老区作为一个时代的符号，谱写了历史的辉煌乐章，耸立起一座精神高峰，始终鼓舞激励三晋儿女在民族复兴的光明道路上奋勇前行。

一、浴血奋战百折不挠

党的十九大报告中指出，中国共产党人的初心和使命，就是为中

① 张树军主编：《十八大以来全面深化改革纪事2012—2017》，河北人民出版社2017年版，第21页。

② 《习近平在山东考察时强调 认真贯彻党的十八届三中全会精神 汇聚起全面深化改革的强大正能量》，《人民日报》2013年11月29日。

③ 中共山西省委党史研究院：《图说中国共产党山西历史100年（1921—2021）》，山西人民出版社2022年版，第340页。

国人民谋幸福、为中华民族谋复兴[①]。“要讲清楚中华优秀传统文化的历史渊源、发展脉络、基本走向，讲清楚中华文化的独特创造、价值理念、鲜明特色，增强文化自信和价值观自信”[②]。

山西，历史悠远、文物浩繁，厚重文化浸染着这片古老土地。这里是中国现代考古学的肇始之地，有着中华民族最基本、最强大的文化基因和血脉；这里文化资源丰富、底蕴深厚，珍存着中华文明上下五千年的完整印记，素有中华文明的“主题公园”、古代东方艺术的“博物馆”之称。

在这片厚重的大地上催生了瑰丽无比、光耀千秋的红色文化，留下了一大批老一辈无产阶级革命家、党和人民军队领导人的光辉事迹和足迹。在风雨如磐的岁月中，经受住异常艰难残酷的考验，书写了感天动地的革命篇章，为新时代中国共产党人锤炼、锻造信仰、信念树立了光辉典范。

山西的红色文化始于大革命时期。在中国共产党创立初期，山西就有党的活动和影响。1924 年夏，高君宇受李大钊的派遣回山西开展国共合作，并创立了山西第一个党组织——中共太原支部。山西党组织的创始人高君宇，第一任党支部书记张叔平，中共太原支部委员、共青团太原地委书记彭真，还有土地革命战争时期牺牲的王瀛、汪铭、刘天章、阴凯卿、王伯堂等烈士，他们为了革命事业前赴后继，英勇牺牲。刘天章曾担任中共山西临时省委书记，领导创建了中国工农红军晋西游击队和红军。他被捕以后，在狱中坚持斗争、宁死不屈，牺牲前还把身上的毛衣脱下来作为最后的党费，让狱中的战友转交给党组织。

1927 年 5 月，中共山西省委成立，标志着山西党组织在领导山

① 中共中央党史和文献研究院编：《十九大以来重要文献选编》（上），中央文献出版社 2019 年版，第 1 页。

② 《习近平：把培育和弘扬社会主义核心价值观作为凝魂聚气强基固本的基础工程》，《人民日报》2014 年 2 月 26 日。

西工农革命运动中迅猛壮大。此时，全省有 30 多个县建立了党组织，党员人数发展到 1000 余人。

◆ 省立第一中学——山西第一个党组织诞生地。 山西画报社供图

土地革命战争时期，中共山西特委于 1931 年直接领导组织并创建的红军晋西游击队和红二十四军在吕梁山、太行山燃起革命武装斗争的星火，成为党在北方地区创建革命根据地，走农村包围城市、武装夺取政权道路的重要实践和尝试，同时也为红军东征取得胜利打下了重要的党的工作基础和群众基础。1936 年 2 月 20 日开始的红军东征，其间转战山西 50 余个县，在山西播下了抗日的火种，为全国抗日民族统一战线的形成和山西抗日根据地的建立创造了有利的契机和条件，是中国革命走向高潮的一个重要里程碑。1936 年 11 月薄一波接办了山西牺牲救国同盟会（简称牺盟会），后将其改组为党领导的抗日救亡的群众团体，并积极宣传党的抗日主张，动员、组织和武装群众，开办多种训练班、教导团，培养了一大批领导抗日救亡工作的骨干，毛泽东称赞其为“我们党统一战线政策的一个成功的例证”[①]。

① 苗长青：《山西新军史略》（山西历史文化丛书第 31 辑），山西春秋电子音像出版社 2008 年版，第 56 页。

抗日战争时期，山西是举世瞩目的战略要地、华北敌后抗日根据地中心。1937 年秋冬，八路军总部率领三大主力开赴山西抗日前线，以山西为中心进行抗战，首先开辟创建起晋东北、晋西北、晋东南、晋西南四大块抗日根据地，尔后以山西为立脚点和出发地，创建晋察冀、晋绥、晋冀鲁豫三大敌后抗日根据地，开展了民族解放战争运动。朱德、彭德怀、左权、邓小平等老一辈革命家曾长期生活战斗在山西。

信仰的力量，感染、鼓舞、召唤一代又一代人舍命相随。

山西人民在党的领导下前赴后继、英勇奋斗、一往无前、敢于胜利，用鲜血和生命铸就了气贯长虹的革命精神。为了民族独立和人民解放，无数山西优秀儿女前赴后继、英勇奋战，甚至不惜流血牺牲。

——巍巍太行、莽莽吕梁承载着厚重辉煌的革命历史，铸就了光耀千秋的红色文化——“风在吼，马在叫，黄河在咆哮”犹在回响，一曲气势磅礴、气势恢宏的旋律，奏响了新时代“黄河大合唱”的澎湃乐章。《黄河大合唱》不仅浓缩着党领导人民重整河山、改天换地的历史实践，更凝结着山西儿女不畏艰险、永不屈服的英雄气节。

◆ 黄河壶口瀑布。　周俊芳摄

1938 年 9 月，著名诗人光未然带领抗战演出队来到黄河壶口。他在瀑布前流连忘返，被滔滔的黄河水激发了无限的灵感，写下了不朽的诗篇《黄河颂》。回到延安之后，冼星海为这首诗谱了曲子，从此，华夏大地回荡起了《黄河大合唱》

的民族交响曲。

——山西是抗日战争的主战场之一，是保卫陕甘宁边区、保卫党中央的坚固屏障。山西作为华北敌后抗战的指挥中心和抗日战争的主战场之一，八路军在此广泛开展游击战争，军民筑成铜墙铁壁，陷敌于人民战争的汪洋大海，取得了一个又一个辉煌战绩。八路军到达山西抗日前线后即取得平型关战斗重大胜利。平型关大捷是全民族抗战爆发后中国军队主动对日作战取得的第一个重大胜利，打破了侵华日军所谓“不可战胜”的神话，极大地振奋了全国军民的抗战信心，提高了共产党和八路军的声望，使许多人由此相信共产党不但坚决抗战，并且是有能力战胜敌人的。

◆ 平型关大捷纪念馆。　廖高会摄

国共合作进行忻口战役时，八路军的雁门关伏击战、夜袭阳明堡日军飞机场，烧毁敌机 24 架，使敌进攻忻口的物资供应濒于断绝和失去了空中轰炸优势，创造了国共两党和军队在军事上密切合作、共同御敌的范例。八路军七亘重叠设伏、广阳伏击战、神头岭伏击战、响堂铺伏击战、长乐村急袭战、午城井沟战役等，被称为“典型的游击战”。山西是百团大战的主战场，破坏正太、同蒲、白晋等铁路交通线，一度攻占日军坚固设防的天险娘子关。百团大战给日军企图分割各抗日根据地军民的“囚笼政策”以沉重打击，极大提高了共产党和八路军的威望，振奋了全国军民争取抗战胜利的信心。八路军黄崖洞保卫战激战八昼夜，歼灭日军1800余人，八路军伤亡350人，创造了敌我伤亡5.3∶1的光辉战绩。八路军洪洞韩略伏击战，一举歼灭日军“战地观战团”军官120余人及护送部队60余人，其中包括少将旅团长服部直臣和6名联队长，这是中国军队在抗日战场上一次消灭日军军官最多的著名战斗，正因为这次战斗，华北派遣军司令冈村宁次被日本天皇召回东京、受到训诫。8万余沁源军民对深入根据地腹心区的日军展开历时两年半的围困战，终于赢得了胜利，被誉为“敌后抗战中的模范典型”。根据毛泽东“把敌人挤出去”的指示，晋西北开展了“挤敌人”斗争，围困芝兰、岔口等敌据点，受到毛泽东赞扬：“打出威风来，扩大自己，挤小敌人。”[①] 抗战时期，八路军第一二〇师主力、第一一五师主力分别扼守黄河以东地区，创建晋西北抗日根据地和晋西南抗日根据地，开展游击战争，粉碎日军的围攻，打击和牵制日军，打破了日军渡黄河西犯的企图，保卫了陕甘宁边区，后来形成的晋绥抗日根据地、绥远大青山抗日根据地是其重要组成部分，成为陕甘宁边区的北方门户。以山西为中心的晋绥、晋察冀、太行、太岳抗日根据地，在战略上协同配合、相互策应，共同担负了保卫和支援陕甘宁边区、保卫和支援党中央的重任，形成了阻敌西进的屏障，成为了保卫陕甘宁边区、保卫在延安的党中央的前卫阵地。

——山西最早成功实践党的抗日民族统一战线，成立牺盟会、战动总会和组建山西新军，是全国的创举和范例。毛泽东亲自部署山西统一战线开展，多次亲笔致信山西地方当局阎锡山，安排多方以多种

① 中共山西省委党史研究室编：《山西革命回忆录》（第4辑），山西人民出版社1987年版，第160页。

渠道做阎锡山的统战工作，指出“北方统一战线非常要紧”“晋绥应放在第一位”[①]。中共与阎锡山双方达成在太原建立中共秘密联络站和秘密电台，以及开辟晋陕秘密交通线和晋陕通商等协议。1936 年 10 月，中共中央北方局派薄一波等到山西，专做山西地方实力派阎锡山及其军政上层的统战工作，他们接办和改组了牺盟会，运用官办的合法的组织，戴“山西帽子”，实际上实行中国共产党的抗日主张、发动抗日救亡群众运动，中国共产党与阎锡山形成了具有特殊形式的抗日统一战线。此后，大批共产党员和抗日进步人士进入山西，北平、天津、上海、河南、湖北等 22 个省市爱国青年成批涌向山西，使山西成为全国抗日救亡声势最大、动员民众抗日最广泛的特殊地区。全民族抗战爆发后，周恩来莅晋，代表中共中央与阎锡山商谈八路军开赴山西抗日前线开展游击战争的部署问题，提议合组第二战区战地总动员委员会，实施战争全部动员和组织游击战争。经过谈判，1937 年 9 月 20 日正式成立了第二战区民族革命战争战地总动员委员会，国民党元老、爱国将领续范亭担任战动总会主任委员，中共中央派邓小平、彭雪枫、程子华、南汉宸参加了战动总会的领导工作。战动总会是中国共产党与地方当局阎锡山在一个战区合作的统一战线组织，共产党、八路军派出代表，以公开的身份参与领导，双方形成固定的组织、共同的纲领，这在当时的全国还是第一例。党在山西运用统一战线组建了山西新军，山西新军名义上属于阎锡山军队建制，实际上是由中国共产党领导的与八路军并肩作战的抗日武装。1940 年，山西新军归入八路军的战斗序列。

——山西素有“八路军的故乡，子弟兵的摇篮”之称。在那段峥嵘岁月里，山西人民在中国共产党的领导下进行了艰苦卓绝的斗争，为夺取抗战胜利作出了巨大牺牲和突出贡献，谱写了可歌可泣的

① 中共中央党史研究室:《中国共产党历史》第一卷（1921—1949）上册，中共党史出版社 2011 年版，第 428 页。

壮丽诗篇。洒遍千山烈士血，凯歌几度泪沾襟。在抗战中，抗日军民和普通民众先后伤亡 276.4 万余人，占七七事变爆发前全省总人口的 24.09%，其中牺牲和被杀 52.1 万余人。无数共产党人和人民子弟兵英勇杀敌、前赴后继，直至献出自己的生命；无数太行儿女武装起来、走向战场，浴血奋战，有力地打击了日军的疯狂进攻，也极大地激发了全国人民的抗战热情。同时，社会财产和居民财产也遭到巨大损失，其中居民房屋被毁 941.3 万余间，禽畜被抢 1735.2 万余头（只），生产工具损失 1.2 亿余件。在这片英雄的土地上，洒遍了左权、李林、续范亭、刘胡兰、尹灵芝、赵亨德等各个时期革命英烈的鲜血，正是一代共产党人这种浩然正气、这种视死如归的精神，推动着中国革命前进的步伐。

革命老区父老乡亲在极端困难的条件下，出兵、出粮、出财物，支援抗战、支援八路军，为夺取抗战胜利作出了巨大牺牲和突出贡献。

“母亲叫儿打东洋，妻子送郎上战场。”抗战中，山西各地 60 余万热血青年参加八路军。八路军总部所在地武乡县共有 14.3 万人口，参加各种抗日组织的就达 9 万人；山西各地参加八路军的热血青年达到 60 余万人，八路军由组建时的 4 万多人发展到抗战胜利时的 102 万人。八路军的发展壮大，与山西青年一批又一批的参军热潮密不可分。

山西人民在极端困难的条件下，尽最大努力供应了战争需要的粮食、被服和各种军需物资，担负了繁重的抗战勤务，踊跃支前。山西人民以无私奉献的情怀，竭尽所能提供了兵源、人力、物力、财力，为夺取抗战胜利作出了突出贡献。晋绥边区人民在异常艰苦条件下赤诚奉献，支援陕甘宁边区、支援党中央，据不完全统计，1940 年到 1945 年，晋绥边区支援党中央的经费占到边区财政的 50% 到 60%，而吕梁几个专区则占到 70%，其中仅 1943 年上缴党中央的经费就占到了吕梁几个专区各县财政总收入的 81%。

◆ 晋绥边区革命纪念馆。 山西画报社供图

山西革命老区具有明显特点，一是存在时间长。从 1937 年 10 月至 1949 年 9 月，共 12 年，其间不仅没有间断，而且坚持到全省完全解放，坚持到全国新民主主义革命彻底胜利。二是占全省面积大。按 2000 年的行政区划，山西 117 个县（市、区）中，109 个县（市、区）为老区，占 92%；1882 个乡中，1520 个乡为老区，占 80%。三是遍布全省各区。晋东北、晋西北、晋东南、晋西南四块革命根据地分布于全省各个市（地区）的广大城乡。中共中央在延安创办的机关报《解放日报》专门刊发《向沁源军民致敬》的社论，高度评价："模范的沁源，坚强不屈的沁源，是太岳抗日民主根据地的一面旗帜，是敌后抗战中的模范典型之一。"① 山西的共产党员和人民群众用鲜血和生命铸就了气贯长虹的革命老区精神，催生了壮美瑰丽的红色

① 中共山西省委党史研究院:《中国共产党山西历史》第一卷（1924—1949）下册，中共党史出版社 2021 年版，第 568 页。

文化。

八路军总部在太行山上可歌可泣的英雄壮举和民族气概，使太行山从地理意义的“天下之脊”升华为精神意义上的“民族脊梁”，赋予了太行山全新的精神内涵和文化魅力，那首脍炙人口的“群峰壁立太行头，天险黄河一望收”，成为一个民族的时代记忆，成为大美太行、最美山西的厚重底色。

抗战期间，党的力量之所以能够在山西迅速发展壮大，成为领导山西抗战的中流砥柱，究其原因，首先是中国共产党高举抗日的旗帜，在抗日根据地广泛发动群众，使山西人民群众得到空前觉醒，积极投身到抗日战争的洪流之中；其次，党在山西抗日根据地领导人民群众开展各项建设事业，减租减息，发展生产，造福人民，得到了广大人民群众的衷心拥护。人民群众认识到中国共产党是真正抗日的、是为老百姓办事的，从而自觉地团结在党的周围。事实充分证明，在民族危亡的关键时刻、在人民解放的时代趋势下，谁在斗争中表现得最坚决、最彻底、最勇敢，谁就能够赢得人心；谁能够切实解决人民大众在政治和经济上的迫切需要，谁就能够赢得人民的拥护；谁能够正确指明和代表中国的前途，谁就能够成为未来的旗帜。夺取抗日战争伟大胜利，中国共产党发挥了中流砥柱作用，抗战胜利后只用了短短几年时间，中国共产党便带领人民夺取了新民主主义革命的胜利，走上了实现中华民族伟大复兴的崭新道路。

历史和人民选择了中国共产党，中国共产党始终站在时代前列、引领时代前进，这是历史的逻辑。

——1945 年 8 月 15 日，日本宣布无条件投降，抗日战争结束。1945 年 9 月至 10 月，中共中央军委命令刘伯承、邓小平集中太行、太岳、冀南三个野战纵队和地方部队发起上党战役，对国民党军队进攻解放区进行了自卫反击，保卫了抗战胜利果实，配合了毛泽东在重庆同蒋介石国民党的谈判斗争。

这个时期，山西仍然是全国解放战争的战略前进阵地、重要兵源基地、后勤保障基地和干部输出基地。根据党中央提出“向北发展，向南防御”[①]的战略方针，各根据地积极选派大批干部进入东北。1945年9月，林枫、吕正操率领晋绥军区部队一个团，以及连以上干部400余人，太行、太岳、冀晋区党委也各抽调一批干部开赴东北，执行向东北发展的战略任务。1947年刘邓大军出太行、千里跃进大别山，从太行区抽调1600名干部、8万名民兵民工，从太岳区抽调3000余名干部随军参战支前。晋冀鲁豫野战军陈赓、谢富治兵团率部挺进豫西，从太行区抽调1万名民兵民工、从太岳区抽调数千名干部和4万名民兵民工，随军参战支前。

这个时期，山西老区及半老区掀起大规模的普遍的土地改革运动，从而消灭封建剥削制度，广大农民分得了土地，实现了“耕者有其田”，基本完成了消灭封建生产关系的伟大社会变革，并为党领导全国解放区土改创造了经验，当地有30万翻身农民参加人民解放军，并有百万民兵民工参战支前，晋西北吕梁解放区成为党中央的战略后方。革命老区在战争年代锤炼、培养、成长了大批干部，不仅为夺取抗战胜利造就了干部中坚力量，而且为夺取解放战争胜利、迎接新中国成立造就了大批治党、治国、治军的优秀干部。作为干部输出基地，山西有2.5万名干部北上、西进、南下，支援全国解放战争和开辟新区工作，仅成建制南下湖南、福建、四川，接管地方政权的干部就有1.2万人。

1947年3月，面对国民党军队的重点进攻，中共中央实施战略大转移，主动撤离延安，将中央和军委两大机关分为三个部分：毛泽东、周恩来、任弼时等组成中央前方委员会转战陕北，主持中共中央和人民解放军总部的工作；刘少奇、朱德、董必武等组成中央工作

① 《刘少奇选集》（上卷），人民出版社1981年版，第372页。

委员会赴华北，担负中央委托的工作；叶剑英、杨尚昆、李维汉、李克农、邓颖超组成的中央后方委员会，于 1947 年 4 月 11 日在晋西北临县成立，统筹后方工作。中央后委机关及转移过来的有 3200 多人，最多时 5500 多人。随中央后委在临县的，一度还有中共中央西北局、陕甘宁边区政府机关，中央后委在临县，作为党中央的三个工作中心之一，在党中央与各战区协调联络、对外宣传等方面做了大量工作，驻扎一年，于 1948 年 5 月与中央前委、中央工委在河北省西柏坡会合后，中央后委结束了其历史使命。1947 年 4 月，于中央后委在临县成立的同时，刘少奇、朱德率中央工委赴河北省西柏坡路经山西。1948 年 3 月至 4 月，毛泽东、周恩来、任弼时率中央前委和解放军总部向河北省城南庄、西柏坡转移时路经山西，毛泽东在兴县蔡家崖召开的晋绥干部会议上对《晋绥日报》编辑人员发表了重要谈话。

——在山西这片红色热土上，留下了一代开国领袖、开国元勋、开国将帅的光辉足迹，涌现出众多著名革命英烈和英模人物。毛泽东、周恩来、刘少奇、朱德、任弼时、邓小平、彭德怀、叶剑英、彭真、杨尚昆、左权、刘伯承、贺龙、关向应、罗荣桓、徐向前、聂荣臻、薄一波等老一辈无产阶级革命家、中国共产党和人民军队的领导人和高级将领，都曾在山西运筹帷幄、挥师作战、忘我工作。开国将帅中十大元帅，十位大将中的九位，上将、中将、少将中的 1002 位，都曾在山西工作、战斗，建立了彪炳天地的丰功伟绩。

山西这块红色的英雄的革命热土，从建党之初和大革命时期、土地革命战争时期到抗日战争时期和解放战争时期，涌现出众多著名英烈和英模人物，他们的事迹感天动地、可歌可泣。山西革命英雄谱在中国革命史册上闪射着耀眼的光辉，他们建立了彪炳天地的丰功伟绩，他们是山西人民的自豪与骄傲！

二、明体达用体用贯通

2021年7月1日，习近平总书记在庆祝中国共产党成立100周年大会上指出："坚持把马克思主义基本原理同中国具体实际相结合、同中华优秀传统文化相结合，用马克思主义观察时代、把握时代、引领时代，继续发展当代中国马克思主义、21世纪马克思主义！"[①] 此后，"两个结合"先后写入《中共中央关于党的百年奋斗重大成就和历史经验的决议》和党的二十大报告中，为各级党委、政府担负新的文化使命指明了前进方向。

"历史正反两方面的经验表明，'两个结合'是我们取得成功的最大法宝。"[②] 坚持党的文化领导权、深刻理解"两个结合"、担负起新的文化使命等重大创新观点，提出建设中华民族现代文明的重大任务。习近平文化思想，明体达用、体用贯通，是党和国家事业发展的必然要求，是理论创新的内在需求，是广大干部群众的广泛共识，体现了全党在传承中华优秀传统文化中推进文化创新的主动和担当。山西广大党员干部认真学习，深刻理解"两个结合"的重大意义，一致感到，中华优秀传统文化是中华民族的根和魂，积淀着中华民族最深层的精神追求，代表着中华民族独特的精神标识。中国有坚定的道路自信、理论自信、制度自信，其本质是建立在5000多年文明传承基础上的文化自信。

习近平总书记指出："党的十八大以来，我到地方考察，都要瞻仰对我们党具有重大历史意义的革命圣地、红色旧址、革命历史纪念场所，主要的基本上都走到了。每到一地，重温那一段段峥嵘岁月，回

① 《习近平谈治国理政》第四卷，外文出版社2022年版，第10页。
② 《习近平重要讲话单行本》（2023年合订本），人民出版社2024年版，第43页。

顾党一路走过的艰难历程，灵魂都受到一次震撼，精神都受到一次洗礼。每次都是怀着崇敬之心去，带着许多感悟回。”[①]

山西的红色文化遗址有3400余处，是全国最多的省份之一。全省现存不同时期党史重要机构旧址、重要党史人物故居旧居、重大战役遗址和重大纪念设施等3400余处，其中，近500处公布为各级文物保护单位，62处为红色旅游景区。为强化红色文化传承保护工作，山西出台了《山西省红色文化遗址保护利用条例》，成为全国首部该领域的省级地方性法规，随即还核定公布了中共太原支部旧址等191处山西省第一批省级红色文化遗址名录。截至2023年，山西已公布两批革命文物名录，其中不可移动革命文物1150处、可移动革命文物12767件（套），全省101个县分别列入中宣部、国家文物局等四部委公布的晋冀豫、晋绥、晋察冀革命文物保护利用片区。

山西革命文物遍布全省，一砖一石都镌刻着山西人民在党的领导下为民族独立和人民解放英勇奋斗的革命印记，是党和国家的红色基因库。

2023年国庆节前夕，山西省委举行理论学习中心组（扩大）专题辅导报告会，围绕“扛牢新时代推动文化传承发展使命职责，为建设中华民族现代文明贡献山西力量”专题，深入学习贯彻习近平总书记在文化传承发展座谈会上的重要讲话精神和考察调研山西重要讲话重要指示精神，深刻领悟“两个结合”的理论逻辑、历史逻辑、实践逻辑，自觉担负起新时代新的文化使命，充分发挥全省文物资源禀赋优势，把山西在百万年人类史、一万年文化史、五千多年文明史演进过程中的独特地位和作用搞清楚，使大家透过山西一域，在更深层次上认识中华文明、认同中华文明、把握中华文明。

文化是一个连续的整体，具有鲜明时代特征的红色文化是在优秀

① 习近平：《用好红色资源 赓续红色血脉 努力创造无愧于历史和人民的新业绩》，《求是》2021年第19期。

传统文化的基础之上发展起来的先进文化。优秀传统文化是红色文化植根的沃土，也是涵养红色文化的重要源泉。山西历史文化的完整性、艺术性，蕴藏着推动历史进程的精神密码，使得祖先的智慧与创造在这片土地不断凝结、积淀。

红色文化体现着中华民族共同的思维范式、情感表达、价值导向和精神追求，其所蕴含的九死不悔之信念、胸怀家国之情怀、人民至上之立场、艰苦奋斗之精神、实事求是之品格、日新日进之追求，支撑着我们党千锤百炼而淬火成钢，激励着我们民族披荆斩棘而逐梦向前。

长治市黎城县黄崖洞革命纪念地入口处竖立着黄崖洞保卫战英雄团的战旗雕塑，每当人们经过，总会被鲜红的战旗带入战火纷飞的岁月。1941 年 11 月，负责保卫黄崖洞兵工厂的八路军总部特务团 1000 余人，奋力抵抗 5000 余名日军的进攻，最终以少胜多、以弱胜强，创造了抗战史上敌我伤亡 5.3∶1 的战绩；战后，八路军总部授予特务团“黄崖洞保卫战英雄团”光荣称号。传承精神血脉，擦亮红色印

◆ 黎城县黄崖洞红色教育基地。　梁艳锋摄

记。在省市县相关部门大力支持下，黄崖洞革命纪念地投入上千万元对红色文化遗址进行保护性修复提质改造，黄崖洞保卫战英雄团战旗主题雕塑、兵工厂遗址群等焕然一新；同时，还结合全域旅游布局，对纪念地内的基础设施进行完善。如今，这里已成为开展革命传统教育、研学旅游的热门红色景区。

厚重辉煌的山西革命历史，铸就了光耀千秋、底蕴深厚的山西红色文化，做优秀传统文化的传承者，既是时代之责，也是历史赋予后人的重任。革命老区干部群众积极延续历史文脉、挖掘文化富矿，提升文化遗产和文物保护传承利用水平，实施好早期中华文明重大考古项目，积极发展文博、文创、文旅产业，进一步提升“华夏古文明、山西好风光”的知名度、美誉度和影响力，让优秀传统文化在新时代不断焕发新的生命力。

三、精神谱系血脉传承

革命老区作为中国革命最初的希望之光，虽然初创于条件艰苦、偏僻闭塞的贫困山区，经济文化十分落后，群众生活贫困不堪，但是，人民群众的精神一旦觉醒、文明的沉淀一经激发，就会转化为坚定的信心和无穷的力量，就能谱写出艰苦奋斗、改天换地的壮丽史诗。

愚公移山精神是中华优秀传统文化的重要标识。愚公移山的典故见于《列子·汤问》，讲述的是愚公不畏艰难、子孙相继、挖山不止的故事，体现了中华民族知难而进、艰苦奋斗的伟大精神。1945 年 6 月 11 日，毛泽东在党的七大会议上以《愚公移山》为题作大会闭幕词，1957 年又发出了“愚公移山，改造中国”的伟大号召。党的十八大以来，习近平总书记多次强调要弘扬愚公移山精神，尤其是 2016

年12月30日在全国政协新年茶话会上强调要大力弘扬愚公移山精神和将革命进行到底精神。经过几代中国共产党人的深刻诠释，愚公移山精神成为一种永恒的精神力量，在中国共产党领导人民革命、建设和改革的实践中，不断得到发扬光大，转化成为推动社会进步、发生历史沧桑巨变的强大物质力量。

太行山是愚公移山故事的诞生地。地处太行山深处的晋城市陵川县锡崖沟，无疑是弘扬愚公移山精神，艰苦奋斗、改天换地的典范。曾经穷山恶水、一穷二白的锡崖沟村，1962年秋天，村党支部率领村民发扬愚公移山精神，苦干实干，叩石垦壤，迎难而上，知难而进，逢山开路，遇河架桥，在头上壁立千仞、脚下万丈深渊的悬崖峭壁上凿石，硬是凭着不服输的“杠劲”，沿王莽岭山壁“依山就势、顺崖凿洞、天窗排渣、螺旋上升”进行筑路，终于在1991年6月，将锡崖沟祖祖辈辈翘首以盼的山路打通。这条人工修筑的挂壁公路，工程量大、耗时长，是党领导老区人民战天斗地的真实写照，是三晋儿女用汗水和智慧创造的，承载着光荣与梦想，蕴含着责任与激励，是后人前行的力量。一位到锡崖沟参观考察的人发自肺腑地说：“透过挂壁公路，对中国共产党人的初心和使命有了更多的理解和更深的领悟。”

习近平总书记指出：“伟大梦想不是等得来、喊得来的，而是拼出来、干出来的。”[①] 多年来，山西革命老区人民在推进社会主义革命和建设伟大实践中，大力发扬愚公移山精神，励精图治，攻坚克难，真抓实干、顽强拼搏、持续奋斗，推动革命老区发生了日新月异、翻天覆地的变化。新中国成立后的近30年时间，山西由一个贫穷落后的农业主导省份转变为三次产业协同发展的省份，初步建立了服务全国的能源重化工工业体系和国民经济体系，为新的历史时期开创中国特

① 《习近平关于“不忘初心、牢记使命”重要论述选编》，党建读物出版社、中央文献出版社2019年版，第382页。

色社会主义提供了宝贵经验和物质基础。

历史是最好的教科书，也是最好的营养剂。从1953年山西开始对农业、手工业、资本主义工商业进行社会主义改造，到1956年全民所有制和劳动群众集体所有制这两种形式在山西国民经济中居于绝对统治地位，标志着山西在经济制度上由新民主主义向社会主义过渡任务的完成和社会主义经济制度的确立；从1964年2月10日，《人民日报》发表长篇通讯《大寨之路》，毛泽东发出农业学大寨号召，到1952年9月，太钢成功冶炼出新中国的第一炉不锈钢，工人们用这第一炉不锈钢制成宝塔，向党中央和毛主席报喜；从“一五”时期，山西按照国家计划确定优先发展工业和国防工业的方针，初步形成以煤炭、冶金、电力、机械、化工为主的重工业结构，建立起崭新的较为完整的工业体系，到山西通过三线建设，建成了一批以能源交通为基础、国防科技为重点、原材料工业与加工业相配套、科研与生产相结合的工业项目，建成一批重要的铁路、公路干线和支线，促进了山西内陆省份的经济和科技文化发展，为以后解决东西部经济发展差距奠定了一定基础；从1958年7月，省委作出修建汾河水库的决定，全省兴修水利，先后建成漳河水库、册田水库、文峪河水库、关河水库、后湾水库等五座大型水库，并陆续修建了700余座中小型水库，极大地改善了全省的农业生产条件，到广泛动员开展农田基本建设、培育推广良种、提倡科学种田等措施，较大幅度地提高粮食生产水平和抵御自然灾害的能力。这些历史无不体现着山西人民的智慧与贡献。

新中国成立以来，山西在不同行业涌现出一大批先进典型：以李顺达、申纪兰为代表的平顺县西沟人，在这片土地上背土上山、先易后难，栽了阴坡栽阳坡，硬是让这寸草不生的石头沟变成了绿水青山，成为发展农业经济的典范。李顺达互助组，曲耀离互助组，郭玉恩农业社和先进代表人物李顺达、曲耀离、郭玉恩、申纪兰等，延续

◆ 李顺达。 山西画报社供图

了愚公移山、自力更生、艰苦奋斗的革命精神。

党的二十大报告强调，“弘扬以伟大建党精神为源头的中国共产党人精神谱系”“用好红色资源”“弘扬革命文化”。

习近平总书记指出，“一百年来，中国共产党弘扬伟大建党精神，在长期奋斗中构建起中国共产党人的精神谱系，锤炼出鲜明的政治品格。”[①] 井冈山精神、长征精神、延安精神、“两弹一星”精神、雷锋精神、红旗渠精神、载人航天精神、脱贫攻坚精神、伟大抗疫精神……这些内涵丰富的精神共同构筑了彰显中国共产党精神品质和精神力量的伟大建党精神谱系。

在血与火的斗争中，山西也同样铸就了伟大的太行精神（吕梁精神），孕育和形成了丰富多彩的红色文化，这些都是马克思主义基本原理同中华优秀传统文化相结合的伟大成果。这些精神谱系是中华民族伟大精神的象征，是中国共产党和全国人民的宝贵精神财富。

近年来，山西省委、省政府创新思路举措，传承红色基因，赓续红色血脉，努力在革命文物保护与新发展理念相融合、革命文物研究阐释与传承红色基因相融合、革命文物展陈与红色教育相融合、革命文物活化利用与红色旅游相融合、红色名村与乡村振兴相融合上狠下功夫，奋力激活高质量发展新动能。

全省各级把红色文物保护纳入目标责任考核体系，全社会红色文

① 《习近平谈治国理政》第四卷，外文出版社 2022 年版，第 7 页。

物保护意识不断强化、文物存续状况不断改善、文物利用水平不断提高。各级大力加强红色资源保护和开发利用的顶层设计，明确职责分工，确立工作规范，理顺体制机制。整合工作力量和资源，推动区域交流合作，提升研究开发水平，指导宣传文化、党校和高等院校等相关部门和单位携手加强老区红色资源开发利用。专门下发经费支持发掘、保护、利用好承载红色文化的遗址、遗迹、场馆、文物等。

在离武乡县砖壁村不远的下北漳村，是80多年前前方鲁艺所在地，如今又有了一个闪亮的名片——太行干部学院延伸教学点。1940年1月1日，前方鲁迅艺术学校成立，在太行山根据地形成一支拿笔、一支拿枪的两支队伍。众多优秀的文艺作品在这里诞生、传播，最终以燎原之势影响了全国，下北漳村也成为当时华北抗战前沿的文化中心。

◆ 武乡下北漳村前方鲁艺旧址。　廖高会摄

山西省委、省政府建设太行干部学院，把弘扬太行精神、学习传承红色文化作为立院之本、办学之魂，深入研讨红色文化，全力打造全国一流党性教育基地、太行精神研究中心和抗战历史学术交流平台。如今的太行干部学院设立了132个红色延伸教学点，使其成为广大学员悟初心、砺党性的有效平台。建院以来已举办培训班1000多期，培训学员近10万人，成为打造党员干部党性锻炼的标志性教育基地和传承精神谱系的生动课堂。

延续华夏文脉，承接文化遗存。作为全国闻名的文物大省，山西一处处饱经沧桑的文化遗产如璀璨星光点缀在浩瀚无边的历史长河之中。近年来，山西不断加大对文物保护的利用和文化遗产保护传承，云冈石窟保护和云冈学建设、永乐宫壁画保护、平遥古城保护、文明探源工程、晋绥边区革命文物保护利用、守护好千年瑰宝“七彩盐湖”等工作深入开展；大力推进文物保护工作由抢救性保护向预防性保护、数字化保护转变，非物质文化遗产保护由传承性保护向生产性保护、生活性保护转变，推动三晋优秀传统文化焕发出新的时代光彩；加快文物数字化保护利用工作，进一步完善全省文物数字化信息资源库，扎实做好文化遗产保护科技创新工作，正在书写从文物大省走向文物强省的新篇章。

山西省把红色文化宣传教育与开展群众性文化活动结合起来，运用红色文化阵地和各类活动平台，精心培育根植群众、服务群众的文化载体和文化样式，让红色文化滋润广大干部群众的心田。

三晋儿女不忘初心，缅怀革命先烈，追忆峥嵘岁月，传承红色基因，从党的奋斗历史和精神谱系中汲取前进力量，从赓续红色血脉中激发昂扬斗志，奋发有为走好新的征程，不断把山西高质量发展的宏伟事业推向前进。

四、风鹏正举逐梦向前

从“民亦劳止，汔可小康”的生活憧憬到“大道之行，天下为公”的社会理想，一直绵延和流淌在历代先贤和民众的血液中，渗透着华夏儿女的美好理想和深沉追求。中国梦承接近代以来的历史使命，与无数仁人志士追求民族振兴、国家富强、人民幸福的精神信念一脉相承。

实现中国梦的伟大进程中，全面建成小康社会是“关键一步”。消除绝对贫困，是迈好这一步的“关键一跃”。

山西有革命老区县105个，集中分布在吕梁山、太行山和北部高寒冷山区，贫困面积大、贫困人口多、贫困程度深是基本省情。面对脱贫摘帽大考，全省坚持以习近平总书记扶贫工作重要论述和考察调研山西重要讲话重要指示为根本遵循，始终把脱贫攻坚摆在全省工作突出位置，建立健全责任体系、投入体系和政策体系，以更坚定的决心、更明确的思路、更精准的举措，向贫困宣战。

脱贫攻坚战打响以来，三晋大地从南到北，从吕梁山下到雁门关外，从黄河岸边到太行深处，在山庄窝铺、在农家院落，全省13985支驻村工作队、42000余名工作队员、10009名农村第一书记执着坚守无私奉献，用自己的辛苦换来贫困群众的幸福，有的甚至献出了宝贵生命，诠释了扶贫干部的担当和情怀，在脱贫攻坚的战场上闪耀着熠熠光辉。

干部群众不会忘记，2017年6月，习近平总书记考察山西，第一站就来到兴县，提出要努力为人民创造更美好、更幸福的生活。花子村党支部牢记领袖嘱托，结合实际，因地制宜，积极发展大棚种植产业，让许多村民不出村就能有固定收入。现在村民们依靠大棚种植各种生鲜蔬菜，一年就能收入三四万元，是过去的三四倍。同年 6 月 21 日，习近平总书记来到忻州市岢岚县赵家洼村，坐在农家的土炕沿，查看米面饭菜，问询家庭收入、致贫原因、脱贫计划；走进农田，蹲到玉米地边，揭开间作红芸豆薄膜，了解抗旱保墒措施，同中央有关部门同志和当地干部群众一起商议脱贫攻坚大计。

干部群众同样不会忘记，2020 年 5 月 11 日至 12 日，习近平总书记来到大同，深入云州区考察有机黄花种植基地，为当地脱贫攻坚和乡村振兴把脉定向、擘画蓝图。习近平总书记在有机黄花标准化种植基地考察时说："希望把黄花产业保护好、发展好，做成大产业，做成全国知名品牌，让黄花成为乡亲们的'致富花'。"[①] 如今，大同共培育黄花龙头企业 15 家、黄花生产加工经营主体已达 175 家，研制开发出菜品、饮品、食品、功能产品、化妆品五大系列 100 余种黄花产品。黄花火了，乡亲们也吃上了香喷喷的"旅游饭"。依托黄花深刻文化内涵，大同打造以忘忧大道为主线，串联忘忧农场、火山天

◆ 2020 年大同黄花丰收节。　山西画报社供图

① 李明璇：《第二届大同黄花产业发展论坛举行》，《太原日报》2021 年 7 月 13 日。

路、芍药花海、桑干河湿地公园等沿线精品旅游景点，形成农文旅融合大景区，带动旅游收入 3 亿多元。

干部群众更不会忘记，瞅准市场需求、利用村内闲置的房屋建设标准化年馍加工企业的冯南垣村。2022 年春节前，习近平总书记来到冯南垣村，在村民师红兵家中，习近平总书记捏了一个枣花面团，并为面团点上红枣。年馍成了霍州人“富口袋”的一大产业。2022 年霍州年馍产值过亿元，全市 108 家年馍工坊解决了大量农村妇女就业问题。

老区党员干部感恩、感谢习近平总书记为百姓脱贫致富掌舵领航、把脉定向，以“打不赢脱贫攻坚战就对不起这块红色土地”的态度和决心，推进全省贫困人口稳定增收。2020 年，全省 58 个贫困县（区）全部实现脱贫摘帽，2022 年，全省农村居民人均可支配收入 16323 元，同比增长 6.6%，高于城镇居民人均可支配收入增速 1 个百分点。

如今，全省乡村稳粮保供基础更加牢固，“米袋子”更足更满、“菜篮子”更丰更盛、“果盘子”更鲜更甜。山西小杂粮形成大产业、大食物占据大市场，为国家粮食安全提供了山西特色方案。畜牧业领跑现代农业，山西水果、干果成为重要的出口农产品，销往美国、日本等国家和地区。特色产业带动脱贫人口增收，“大同黄花”“吉县苹果”“山西药茶”“隰县玉露香”等区域品牌成为持续增收“硬支撑”。打造“吕梁山护工”“天镇保姆”等特色劳务品牌，带动脱贫劳动力务工就业，脱贫地区培育起发展新动能，脱贫群众拓宽了增收新渠道。

老区人民群众世代梦想着摆脱贫困，盼着不缺粮、不缺水、有房住，现在终于梦想成真！

随着人民群众物质文化生活水平的提高，对日益增长的优美生态环境需要也在提升。山西省各级党委政府牢固树立绿水青山就是金山银山的理念，组织革命老区坚定不移走生态优先、绿色发展之路，以改善生态环境质量为核心，持续深入打好污染防治攻坚战，在不断推进绿色发展的路上踏石留痕，擘画美丽山西新画卷。

几年来，全省认真贯彻落实习近平总书记重要指示精神，坚持山水林田湖草沙一体化保护和修复，治山、治水、治气、治城一体推进，控污、增湿、清淤、绿岸、调水“五措并举”，全面推进以汾河为重点的“七河”流域生态保护与修复，开启生态化、全流域、系统性治理的新探索。推动出台《山西省汾河保护条例》《山西省人民政府关于加快实施七河流域生态保护与修复的决定》等法律规章；以河湖长制为平台，常态化开展河湖“清四乱”，整治妨碍河道行洪突出问题；推动“七河”“五湖”水生态治理项目成功列入国家55项重大水利工程；按照“省级规划、市县主体，政府主导、市场运作”原则，深入推进“两山七河一流域”生态保护与修复，完成汾河百公里中游示范区建设80%以上任务；累计向汾河生态补水12亿立方米，汾河焕发出勃勃生机，实现了“汾河水量丰起来、水质好起来、风光美起来”目标。一泓清水入黄河，让汾河河段再现“一川清流，两岸锦绣”，是革命老区以大力度、新举措扎实推进汾河流域生态保护与修复的一个生动实践。

山西实施大水网建设，启动占全省总面积72%的七河流域治理工程，各地定期公布汾河流域治污情况，确保全面消除劣V类断面。太原、临汾等汾河河段再现“一川清流，两岸锦绣”。

山青、水绿、空气好的山西，吸引了八方游客，旅游产业成为山西新的经济增长极。黄河、长城、太行三条旅游公路车水马龙、川流不息，特色小镇、AAA级乡村旅游示范村人流如织。

革命老区临汾市永和县的永和关、乾坤湾周边规划有生态防护林，这里从新中国成立初期植树造林不足5000亩，已经增加到了现在的34万亩，放眼望去，漫山遍野已是绿油油一片。临汾市大宁县实施购买式造林，探索生态治理与脱贫攻坚有机结合的“生态扶贫”之路，让群众在兴林增绿中增收脱贫。在太行山老区的壶关县，一道长达5000公里、全部由石头垒成的森林防护墙蔚为壮观，当地森林覆盖率从1978年的5%增至50%以上。几代人披荆斩棘，换来今日绿水青山。同样是太行革命老区的平顺县近年来立足得天独厚的生态资源优势，在县城开展见缝插绿、拆墙透绿、破硬还绿、立体造绿工程，打造美丽家园，在乡村实施荒山造绿、通道见绿、水岸涵绿。该县被生态环境部命名为全国第六批“绿水青山就是金山银山”实践创新基地，为山西省生态文明示范创建工作添砖加瓦。2022年，全省生态文明示范创建工作取得积极进展，在第六批国家生态文明建设示范区和“绿水青山就是金山银山”实践创新基地评选中取得佳绩，晋城市陵川县、晋中市左权县、运城市垣曲县、临汾市隰县被命名为第六批国家生态文明建设示范区，长治市平顺县、运城市芮城县被命名为“绿水青山就是金山银山”实践创新基地。全省共有12个县获得国家生态文明建设示范区称号、6个县获得“绿水青山就是金山银山”实践创新基地称号，成了山西省生态文明建设的引领者、示范者，以引领示范成效彰显习近平生态文明思想的实践力量，为全省高质量推动区域绿色发展，全面推进美丽山西建设，促进人与自然和谐共生提供了新样板。

以造林绿化闻名全国的朔州市右玉县，曾受到习近平总书记多次夸奖。该县20余任县委书记，70多年来，带领人民群众坚持植树造林，一棵接着一棵栽，一任连着一任干，把不毛之地变成塞上绿洲，创造了荒漠变绿洲的生态奇迹，形成了宝贵的精神财富。据全国生态气象公报显示，全省森林覆盖率从新中国成立初期的2.4%提升至20.5%。近20年来，山西植被生态质量改善位居全国前列。

放眼三晋大地，到处是绿的海洋，走到哪儿都是满眼的绿色。绿水青山、风光秀美，成了革命老区干部群众目之所及的共同感受。

2010 年 12 月，国务院批复设立“山西省国家资源型经济转型综合配套改革试验区”，山西成为全国第九个综合配套改革试验区，也是全国第一个全省域、全方位、系统性的国家级综合配套改革试验区后，省委、省政府及时召开转型综改试验区先行先试推进大会，标志着山西经济建设进入到一个新的发展阶段。

改革创新，积极转型。坚持扛牢政治责任，山西省委、省政府积极贯彻落实党中央赋予山西国家资源型经济转型综合配套改革试验区建设和能源革命综合改革试点，强力推进深化“供改”与“综改”，革命老区开始走上高质量发展新征程。

煤炭是山西老区最大的资源优势。山西煤炭不仅储量大、煤种齐全、质量好，而且煤层厚、埋藏浅，便于大规模机械化开采，全省原煤产量长期位居全国前两位。新中国成立以来，山西生产的煤炭 70% 外调，覆盖全国 2/3 以上的省份，为保障国家能源安全、支援国家现代化建设作出了重大贡献。新时代，三晋儿女发扬革命老区精神，坚决扛起能源保供的政治责任，在能源供需紧张形势下，山西人民全力以赴、能源保供，每天约 23 万产业工人日夜奋战在井下生产一线，每天有 300 多万吨煤炭源源不断地输送到全国各地，为全国能源保供作出了重要贡献。

党的二十大报告提出加快建设数字中国、加快发展方式绿色转型等重大战略，为我省推进产业转型和数字转型“两个转型”，让传统产业焕发新活力、释放新潜能指明了方向、提供了路径。

山西坚持统筹推进传统产业改造提升与新兴产业培育发展、煤炭产业绿色发展与非煤产业集约发展，坚决淘汰落后产能，关闭小煤矿，退出落后产能，先进产能占比提升到 80%。通过科技创新，煤炭从燃料变原料，变身为高端润滑油、高端蜡、化妆品。新型综合能源风生水起，风电、光伏装机总容量已突破 4000 万千瓦，新能源装机容量进入全国前五名，煤层气抽采利用量占全国的90%以上。晋电外送能力超过3000万千瓦，越来越多的清洁电力输往全国。大同建设“氢都”，吕梁培育“数谷”，晋城发展“光谷”，阳泉打造“纳谷”……一批老煤城贴上新名片。晋能控股集团发力清洁能源和装备制造，潞安集团整合现代煤化工，华阳集团转型新材料……多家老煤企密集调整产业。

山西数字政府建设坚持上接国家、下联市县、横向到边、纵向到底全覆盖，有力地提升了政府宏观决策、经济调节、市场监管、社会治理、公共服务、行政执行能力。

百度云计算中心位于山西阳泉经济开发区，拥有百度400多项数据中心、网络及服务器专利技术，存储容量超过了6EB，可存储信息量相当于30多万个中国国家图书馆的藏书总量，成功为百度大搜索、智能云、人工智能、智能驾驶等重要业务提供服务，已成为助力AI，成就未来的重要基石。

从2016年起，太钢成立宽幅超薄精密不锈带钢创新研发团队，开展联合攻关，先后攻克了170多个设备难题、450多个工艺难题，

◆ 魅力太钢。　山西画报社供图

实现了一系列关键工艺和生产制造技术的重大突破，成功生产出厚度0.02毫米、宽度600毫米的不锈钢精密带材，工艺技术和产品实物质量达到国际领先水平。习近平总书记先后两次走进太钢考察调研。2020年5月12日，习近平总书记在太钢不锈钢有限公司拿起一片“手撕钢”，看着厚度仅为0.02毫米的不锈钢箔材，称赞说“百炼钢做成了绕指柔”[①]。

历史见证波澜壮阔的奋斗征程，时间镌刻气吞山河的壮丽篇章。目前，全省各级各部门在省委、省政府坚强领导下，进一步加快转型发展步伐，坚持把文物和文化遗产保护利用与文旅康养融合发展有机结合起来，推动文旅康养产业融合发展，不断将山西文化资源优势转化为文旅产业优势；坚持大力发展文博、文创、文旅产业，持续培养打造一批富有文化特色和产业优势的专业镇，在文化遗产活化利用上闯出一条新路来；坚持办好旅发大会、康养产业发展大会、大河论坛等重大活动，加强全媒体传播，全面打响“华夏古文明、山西好风光”“康养山西、夏养山西”等品牌，加快建设国际知名文化旅游目的地，为推进中国式现代化山西实践提供强大精神文化支撑。

春风浩荡满目新，共谋奋进正当时。山西正处于高质量发展的关键期。新征程是充满光荣和梦想的远征，在新征程上书写新的历史篇章，开创更加美好的未来，革命老区干部群众站上太行之脊、吕梁之巅，俯瞰黄河奔腾、汾水汤汤，吸吮着红色文化养分，必将在这片历史厚土、红色热土、发展沃土上，进一步完整、准确、全面贯彻新发展理念，在省委、省政府坚强领导下，认真按照习近平总书记殷殷嘱托和谆谆教诲，凝聚力量、下足恒功，认真讲好山西故事、中国故事、中华文明故事，在建设中华民族现代文明中彰显山西担当。

① 人民日报社编:《新思想引领新征程：时代答卷》，人民日报出版社2022年版，第68页。

第二部分　烽火岁月

中国人民抗日战争是近代以来中国人民反抗外敌入侵第一次取得完全胜利的民族解放斗争，也是世界反法西斯战争胜利的重要组成部分。抗日战争是中国共产党领导的新民主主义革命历程中一个重要的阶段。经过抗日战争，中国人民不仅打败了日本侵略者，而且为新民主主义革命的彻底胜利和新中国的创建奠定了坚实的基础。

在这场伟大抗日战争中，山西扮演了重要的角色，山西作为敌后抗战的主战场更是成为了人民战争的汪洋大海。

1937 年 7 月 7 日，日本法西斯精心策划的卢沟桥事变的爆发，使得中日两国从此进入到全面战争状态。在此中华民族面临生死存亡的紧要关头，全国各民族、各党派、各阶层人民纷纷动员起来，团结起来，开展积极的抗战活动，在此之前已经拖延历久的国共谈判也很快有了团结抗战、共赴国难的结果。国共两党合作抗战的局面就此形成。

一、雄师东进　抗日脊梁

1937 年 8 月 18 日，蒋介石以国民政府军事委员会的名义同意将红军改编为第八路军，设立总指挥部，以朱德、彭德怀为正副总指挥。尽管在许多细节问题上尚未达成完全的协调，红军的改编与北上抗日在物质基础上还存在着诸多的脱节与问题，但是，本着团结御侮的原则，红军将士还是忍受着极大的内心痛苦，恋恋不舍而又毅然决然地摘下头顶军帽上的红五星，带上了缀有青天白日徽章的军帽。经过简短而高效的整编和细致周到的思想政治工作，从 1937 年 8 月下旬开始到 10 月上旬结束，改编后的八路军总部及所属一一五师、一二〇师、一二九师分四批于陕西省韩城县芝川镇渡口搭上仅由百十条木船组成的船队向着黄河对岸的山西省万荣县（荣河县）宝鼎镇庙前村渡口踏上黄河东岸，投入到烽火硝烟连天弥漫的华北抗日战场。

后土祠的见证

2023年的春天，我们来到当年八路军东渡黄河踏上抗日战场的登岸地——山西省万荣县宝鼎镇庙前村西的黄河渡口。4月的晋南，春意盎然，清风习习。沿着绿色麦田中间的一条七彩公路，黄河出现在我们的面前。这是一段开阔而平坦的地段，河面宽阔，不在千米之下。相对而言，这样的地理条件在以奇险著称的数百里晋陕黄河断不能说绝无仅有，起码是并不多见。所以，这一河段也是大规模横渡黄河的最佳渡口。然而，当你真正了解这渡口，真正来到这河岸，真正融入到这方具有丰厚文化底蕴的宝地，你又会止不住由衷感叹这渡口所蕴含着的万种风情，千般智慧。似乎也只有这样文化底蕴的渡口才可以承载起一支铁军为了民族自由和解放而义无反顾，“冒着敌人的炮火”奋勇前进的千秋重任。

我们有必要了解一下庙前村西的黄河渡口。因为就在这渡口东北相距不过千米的岸边的山岗上，便有一座神州大地上最为古老的后土祠。什么是后土祠呢？简而言之，便是中国古代皇家祭祀后土圣母（地母女娲氏）的神庙，这也是今日人们所熟知的北京天坛的源头，更是华夏根祖文化的源头。祠内现存完好的《历朝立庙致祠实迹》碑记与《蒲州府志》记载：“轩辕氏祀地祇扫地为坛于脽上，二帝八员有司，三王方泽岁举。”到汉代，皇帝亲临庙前村这座后土祠来祭祀后土，更有了严格的制度。以汉武帝为例，就曾经一生六次亲临这座祠庙前来祭祀。并留下了一首脍炙人口的《秋风辞》：“秋风起兮白云飞，草木黄落兮雁南归。兰有秀兮菊有芳，怀佳人兮不能忘。泛楼船兮济汾河，横中流兮扬素波。萧鼓鸣兮发棹歌，欢乐极兮哀情多。少壮几时兮奈老何！”

不得不说，正是由于后土祠优越的地理位置，东渡黄河的八路

◆ 万荣后土祠秋风楼。 山西画报社供图

军将士甫一登岸就必然将这座已经跨越千年的人文胜迹尽收眼中，而且帮助八路军渡河的船工也会将有关后土祠的历史讲述给那些即将冲杀在抗日战场上的兄弟。据《万荣县志》记载，所有东渡黄河的八路军将士在登上东岸之后的第一件事，恰恰就是以急行军的速度到达后土祠下，然后沿着一条宽不过丈余，长不足千米，坡度则至少为 35 度的石砌甬道，由西向东横穿座立于后土祠后院的千年名楼——秋风楼。此楼共分三层，高达百尺，最底一层由拱形门洞贯通东西。在这东西两端的门洞上方各有横额一方，东为“瞻鲁”西为“望秦”。其气势之宏伟，境界之豁达，令人叹为观止。那段时间，在长达 40 多天的时间内，每天都有几百成千的八路军将士在这秋风楼下，在这“瞻鲁”与“望秦”的横额下驻足而立，回望渐行渐远的三秦大地，瞩目烽火连天的华北河山，然后便迎着瑟瑟秋风，义无反顾地奔向北上抗日的征途。

86 年过去，滔滔的黄河水不知冲刷了多少泥沙，不知送走了多少桨橹，但黄河渡口还在，后土祠还在，八路军东渡黄河、北上抗日给古老的河东大地带来的革命精神更烙印在万荣人民、河东人民的口口相传之中。时至今日，人们更加怀念那段美好而火红的岁月。

黄河不能忘记，后土祠也不会忘记，渡河部队每一登岸，就派出宣传队上街刷写标语，帮助百姓担水扫院。所有的八路军将士，一律说话和气，纪律严明，对百姓秋毫无犯。人们无不称赞这是民国以来从未见过的最好的军队。也正是由于这种口口相传，原先已经习惯于“躲兵”而逃出去的许多人返回了家园。曾经在国民党阎锡山反共政策的宣传下，把渡船藏起来的船主们纷纷献出了宝贵的船只，并挺身站立于帮助子弟兵渡河的船工队伍之中。仅仅 10 日之内，万荣与河津相邻两县便集中起船工 1000 余人，渡船 400 多只，这就从根本上解决了渡船不足、船工不够的问题，大大加快了八路军东渡黄河的速度。

黄河同样不能忘记，后土祠同样也不会忘记，在渡河紧急的时段里，船工们起早贪黑，换班吃饭，人歇船不歇，保证了尽有船只不停顿地运送八路军渡河。庙前村船工乔巨保在一次运送八路军渡河时，突遇河心起浪。颠簸之中，一位战士将船上的瓷盆无意中碰倒摔碎。战士赶紧道歉并立即掏出铜板给予赔偿。船工贾存宝在运送八路军渡河后，一位年轻的小战士为表感谢之意，将随身携带的一把笛子送给了他。这笛子上面刻着两行秀丽的小字“胜利红旗插遍全国，和平之声弥闻欧亚。”至今，这把笛子仍旧由庙前村村民贾存宝的孙子贾智业珍藏，也成为贾家祖祖辈辈胜于千金万贯的传家瑰宝。

黄河还不能忘记，后土祠也不会忘记，1937 年 10 月 7 日拂晓，黄河两岸的天空飘起了蒙蒙细雨。一二九师三八六旅旅长陈赓率部刚刚登岸，稍作整顿便向当时的荣河县城进发。由于大雾朦胧，部队看不清前进道路，有些人不慎踩踏了沿途的麦田。要说起来，农历八月的麦苗刚刚出土，踩踏一下并不会造成很大的影响。但是当收容断后的同志把这个情况报告给陈赓旅长后，他还是马上集合队伍，召开全体军人大会，重申了《三大纪律、八项注意》，并且让后勤的同志找到麦田的主人，做出相应的赔偿。还是在这一天，部队到达荣河县城仅仅稍作停留便再行开拔，并在天黑之前到达通化镇。为了不惊动老百姓，陈赓命令部队就睡在街口巷道廊檐之下，第二天一早又把巷道廊檐打扫得干干净净。目睹这一切，当地百姓无不感动。纷纷抬着猪肉，担着红枣，提着成篮的鸡蛋，蒸上一笼笼的白面馒头，走上街头，以最隆重的方式热情慰问北上抗日的子弟兵。而部队不仅不骚扰群众，粮食自己带，饭菜自己做，还帮着老乡担水劈柴，扫地推磨。所有的慰问品实在推不过就都折价补偿。当部队离开的时候，全镇上的百姓自发地组织起来，热泪盈眶，十里相送。更有不少热血青年当场报名参军。

当然，出现这种情况的并非仅仅三八六旅，而是几乎所有的八路军各部都会这样。以贺龙师长的一二〇师统计数字为例，该师在 8 月下旬开进万荣境内时总人数为 8200 人，而到 9 月中部队离开万荣时，已经迅速扩充为 9047 人[①]。

将军书信诉衷情

作为八路军副总参谋长，左权将军是于 1937 年 9 月 15 日随同朱德总司令以及任弼时等总部首长一同渡过黄河，踏上北上抗日征途的。八路军总部渡河的时候正是大雨滂沱，船到中流，风大浪急，顿显咆哮之势。这些八路军的高级将领，这些即将在华北抗战中大显神威的风流人物在风浪中折腾了一个半小时才跨跃千米河面到达荣河县庙前村渡口，顺利登岸。总部也在短暂的休整之后举行了简约而庄重的入城仪式。这时，天晴了，雨住了，风停了，艳阳高照，晴空湛蓝。数十名战士身着灰军装，手擎红旗为先导，接着是骑兵营，而后才是大部队。战士们高唱《救国军歌》《大刀进行曲》等抗日救亡歌曲，迈着矫健的步伐由西门入城。荣河县战地动员总会、牺盟会、自卫队以及各界群众在城门口悬挂巨幅横标，热烈欢迎八路军北上抗日。沿街两旁摆满了茶水桌和水果摊，群众争相邀请八路军官兵喝茶吃水果，但所有官兵都严守纪律，不拿群众一针一线。只报以炯炯有神的眼神与洋溢着青春光芒的笑容。

---

① 中共万荣县委党史研究室:《中国共产党万荣县历史》第一卷（1927—1949），中共党史出版社 2015 年版，第 38—39 页。

左权将军目睹这一切，怀着激动的心情指挥部队在荣河城中只是小憩一会儿，便立即马不停蹄、人不歇脚地继续向东、向北、向着前线开拔。从荣河县城到稷山县东北的清河镇北阳城村，整整150里路，八路军总部官兵靠着两条腿，仅仅用一天半的时间便于9月18日正午来到这里。并将此处作为总部开进途中的一站，安营扎寨，在此略事休整。在这山村宁静的夜晚，左权将军在安排好总部一切军务之后，难得地有少许时间，伏案于油灯之下，摊开纸张，写下了一封已经拖延日久的家书。

书信如下：

叔父：

你六月一号的手谕及匡家美君与燕如信均于近日收到。因我近几月来在外东跑东（西）跑，值近日始归。

从你的信中已敬悉一切，短短十余年变化确大，不幸林哥作古，家失柱石，使我悲痛万分。我以己任不能不在外奔走，家中所持者全系林哥，而今林哥又与世长辞，实使我不安，使我心痛。

叔父，我虽一时不能回家，我牺牲了我的一切幸福为我的事业来奋斗。请你相信这一道路是光明的、伟大的，我愿以我的成功的事业报你与我母亲对我的恩爱，报我林哥对我的培养。

卢沟桥事件后迄今已两个多月了。日本已动员全国力量来灭亡中国。中国政府为自卫战亦已摆开了阵势，全面的战争已打成（响）了。这一战争必然要持久下去，也只有持久才能取得抗战的胜利。红军已改名为国民革命军，并改编为第八路（军），现又改编为第十八集团军。我们的先头部队早已进入抗日的前线，并与日寇接触，后续部队正在继续运送。我今日即在上前线的途中。我们将以游击运动战的姿势，出动于敌人之前后左右各个方面，配合友军粉碎日寇的进攻。我军已准备着以最大艰苦斗争来与日本周旋。因为在抗战中，中国的财政经济日益穷苦，生产日益低落，在持久的战争中必须能够吃苦，没有坚持的持久艰苦斗争的精神，抗日胜利是无保障（的）。拟到达目的地后，再告通讯处。专此敬请。

福安！

侄　字林

两位婶母及堂哥二嫂均此问安

九月十八日晚于山西稷山县

捧读这样的家书，八十六年后的我们能够想到一些什么呢？首先想到的应是杜甫的那一首名诗："国破山河在，城春草木深。感时花溅泪，恨别鸟惊心。烽火连三月，家书抵万金。白头搔更短，浑欲不胜簪。"

时光虽然跨跃了一千多年，但是，我们的左权将军与当年的大诗人所处的境遇又是何其相似？山河破碎，亲人离散，一封家书，几声问候，在这个时候又是蕴含了多少亲情，多少担忧，多少血脉相连的温情热血！然而，也有不同，大敌当前，烽火弥乱，我们的左权将军想的更多的不是亲人亲情，而是国难国情，更是战胜敌军的战略战术和方针策略。在这短短的几百字家书中，我们能够多次看到"持久战"这样的字眼，这也让我们更能感悟到副总参谋长左权将军是多么深刻地认识到我党在这一伟大战争中所应该执行之战略战术的真谛。后来的事实也证明，正是由于我党我军坚定地执行了持久战的方针策略，才能够让我们的党，我们的军队，我们的人民在这场原本敌强我弱的战争中从弱小走向强大，从对抗走向胜利，最终彻底战胜了日本侵略者，取得了中华民族百年以来面对帝国主义列强的第一次完全彻底的胜利。

鲁迅有诗："无情未必真豪杰，怜子如何不丈夫。"作为母亲的儿子，家中本应依托的顶梁柱，左权成人即离家，为着中国革命，为着更广大的人民而牺牲了自己的幸福。对此，左权深感痛惜，但又坚定地表明，以小我而为大我，为着崇高的事业，那是即便牺牲一切个人与家庭的利益也在所不辞的。一个真正的革命者，一个完全彻底的共产党人的形象在此巍然屹立。

捧读这封难得的家书，我们还不能忘记，此时的左权将军正处在一个特殊的时刻，特殊的地方。1937 年 9 月 18 日，八路军总部路居稷山县清河镇北阳城村。这个村子不仅有一座北宋时期的七层宝塔，更重要的，这个高居于一片丘陵地带的村子，就是北魏时期的高凉城遗址。村子中央，一方至今突兀高耸的土丘正是当年高凉古城城高墙厚的见证，而村东一座标注有“高凉城”三字的城门洞，则是后人于几百年前重新建起的标志。左权将军来到北阳城，决定将此处作为八路军总部驻扎地。而 1400 年前据此高凉古城不到 10 公里之遥的另外一座高凉古城——玉璧古城也发生过一场著名战役。公元 542 年，东魏高欢围攻玉璧，历经满月不下，终为守将王思政所败。隔四年，高欢再次调集 20 万大军，以倾国之力来围攻西魏守将韦孝宽坚守的玉璧城池。激战 60 天，损兵不下七万人之多，竟未能奈何玉璧分毫。经过这一战，骄横无忌的高欢忧愤成疾，不久便病逝了。那么，王思政、韦孝宽之所以能以弱胜强，战胜不可一世的高欢，凭借的是什么呢？恰恰就是因地制宜扬长避短灵活机动的战略战术与上下一心铜墙铁壁的坚强意志。想想这一切，我们足智多谋的左权将军岂能不对即将开展的注定将是艰苦卓绝的抗战充满无限的憧憬与渴望！岂能不对他远在千里之外的亲人再次呼吁：“请你相信这一道路是光明的，伟大的”，也殷切期望以胜利报答亲人的亲情与关爱。

左权将军与八路军总部在北阳城仅仅停留一天一夜便又踏上了北进的行程。而这一次，他们的首个目的地乃是纵贯山西南北的同蒲铁路当时最南端可以通行的第一站——侯马车站。在那里，所有北上抗日的八路军将士乘坐火车，以当时条件下最快的速度奔赴抗日前线。

将军记忆中的一次演讲

1986年秋天，一个秋风送爽的金色日子，在北京一处并不算大的四合院里，作家郭天印为创作以傅作义将军率领晋绥军三十五军坚守太原三昼夜历史故事为背景的抗日历史小说《太原保卫战》而拜访了时任全国政协副主席的董其武将军。那一天，董老侃侃而谈，讲述了许多作为后辈人闻所未闻令人激动令人景仰的战场轶事。其中最令人难忘的是董其武将军对周恩来副主席的深情回忆。将军说，那是抗日烽火弥漫的1937年的9月，忻口战役前夕。那一天，同样是秋风飒飒的季节，时任晋绥军三十五军二一八旅旅长的董其武奉命回太原参加一个作战会议。会议之后，有人说共产党的高级将领周恩来受阎锡山之邀，将要在海子边的“自省堂”给晋绥军军官教导团作报告，于是董其武便跟着也去了。平心而论，关于共产党，关于周恩来，董其武的耳中早已塞满了各种流言蜚语。而越是这样，他就越是想亲眼看一看这个共产党的高级领导人究竟是什么样子。然而，一场报告听下来，不仅是董其武，而且全场听众，包括绝大多数的晋绥军高级将领都不能不为周恩来的雄才大略和如火激情所吸引所感动，近乎成为了这个共产党人的崇拜者。

“总理，不，周副主席的演讲那简直是我毕生听过的最激动人心的演讲。他的雄辩，他的激情，他深入浅出无可辩驳的论述，让我们一下子就明白了中国的抗战为什么一定是持久的战争，也让人一下子就理解了中国必胜的历史定律。”

有关董其武将军所说的这次演讲，我们在多种记载中都得到了证实。而周恩来之所以出现在太原，之所以会给阎锡山的军官教导团以及众多的高级将领作这场报告，那还要从更早说起。

卢沟桥事变之后，为了挽救民族危亡，实现全民族抗战，党中央派出了以周恩来为团长的中共代表团到南京与国民党进行谈判，为国共两党建立统一战线做了大量的工作。接着，周恩来又返回延安参加了中共中央举行的洛川会议。再之后便受党中央委派，同彭德怀、左权等一道前往太原，就八路军开赴华北抗日前线同第二战区司令长官阎锡山进行谈判。

1937年9月初，周恩来一行从西安乘坐火车先到潼关，然后坐一条木船从风陵渡渡过黄河。这时，阎锡山派来的特别代表——他最为信任的梁化之已经恭迎在候。周恩来到达太原后，阎锡山以贵宾接待，还在太原火车站派出军乐团和仪仗队搞了一个盛大的欢迎仪式。随后又将周恩来一行安排在绥靖公署内的高级宾馆，并在晚宴时准备了丰盛的饭菜让客人点菜。但周恩来只点了几样最简单的饭菜，而后告诉阎锡山的副官："不要这样奢华，我们只需要几样素菜米饭就可以了。"副官和宾馆的负责人都不由得感慨起来："但凡来我们这儿的贵宾，可从来没人点过您要的这么简单的饭菜啊！"即便如此，周恩来一行也只在这个高级宾馆住了两天就搬到设在成成中学的八路军办事处去住了①。

周恩来到太原，最主要的工作便是扩大统一战线，与阎锡山协调八路军开赴抗日前线的具体事宜。在此期间，他通常只带一个警卫人员前往阎锡山的住处与阎会谈，并反复阐明一个观点：日本帝国主义是中华民族的大敌，也是山西军民的大敌，我们共产党的主张就是建立全国各党派各界的抗日民族统一战线，这是全国人民的愿望，也是山西各界人士的共同意志。要使山西全体同胞不当亡国奴，就只有联合起来打日本。对于周恩来的这一观点，阎锡山也止不住频频点头予以认可。也正是由于阎锡山本人对周恩来的这一高度赞赏与认可，也为了更进一步鼓舞士气，保卫家园，阎锡山不仅基本同意了中国共产

① 廖其康：《随卫周副主席到山西》，中国人民政治协商会议山西省委员会文史资料研究委员会编：《山西文史资料》（第14辑），山西人民出版社1980年版，第10—20页。

党所提出的关于八路军在即将开始的对日作战中尽量避免与日军正面硬拼，而要更多地出现在敌后或侧击协同游击作战的战略战术，而且主动邀请周恩来为太原军民进行鼓动演讲。这也才有了董其武将军能够亲耳聆听周恩来演讲的故事。

驿马岭上战旗红

周恩来在第二战区卓有成效的统战工作体现了高度的原则性与必要的灵活性的统一。他以共产党的政策策略与个人独到的领袖风采不仅感染了董其武等一大批晋绥军将领，也在山西省城太原掀起了一股全民一体、共同抗日的热潮。一时间，太原成为整个中国抗日氛围最为浓厚的城市，也成为国共合作、团结御侮的典范。更重要的则是为八路军挺进山西抗日前线创造了有利条件。

1937 年 8 月 30 日，八路军第一一五师作为先头部队开始东渡黄河。但由于蒋介石一心想要控制中共军队，所以在给八路军编制的时候很苛刻。一个师两个旅，一个旅两个团，也就是说整个八路军也不过给三师六旅十二个团的正规编制。这样在给装备给养的时候就便于控制。也因此，红军名将，曾经在长征途中率领红四团创造过一天一夜急行军 240 里，飞夺泸定桥那样战争奇迹的杨成武为团长的一一五师独立团就成了一支没有编制的部队。陕西方面韩城芝川镇渡口的国民党河防部队在渡口设有检查站，并设立了一条“规矩”，站长说：要渡河的部队，必须在我这个皮夹子里的小本本上有正规番号，没有正规番号的，一律不准渡河。而杨成武的独立团恰恰就不在他这个小本本上。怎么办？正巧与独立团同时到达渡口的部队是一一五师三四三旅六八六团，而团长李天佑又是杨成武最好的战友和朋友。杨成武对李天佑说：国民党在渡口设有检查站，我这部队没有番号不准渡河，怎么办？

李天佑快人快语：怎么办？我这个团有番号的，咱们两个团混在一起，一拥而上，他知道个啥啊？

于是，杨成武大手一挥，独立团和六八六团的部队立即就打成了一片，任谁也分不清哪个是有编制的六八六团，哪个是没有编制的独立团。轮到那位夹着皮夹子的国民党上校问李天佑是哪个部队时，李天佑颇似漫不经心地回答：本部乃一一五师三四三旅六八六团。二战区的阎长官可是着急上火的等着我这个部队上去呢。你麻利点。

上校一看这位团长蛮不含糊，接着又问：你这个部队多少人啊？怎么看着可不像一个团。

李天佑眼也不眨就说：我这个团就是大，两千多人吧。不然怎么叫主力部队呢？

就这样，没编制的独立团和有编制的六八六团肩并肩一起来到了抗日前线，来到了平型关战场。

杨成武的一一五师独立团在抗日战争中所领取的第一个任务就是阻击日军援兵而在其必经之路驿马岭上筑起一道铁壁铜墙，确保平型关战斗的胜利。

围点打援，在任何军事教科书中都能够找到无数这样的战例。杨成武知道这个任务的分量，也做好了打硬仗，决一死战的准备。

9 月 24 日，杨成武率领独立团从山西繁峙县上寨镇出发，向着预定的阻击战场驿马岭前进。这时，三四三旅已经冒雨向平型关一线预选的伏击阵地开进，一场惊天动地的战斗很快就要打响。为了争取尽早到达阻击阵地，独立团的官兵同样冒着倾盆大雨，穿行在泥泞无比的山路上，以老红四团所独有的超凡吃苦耐劳精神奋力前行着。然而，直到 24 日傍晚，杨成武才发现，由于向导的错误，部队辛辛苦苦赶了一天，结果却走偏了地方。不得已，赶紧再找新的向导，这才在 25 日凌晨赶到驿马岭下。然而，一个不好的消息传来，此时的驿马岭主峰已经被从河北涞源开来的日军板垣师团后续部队第九旅团第十一联队所占领。也就是说，独立团要想顺利完成对平型关主战场的阻援保障，就必须尽快夺取眼前驿马岭山顶上的隘口主阵地。进而居高临下，阻断企图西进之敌。

杨成武命令，一营兵分三路，一连正面阻击敌人，二连从侧翼袭取隘口，三连迂回至南面更高的山峰以机枪火力压制隘口上的日军。而敌人无疑也发现了八路军的动向，他们似乎也明白，不能拔除眼前这群拦路虎，就无法完成其战略目标，去和板垣征四郎的第五师团主力实现会合。不同的是，凭借着明显强于我军的武器装备，日军根本不考虑迂回侧击的问题，而是大摇大摆，不可一世地向着一连的阵地冲了过来。

阵地上悄无声息，三十米，二十米，终于，骄横的敌人似乎也发现了什么不对劲，脚步慢了下来，手中的枪也端得更紧了一些。

十米，只有十米的距离了，就在这时，团长杨成武一声“打！”，阻击阵地上顿时枪弹齐发，杀声四起。敌人惊呆了，刚才还平静的山头上，怎么突然间就冒出了这么多身穿灰军装，头戴伪装帽，手里端着刺刀，浑身湿漉漉的大汉。

“杀！”一个日军指挥官大声喊叫着，慌乱的敌人立即镇静下来，转身与中国军人厮杀在一起。

就在这时，杨成武刚刚把阻击战已经打响的电文发给师部，师部电台就迅疾发来了回电：你团要坚决阻击驿马岭之敌，不得放其西进。平型关这里敌大部队已经进入我师主力伏击圈，战斗已经打响。

平型关前的战斗激烈异常，驿马岭上的阻击战同样惨烈无比。机枪步枪手榴弹驳壳枪响成一片，白刃战肉搏战前赴后继。一个战士倒下了，更多的勇士站起来，一营教导员张文松身先士卒，不幸中弹牺牲。一连连长张德仁，在捅杀数名日军后身负重伤，用最后的力气抱住一名日军滚下山崖，同归于尽。短短的肉搏之后，一营一连减员过半，有的班排全部阵亡。也就在这时，从侧翼已经占领南侧高地的三连用他们的机枪扫射，宣告了敌人强攻的失败。但是，只经过短暂的休整，日军就再次以更多的兵力更猛的火力向着一连的阵地冲杀过来。而此时的一连也得到了杨成武紧急调来的二连有力的增援。双方再次展开了激烈的绞杀。

25 日下午 4 时，杨成武终于接到师部发来的电文：平型关之敌已被我全歼，你独立团已胜利完成阻援任务。一口粗气缓缓吐出，杨成武明白，现在到了我们出击的时候了，决不能让敌人走得轻松。杨成武当即把平型关主战场的胜利消息传达给全团官兵，同时命令，团预备队三营向隘口东面冲击，从敌人背后打到山顶上去。

这时，已经憋足了劲儿的三营先是一阵奔袭，直到距离山顶不到十米处时才突然开火，同时爆发出撼天动地的吼声，恍如迅雷闪电般直逼隘口。

或许，敌人也得到了平型关方向的噩耗，面对独立团的冲击，这一次一向骄横的日军竟然也乱了阵脚，胡乱打枪，漫无目标，根本形不成有效的防御。杨成武见状则再发一令，命令一营从正面向隘口之

◆ 平型关大捷遗址乔沟。 李斌摄

敌发起冲击。敌人彻底乱套了，随身所携带的雨衣、雨伞、水壶、饭盒甚至成箱的弹药全部扔掉，几乎整个儿就是夺路而逃。眼睁睁看着八路军将士将胜利的红旗插到了驿马岭的最高处。

驿马岭下，留下了日军300多具尸体，而独立团也付出了200多人伤亡的代价。作为平型关大捷的一个重要组成部分，驿马岭阻击战的意义重大自不待言。

雁门关前伏击战

八路军一一五师首战平型关，取得骄人战绩的时候，贺龙师长和他所率领的一二〇师刚刚渡过黄河还在荣河河津一带一方面扩军，一方面休整，做着战前的最后准备。等他们赶到晋北时，比平型关战役更大规模的忻口战役已经开始。这时候，一二〇师三五八旅七一六团接到的命令是：为配合友军在忻口一线的防御作战，该团将深入敌后，也打一个漂亮仗。在师部召开的作战会上，贺龙风趣地说：人家一一五师打了一个大胜仗，给咱八路军争了光，我们也不能落后啊！

贺龙的话，更引得人人摩拳擦掌，恨不能当下就和日军好好干上一仗。贺龙又说：大家求战情绪很高，这很好。我们来到这里就是来打仗的，不是来看风景的。不过我要告诉你们，这里可是真有好风景呢。

贺龙所说的风景，当然就是雁门关。他走到一张悬挂着的地图前，用根木棍指着地图说道：你们看，这个地方叫作雁门关。我们就是要深入到这里，在这个古战场上和骄横无比的日本人打一仗。

雁门关是中国最为著名的古战场，它的存在也是和抵御外敌联系在一起的。最早是李牧，战国时期赵国威震一时百战百胜的大将李牧的一生就和这里紧密地联系在一起。之后，秦的蒙恬，汉的卫青、霍去病都在这里留下过他们的身影。建立过属于他们的，也是属于中华民族的骄人战绩。而在宋代，这里更是因为杨业父子数代的长期戍守而产生了名扬千古的杨家将故事。

◆ 雁门关。　贺连舟摄

从地理条件上来说，雁门关地处代县县城以北 20 公里的雁门山上，两侧群山对峙，形如门状。每年春秋两季都有一群群大雁从这里穿越而过，那情形正如进出家门一般。不仅如此，坐落在雁门山上的雁门关更是素以险峻闻名，所谓“天下九寨，雁门为首”是也。此外，雁门关又与相邻之偏关和宁武关合称“三关”，彼此相连，构成了汉族为对峙抵御游牧民族而长期存在的军事重镇。

贺龙又说：眼下忻口战役正在激烈进行，敌人每天要从大同经雁门关往忻口运输许多弹药和给养。可以说，这就是敌人的大动脉。而且敌人气焰嚣张，满以为这里已经成了它的大后方，这就给我们提供了机会，瞅准了，可以出其不意地给它一个致命打击。

贺龙的一番话，无疑给了全体指挥员以极大鼓舞和信心，尤其是领受了这一光荣任务的七一六团团长著名的独臂战将贺炳炎和足智多谋的副团长廖汉生。两人回到部队以后便立即带领几个主要干部前出雁门关前勘察地形，观察敌人运输队的行动规律。

10 月 16 日，有情报传来，日军将于第三天一早从大同派出大型运输队前往忻口运送军需物资。接此情报，贺炳炎与廖汉生两人不敢怠慢，第三天，天蒙蒙亮就已经带领部队悄然埋伏就绪，等敌人钻入一二〇师布下的包围圈里。

天明了，透过层层薄雾，战士们可以清晰地看到，就在他们的脚下，一条弯弯曲曲的公路从雁门关延伸出来，向东绕行一个弯子便直通忻口而去。而在公路的西边，则是悬崖峭壁，就连山羊也不能爬行，那是一个极佳的设伏位置。

按照团长贺炳炎的部署，一营二营位于一段陡坡的南北两侧，中间部分则由三营负责。另由一营派出一个连队向阳明堡方向前出警戒，预防敌人增援。布置完任务之后，贺炳炎将各营营长围成一圈，郑重说道：这是咱们一二〇师抗日出征的第一战，师长信任咱们，把这么重要的任务交给咱们七一六团，咱们就一定要打一个漂亮仗！大家有信心没有？

“有！”短促而坚定的回答。可以看得出，每一位指挥员的脸上都写满了凝重。

上午将近10点左右，北面的公路上扬起了滚滚黄尘，紧接着，汽车的马达轰鸣已清晰可闻。

炮兵阵地上，四门迫击炮早已准备就绪，十几颗炮弹排列整齐，另外两门平射炮则已经把炮架牢牢地固定起来，就等一声令下，立即开火。应该说，这几门炮，那可是七一六团的家底儿，也是贺老总轻易不舍得拿出来的宝贝，这一次，全用上了。

眼看着，北面来的车队就要进入伏击圈了，只不过并不是原先预计的上百辆，而是只有50多辆。贺炳炎正觉得这饭有点吃不饱的感觉，突然，三营从南面的阵地送来报告，南面的阳明堡方向也开来了200多辆汽车，大约是敌人将要返回大同的前一批车队。看起来两股车队将要在这一带会合了。这也意味着，原本准备一个方向的敌人，现在成了南北夹击。情况突变，打不打？怎么打？请示上级已经来不及了，廖汉生心一横：团长，这是敌人送上门的好事啊！既然敌人都送货上门了，咱们哪有不吃的道理？这两桌宴席，咱一桌人给它全吃了。怎么样？

一拍即合，贺炳炎当即命令：通知各营，就等敌人交汇之际一块打。听从命令，准备战斗！

终于，南北两大车队就在七一六团的主阵地下如约相会了。只不过北边来的全是重车，南边来的全是空车。只在第一辆汽车上坐着十多个日军，算是这车队的警卫部队。也有十几辆车上则拉满了尸体和伤兵。而再看北面来的汽车，那可就大不一样了。最开头一辆车上同样坐着十多个日本兵，其他车辆上则装满了武器弹药和各种物资。不出所料，敌人两支车队就在我们的包围圈内交汇了。“打！”贺炳炎一声怒吼，三颗红色信号弹发射升空，平射炮和迫击炮同时开火，敌人两支车队的前后四辆汽车首先齐齐挨揍，全部瘫痪在公路上，也将其他车辆堵了个严严实实。而就在此时，公路两旁的山梁上“呼呼呼”地飞出了一连串的手榴弹，夹杂在原本狭窄的公路上的两支车队你挤我撞，顿时乱成一团。而八路军的机枪步枪又一股脑地向着公路上的敌人开了火。日本兵也很快组织起了第一波反击，但凡能够活动的日兵，一个个藏在汽车下面，在有效地掩蔽自己的情况下，以汽车和同伴的尸体为依托，向我军开枪射击。三营二连指导员胡觉三，一个经历了长征的老红军，为了解救两名被几个日本兵围困的战士，手中一把大刀上下翻飞，连续砍翻两个日兵，却被钻在汽车底部的日兵一枪射中了前胸，壮烈牺牲。目睹指导员的牺牲，战士们怒火喷发，“为指导员报仇！”的喊杀声响彻山谷。一个个日兵被八路军从汽车底下揪了出来，当然，其中大部分已是尸体，不死的也基本不能再动了。热血偾张，士气高昂，正在我军将要把这两部分日兵合围起来予以全歼的关键时刻，忻口方向飞来八架日军飞机，公路上哪里人多就往哪里扔炸弹，机关枪也不分你我地胡乱扫射。趁着这片刻的混乱，两个方向的日军汽车兵硬是撞开了挡路的同伴，脚踩油门，一溜烟地拼命奔逃去了。

一个多小时后，战场的枪声渐近稀落，公路上到处弥漫着硝烟和汽油的味道，再就是日军官兵横七竖八的尸体。战斗胜利结束，方圆数十里内的老百姓纷纷赶了过来，和战士们一起搬运成山的战利品。

这一战，唯一的遗憾是让已经被包围起来的日兵居然又给溜走不少。但击毙300多日军、炸毁烧毁汽车20多辆的战果无论如何都让人振奋，也为忻口前线与日军正面搏杀的友军提供了最好的支援。一段时期，日军不得不暂停了从大同到忻口的公路运输。但是迫于忻口前线的弹药稀缺，日军又不得不冒着危险再次开启了这条运输线路，而七一六团则于10月20日再次在雁门关下设伏，又取得毙敌100多人，击毁汽车十余辆的战绩。闻听此战成果，身处忻口前线的忻口战役前敌总指挥、国军第二战区副总司令长官卫立煌激动地对周恩来说：八路军把敌人几条后路都给断了，这对我们忻口正面作战可是帮了大忙啊！

毛泽东在《抗日游击战争的战略问题》一文中也对一二〇师的这一战绩给予高度评价，他指出："游击战争还有其战役的配合作用。例如，太原北部忻口战役时，雁门关南北的游击战争破坏同蒲铁路、平型关汽车路、阳方口汽车路，所起的战役配合作用，是很大的。"①

阳明堡烈火烧飞贼

一二九师是八路军三个师中最后一个渡过黄河的，他们过河的时候已是10月6日。这时，一一五师平型关大捷的喜讯已经传遍全国，等到他们10月16日乘坐火车沿同蒲铁路北上到达山西省会太原的时候，一场中日战争史上空前的大会战——忻口战役已经开始。按照第二战区的要求和八路军总部朱德、彭德怀的命令，一二九师部队分两

---

① 《毛泽东选集》第2卷，人民出版社1991年版，第417页。

个方向展开。陈赓所率之三八六旅奉命赶往娘子关方向，深入敌后，配合友军娘子关正面部队以保障太原之侧翼安全和忻口部队之后路。而以陈锡联为团长的三八五旅七六九团则直接来到忻口附近的代县滹沱河畔寻机侧击，主要任务为破袭公路桥梁等，为忻口正面作战之友军提供支持。

陈锡联，绰号“小钢炮”，这是红军时期战友们根据他在历次作战中总是能够奋勇当先、身先士卒而送给他的赞誉。经过了鄂豫皖苏区艰苦卓绝的战斗考验和三过草地的长征锤炼，此时的陈锡联早已成为一个智勇兼备、足智多谋的优秀指挥员。这一次，部队刚到代县驻扎，他就发现头顶上的日本飞机总是频繁出现，就像夏天的苍蝇蚊子一般，一不留神，它就三五成群地“嗡嗡嗡嗡”出现在并不太高的天空。凭直觉，陈锡联判断敌人的战地机场应该就在附近，而这些飞机则是飞往近在咫尺的忻口前线，为那里的日军加油助威，给正面作战的友军造成杀伤。说来也巧，陈锡联正这么想着，迎面碰上了从忻口一线撤退下来的一个国民党军团长，那团长挂上校军衔，却一副衣冠不整的样子，看上去垂头丧气。陈锡联问他前线什么情况，那团长道：“别的倒还好说，就是敌人的飞机大炮太厉害，炸得你头都抬不起来，许多弟兄连枪都没放一下就被炸没了。”

团长的话越发使得陈锡联对眼前的情况重视起来，是啊，敌人的飞机每天就在我们头上飞来飞去，这说明它的前线机场就在附近。于是，陈锡联派出了侦察分队，很快侦察兵们就从老乡那里得到了敌人机场的准确位置，再派人化装成农民和老乡一道去侦察，这下连敌人的飞机总共有 24 架，共分三队排列，每一队在什么位置停放这些详细情报都一清二楚了。于是，陈锡联命令以赵崇德营长的三营为突击队，趁夜突袭飞机场。以一营前出崞县牵制日军增援。以二营为团预备队，其八连前出破坏王董堡的桥梁，保护三营的侧翼安全。一切准备就绪，10 月 19 日夜，七六九团全体行动起来，三营在当地老乡的带路下，安全渡过滹沱河，悄然接近敌机场外围。赵崇德营长又命令九连留在外围警戒，防止驻扎在阳明堡的敌人增援机场守敌。以十连十一连和机枪连为突击队，务要全数干掉24架飞机。另以十二连为营预备队，随时应付突发情况。几分钟之后，突击队剪断敌人布置的铁丝网，来到距离停机坪不到30米远的地方。这时，敌人来回扫描的探照灯不知发现了什么，一个哨兵开枪了，接着，几个不同位置的敌人机枪阵地都喷发出连续的火网。赵崇德不慌不忙，带领战士们将五颗一捆的手榴弹挨个放置在敌人飞机的肚皮底下，24架飞机，一架不少，然后挨个拉火，“轰隆！轰隆！”“轰隆！轰隆！”连续不断的爆炸声奏起了这个夜晚最嘹亮的乐曲。

守护机场的日军立刻意识到发生了什么，他们嚎叫着冲了上来，八路军战士也挺着刺刀，挥舞大刀，向敌人发起了反冲击。一切为了保证那24架飞机全部化为灰烬。一场短促而惨烈的白刃肉搏，敌人落荒而逃，这时，24架飞机也大多变成一堆堆废铜烂铁，赵崇德命令：“撤退！”然而，就在他指挥部队撤退的过程中，一颗罪恶的子弹夺去了他的生命。英雄营长赵崇德，时年仅23岁。

阳明堡奇袭敌机场的战斗，仅仅进行了不到一个小时，却取得歼敌100余人、火烧敌机24架的巨大战果。这一喜讯立即震惊全国，也使战斗在忻口前线的友军在其后一段时间摆脱了敌人飞机的噩梦。这是一次伟大的战斗，一次创造奇迹的战斗。刘伯承师长在接到喜讯后动情地说：“七六九团首战告捷，干得漂亮！”忻口前线前敌总指挥卫立煌将军专门找到周恩来，握着他的手说：“阳明堡烧了24架飞机，这是战争史上从来没有过的事。我代表忻口正面作战的将士向八路军表示感谢！”与此同时，各大媒体、各界人民团体也没有忘记这些英雄。在延安，在太原，在上海，在南京，到处都是宣传报道这一大捷的海报。《中央日报》《大公报》《新中华报》、延安《新华日报》均以大幅标题报道了这一战斗。蒋介石也以军事委员会的名义，嘉奖八路军一二九师三八五旅七六九团大洋两万元。在当时，这可是一笔不菲的奖励！[1]

重叠设伏七亘村

八路军一二九师三八六旅，被曾任罗斯福总统卫队长的美国上校卡尔逊在视察了整个中国军队之后由衷感叹是“中国最好的一个旅”[2]。正是这支部队，在1937年10月到1938年3月，半年期间，连续取得了七亘村重叠设伏、长生口伏击战、神头岭伏击战、响堂铺伏击战等一连串的胜利。在其后，这支部队又连续创造了长乐村追歼战、香城固伏击战等一系列著名战例。然而当1937年10月，这支部队刚刚踏进抗日第一线的时候，却不那么顺利。

一二九师三八六旅是八路军北上抗日队伍中最后一批渡过黄河的。《陈赓日记》明确记载，他与他的部队于1937年10月7日才从陕西省韩城县芝川镇的渡口登船渡河，然后在山西荣河县庙前村渡口登岸。这时，为了配合沿同蒲铁路由北向南进犯之日军第五师团板垣征四郎所部在忻口与中国军队的会战，侵华日军华北派遣军增派日军第二十师团和一〇九师团沿正太铁路向西进犯山西，以图与板垣征四郎达成南北两方分进合击之效果。正太路危急！娘子关危急！应第二战区司令长官部所请，八路军总部命令第三八六旅火速增援正太路方向之国民党军第三军曾万钟部。接到命令，陈赓马不停蹄率部赶往娘子关一线，10月20日，陈赓亲自拜访了第三军军长曾万钟，详细了解了旧关、娘子关一带的敌情，更进一步认识到，面对数倍于己之强敌，依照保存自己、消灭敌人这一基本军事原则，应力求避其锋芒，而利用隘路、河川、险地、村落等有利地理条件，以出其不意的奇袭，消耗和打击敌人，积小胜为大胜。而不应追求声势，轻易暴露

① 《新中华报》1938年1月10日。《申报》1937年10月27日。
② 胥佩兰、郑鹏飞：《陈赓将军传》，解放军出版社1988年版，第186页。

自己。他决定充分发扬自己部队擅长夜战近战的特点，从 10 月 21 日起至 24 日止，连续向井陉板桥村、长生口、蔡家岭、东石门等地的日军开展夜战和阻击，共毙伤日军 350 余人。这些被陈赓称为零敲碎打的胜利，有效地迟滞了日军对娘子关的攻击，也使正面作战的第三军阵地获得了暂时的稳定。对于三八六旅来说，更是极大地增强了指战员们从战略上藐视日本帝国主义的信心。不过，在增强信心的同时，部队中也隐隐出现了一种骄傲情绪。10 月 24 日夜，七七一团白天行动时被日军侦察机发现，夜晚日军即派一个联队和 200 多骑兵对七七一团驻地进行了包围突袭。该团因轻敌麻痹，疏于警戒，不得已仓促应战。虽经指战员顽强搏杀，并凭借该团较高的战斗素质组织起了有效的阵地防御，但仍造成了 30 多人的伤亡，幸亏刘伯承师长亲临前线指挥撤离，才避免造成更大的损失。

对于这一事件，刘伯承把它称为“一个教训”，并向中央军委交出了一份检查。仅隔一天，10 月 25 日，毛泽东即电示十八集团军总部并各师：“屡胜之后，必生骄气，轻视敌人，以为自己了不得。七七一团七亘村受袭击，是这种胜利冲昏头脑的结果。你们宜发通令于全军，一直传达到连队战士，说明对日本帝国主义的战争，是一个艰苦奋战的长过程。凡那种自称天下第一、骄气洋溢、目无余子的干部，须以深切的话告诉他们，必须把勇敢精神与谨慎精神联系起来，反对军队中的片面观点与机械主义。”①

良药苦口，然足以令人清醒。陈赓把毛泽东的指示传达到了全旅每一个官兵，并举一反三，对部队的战斗作风进行了一次严肃的整顿。同时，安排七七一团撤至东冶头镇休整，自己则亲率七七二团进至川口、孔氏村、王德寨地区，准备在七亘村设伏击敌。

之所以选择七亘村作为伏击阵地，是刘伯承师长与陈赓旅长亲自

---

① 李捷主编：《毛泽东著作辞典》，浙江人民出版社 2011 年版，第 8 页。

勘测过地形地貌后的决策。因为从七亘村通往东石门之间是一条长达10里的峡谷，底部宽度甚至不到3米，而这里恰恰又是敌人辎重运输的必经之路。

为便于隐蔽，陈赓命令七七二团副团长王近山只带三营不到400人的部队潜入七亘村与南甲峪间公路两侧。十一连设伏于七亘村南之东庄、青垴地区，十二连及特务连一个排在十一连的右侧占领伏击阵地。九连十连置于七亘村南侧高地为预备队。另派骑兵营出九龙关策应。

◆ 七亘大捷主战场。 廖高会摄

10月26日清晨，日军辎重部队在200余步兵掩护下，由测鱼镇开始向西移动。骄横惯了的日军，一路大摇大摆，如入无人之境。上午9时许，敌运输大队的先头掩护部队百余人已经通过七亘村接近营庄，后续部队还在东石门，中间的辎重部队骡马群正处于七七二团伏击圈内。这时，王近山副团长喊一声“打！”随着手中驳壳枪子弹的射出，公路两侧的绝壁之上，山丘之中，手榴弹如雨点般飞向公路中间，枪弹倾泻。就在敌人一片慌乱之中，我军战士又挺着明晃晃的刺刀出现在公路上，战士们一个个如猛虎下山，照准日军杀了过来。

一场漂亮的伏击战，由于组织严密，部署得当，两个小时的激战，七七二团以伤亡10余人换取了击毙日军300余人的重大胜利。同时缴获满载军用物资的马匹300余匹。战士们穿上刚刚缴获的皮靴和呢子大衣，戴上锃亮的钢盔，笑得合不拢嘴。而周围群众看见堆积如山的炮弹子弹无线电器材和各种干粮罐头，也无不欢欣鼓舞，主动帮助部队搬运战利品。

这一战，也使得曾经对八路军战斗力表示怀疑，并奉劝刘伯承赶快撤退的国民党军第二军团司令兼第十三军军长汤恩伯感叹："看来还是你们的游击战行啊！"①

此战获胜后，陈赓保持了高度的清醒，为了防止部队重蹈七七一团覆辙，战斗刚一结束，他就命令七七二团团长叶成焕、副团长王近山："迅速集中兵力，准备再战。"

正如陈赓所料，这场战斗并没有使敌人清醒。当然，还由于除了途经七亘村这条公路之外，日军要解决补给问题没有其他途径可走，这就为我军的再次设伏提供了可能。征得刘伯承师长的同意，陈赓立即着手部署在七亘村组织第二次伏击。

按照常识来讲，"用兵不复"是兵家应该遵守的常理，但是，刘伯承认为，正因为是常理，敌人也必然会这样想的。而我一旦在此重叠设伏，那就恰恰让敌人防不胜防。这一次，陈赓仍以三营为主打营，但在几个连队分工上又有所不同。原先担任预备队的九连十连这次布置在七亘村南的大道两侧，这就使伏击地点又向西移动了三里远的距离，让敌人在通过上次伏击地点后产生麻痹心理。十一连十二连及特务连一个排作为预备队，控制七亘村南侧之高地。同时命令一营

① 李达：《抗日战争中的八路军一二九师》，人民出版社1985年版，第35页。

◆ 七亘大捷烈士公园墓。　廖高会摄

视战况发展，随时准备投入战斗。

虽然敌人也知道用兵不复的道理，但毕竟吃过一次亏，28 日这天，日军由 100 余骑兵和 300 多步兵组成了强大的掩护队伍，押解着大批骡驮由东向西严密而谨慎地搜索前进，不时还对两侧山地进行火力侦察。但即使这样，三营的阵地距离敌人只有三四十米仍未被敌发现。直到敌骑兵已过伏击圈中段时，三营突然向敌后续辎重部队开火，但这一次敌骑兵和步兵掩护部队显然并没有太大的慌乱，而是仗着其强于我军的火力配备，向我军发起一波波的反冲击。结果，就在双方激烈战斗的过程中，敌辎重部队的骡驮已掉头逃走大半。这一战，我七七二团最终歼敌百余，缴获骡驮 40 余匹以及大量辎重物资。

七亘村两次设伏，是一二九师出征以来在阳明堡火烧敌机场之后的又一次重大胜利，也是刘伯承、陈赓高超指挥艺术在抗日战争这一宏大战场上的首次联袂展现。

神头岭上创经典

毛泽东在《论持久战》中指出，实施持久战的基础在于中国最广大的民众，“兵民是胜利之本”，“战争的伟力之最深厚的根源，存在于民众之中”，“动员了全国的老百姓，就造成了陷敌于灭顶之灾的汪洋大海，造成了弥补武器等等缺陷的补救条件”。说到底，就是要使中国的抗战成为一场真正的人民战争[①]。

然而，尽管中国共产党已经提出了正确的方针策略，但是在中国最广大范围内仍然是国民政府在掌控一切的情况下，中国的抗战也必然地出现了正面战场的软弱无力，1937 年 11 月 20 日，在上海、太原相继失守之后，国民政府的抗战信心开始动摇，宣布迁都重庆。12 月 2 日，蒋介石在接见德国大使陶德曼时，表示了愿意与日方进行和谈的心迹。紧接着，国民党最高国务会议第五十四次常会又正式讨论了与日本和谈的议案。针对这样一种政治局面，中国共产党人无所畏惧，又一次站在了民族解放战争的最前列。11 月 13 日，上海失陷后的第二天，毛泽东即致电朱德、彭德怀、任弼时等，指出：“全国片面抗战已无力支持，……正规战争结束，剩下的只是红军为主的游击战争了。”[②] 同时，毛泽东还说：“红军的任务在于发挥进一步的独立自主原则，坚持华北游击战争，同日寇力争山西全省的大多数乡村，使之化为游击根据地。”

按照毛泽东关于“陈赓旅位于太行山脉地区，多打几个小胜仗”的部署，陈赓立即率部向敌占交通线展开并连续地获得了一连串的战斗胜利。其中最为经典的当属神头岭伏击战[③]。

1938 年 2 月初，日军为了配合津浦路方面的作战，并伺机进攻陕西的关中地区和陕北革命根据地而发起了晋南战役。日军第十四师团相继占领了河南新乡、济源、汤阴、辉县等地，而第一〇八师团则

---

① 《论持久战》，《毛泽东选集》第 2 卷，人民出版社 1991 年版，第 479 页。

② 张家裕主编，中国人民解放军军事科学院毛泽东军事思想研究所年谱组编：《毛泽东军事年谱 1927—1958》，广西人民出版社 1994 年版，第 217 页。

③ 以上引自胥佩兰、郑鹏飞：《陈赓将军传》，解放军出版社 1988 年版，第 190—191 页。

从平汉线沿邯（邯郸）长（长治）大道西进，于2月15日占领涉县，17日占领山西河北交界处之山西黎城县东阳关。紧接着，日军再占长治、潞城，沿屯临公路向临汾挺进。为了打击进犯晋东南根据地的日军，同时配合友军在晋南的作战，一二九师决定将部署分散活动的主力部队尽快集中，寻机歼敌，打一两个具有影响的大胜仗。

3月8日，部队开至襄垣县下良、西营一带，这也开始了一二九师在短时间内三战三捷的辉煌征程。

首战选在哪里？刘邓首长分析，邯（邯郸）长（长治）公路是晋东南和晋南日军从平汉线取得补给的主要交通线。为了保障这一运输大动脉，日军在涉县驻扎了400多人，黎城驻扎了1000多人，而潞城更是屯兵达3000人之多。

根据抗战以来对日作战的经验和对日军战术的研究，刘伯承认为“一处受袭，他处必援”是日军的特点之一，为此，他决定，以攻其必救，吸引敌援的战法，在黎城、东阳关、涉县之间择其弱点和暴露之点给予痛击，也就是首先对黎城之敌发起攻击，吸引潞城之敌前来增援，然后在其必经之处巧妙设伏歼灭之。

3月16日凌晨4时，对黎城的攻击由三八五旅七六九团一营率先发起。一营官兵以突然动作突进城内，与敌展开激战。一时间，整个城内枪声四起，仿佛有无数的八路主力一下子都来到这里。黎城守敌慌了，通过无线电向长治、潞城守敌连续发出求救呼叫，另有一部则企图通过浊漳河上的赵店桥逃向潞城，但此时，大桥已被七七一团工兵连连夜焚毁，敌人只得返身缩回城内，以企图固守待援。

真正着急的是潞城之敌，一方面，他与黎城距离最近；另一方面，他仗着自己有强大的兵力火力，岂能容得八路军在其卧榻之侧痛殴自己的兄弟。所以，他以最快的速度，立即派出步骑兵1500余人向黎城出发，妄图对七九六团一营实行向心合击。

敌人已经上钩，怎么收拾他，这就是刘邓首长留给陈赓的工作了。

事实上，早在黎城攻击之前，3 月 15 日上午，陈赓在接到任务之后，便召集全旅团以上干部开会，讨论伏击阵地的选择。当地图展开的时候，人们的眼光毫无例外地集中到了一个点上，那便是——神头岭。按照地图所标识，神头岭位于潞城县东北 12 公里处，那里有一条深沟，公路正从沟底通过，而公路两旁的山梁上地形既陡又险，既便于设伏，又利于出击。如此看来，那确实是一处不可多得的伏击战战场。大家都很高兴，认为这一战有把握了。可是陈赓旅长却眉头紧皱，似乎一副不够开心的样子。大家正不解时，陈赓说话了："同志们，你们谁到现场看过这个地方的地形？"

人们面面相觑，因为谁都没有看过这个地方。

"这不是纸上谈兵吗？"陈赓说："会先开到这里，咱们到现场去走一圈。"等到大家来到神头岭的时候，人们不禁傻眼了，原来，公路根本不在沟底，而恰恰是在山梁之上直通而过。整个山梁宽度不过几十米，光秃秃的，哪里有什么伏击阵地？至于部队的展开，那就更是难上加难。这时，人们都在埋怨国民党留下的地图害人，幸亏提前来了现场，否则，那真不敢想象。

然而，就在大家一片灰心丧气之中，陈赓却又说话了："我看，这一仗咱们还是要在这里打。"

政委王新亭也鼓掌道："对，这才叫出其不意，攻其无备。"

陈赓接着为大家分析道：一般情况下，这样的地形肯定是不能打伏击的，这个咱们知道，敌人也知道。所以我们在这里打伏击那是违背常识的。但是，正因为违背常识，敌人也一定会放松警惕。这就给了我们机会，再说，你们看到了吗，那山梁上有许多国军修建又遗弃的野战工事，工事修得很好啊。只是时间长了，工事里外杂草丛生，那里面不是正好适合我们作为隐蔽阵地吗？

茅塞顿开！人们于是又议论起来：是啊，这些工事距离公路不过几十米，十几米，我军出击十分方便，到时候，在那狭窄的山梁之上，可就是真的如刘师长常说的那样，狭路相逢勇者胜了。也有人说，这么窄的地方，遭遇战，那肯定是有备胜无备，谁先动手谁得利。

许多年以后，当年身为三八六旅七七二团一营二连战士的赵隆老人回忆当年战斗的情景：那天是阴历二月十四，天不亮我们就进入阵地了。大家都做好了伪装，一人头上一顶野草编织的帽子，两人相遇，不碰到鼻尖你是根本看不出来的。这时的天气那个冷啊，穿着棉衣就像披了一件单衬衫似的。让你浑身瑟瑟发抖。可是一想到马上就要投入战斗，这身上的冷也就不知跑哪里去了。我们三八六旅的兵，没有一个差劲的。不知过了多久，远处传来了隆隆的炮声。后来我们才知道那是咱的部队攻打黎城开始了。快半上午的时候，我们把耳朵贴在地上，可以听见马蹄哒哒的声音了，这说明敌人快来了，而且是有着不少的骑兵。果然，不大一会儿，敌人的骑兵首先到了，他们来到山梁山上，停了下来，似乎是在等待后面的步兵和马车，还有两辆汽车也停了下来，在这里歇息的敌人不知道他们死期已到。一个日本人向我走来，大头皮鞋踢着山梁上的黄土照直向我眼窝飞来，我恨不得一枪将这个家伙给干掉，可又知道没有命令决不能擅自行动，只好忍着。可那皮鞋却不肯停下来，一步，又一步，马上就要踩到我的鼻尖子上了。就在这时，我久久等待的那一声“打！”砰然传来，我手中的枪于是也不客气地照着眼前这个家伙将一颗带着怒火的子弹射了出去。

神头岭一战一二九师以伤亡 240 人的代价歼敌 1500 余人，缴获物资无数，骡马 600 余匹，长短枪合计 800 余支，胜利可谓辉煌。这一仗也是刘伯承与陈赓联袂演出的高超之作。

日本随军记者本罗得治在这一战中由于躲进一孔破窑洞而侥幸逃脱之后所写下的战地报道中就禁不住对八路军的战术与神勇咬牙切齿地“赞誉”道：这次皇军所遇到的中国军队与往日所遇到的不同，

“很厉害！”①

一个日军的汽车伍长在阵中日记则这样写道：“据潞安兵站支部的情报，日前辎重受袭的原因是因为没有警戒而休息，计战死者 290 名，战伤者 40 名，失踪 60 名，纸币 15 万元全部被夺走。一〇八师团这样的损失是从来没有的。此外警备一小队也全灭了。”②

这一仗一二九师打痛了日军，虽然上面两个日本人的记述本身并不全面，数字也有隐瞒。但仅从他们自己承认的这个数字来看，仅仅一〇八师团的损失就已经很惨重的了，如果加上同一战中十六师团部队的损失，其数字还是相当惊人的，不然怎么会让日军感叹八路军“很厉害”？也就在此后不久，陈赓带领部队纵横晋东南，东下太行山，在山西河北又打了许多漂亮的胜仗，以至于日军在香城固战斗中竟然在其坦克上用汉语写上了著名的“专打三八六旅”的标语。可见这支英雄的抗日劲旅给日军造成的心理阴影有多大。

二、百团大战　喋血华北

八路军的敌后抗战，给侵华日军造成了沉重的打击，然而，与此同时，在中国广大的正面战场上，本应承担更多作战任务的国民党正规军和地方部队却在 1940 年这个特殊的年份里逐渐处于了隐身状态。

原因当然也是有的。首先，在国民党内高居二号人物的汪精卫公开叛国。早在 1938 年 12 月，汪精卫就以国民党副总裁的身份绕道越南河内，并发表了臭名昭著的“艳电”，主张投敌卖国。经过一年时间的经营，汪氏卖国政府于 1940 年 3 月在南京粉墨登场。而在汪精

① 胥佩兰、郑鹏飞：《陈赓将军传》，解放军出版社 1988 年版，第 208—209 页。
② 胥佩兰、郑鹏飞：《陈赓将军传》，解放军出版社 1988 年版，第 209 页。

卫卖国的同时，国民党内一批老牌汉奸和动摇分子也蠢蠢欲动，在并不太长的时间内就有多达几十个师数十万国军摇身一变成为了汪记伪军，调转枪口对准了抗日军民和原来的战友同胞。在这种情况下，原本已经穷于应付正面战场的蒋介石又一次动摇了，现实也迫使他不得不将目光与精力更多地关注于内部的整肃。因为确切地说，这位委员长、总司令、国民党总裁真的也不知道会有哪个部下在哪个时候眨眼之间就由正牌的国军摇身一变成为汪记的伪军。这就出现了一种情况，在1940年的3月到10月，在广大的正面战场上竟然没有一次团以上规模的正面出击，更莫谈什么会战了。唯一团以上规模的战斗——枣宜会战——还是因为日军驻武汉部队第十一军在冈村宁次的指挥下对中国第五战区军队发起进攻而被迫展开的，战争的结果则是敌人最终占领了宜昌，而国军则付出了重大伤亡以及张自忠将军的壮烈殉国。正是在这种情况下，日军将对国民党军的重点转向于拉拢诱降，而在华北敌后战场则从1939年1月起连续三次发起了“治安整肃”作战，企图消灭一直以来对其造成威胁的八路军和敌后抗日根据地。1939年12月初，侵华日军华北方面军情报主任会议更是认定“中共势力是华北治安整肃最坚韧的敌人。”“中国共产党及其中共军队是今后华北治安之癌。”基于此种认识，1939年9月出任日军华北方面军司令官的多田骏抛出了其恶毒至极的“囚笼政策”，也就是在华北各个抗日根据地周围增修铁路、公路，并在这些路的两旁修建碉堡和封锁沟、封锁墙。用这些道路将各个据点连接起来，由点连线，由线成面，形成对各抗日根据地的网格状“囚笼”。然后再利用其机械化部队的快速移动，对我军实行快速突袭式的包抄，最终消灭由中国共产党领导的敌后抗日武装力量。

敌人的阴谋很快引起了朱德总司令和彭德怀副总司令的高度警惕，并决定对敌人的阴谋展开针锋相对的回击。1940年4月25日，彭副总司令向各部队首长发出指示：“日寇现正在拼命修筑道路”，“此种阴谋若不积极求得阻止与粉碎，待其完成，将会予我坚持敌后之抗战以极大困难和不利。”同时，彭德怀、左权反复研究开展交通破袭战的问题，最终决定把破袭重点放在正太路上。1940 年 7 月 22 日，八路军总部发出由朱德、彭德怀、左权签署的破袭正太路战役预备命令，同时上报中央军委。命令提出：为打击日军的“囚笼政策”，争取华北战局更有利的发展并以此影响全国战局，决定“趁目前青纱帐与雨季时节……大举破袭正太路。”命令规定：配合作战之兵力，各区自行规定，战役意图只准告知旅级首长。并要求各部于 8 月 10 日前完成侦察、器材准备、部队调动等准备事宜①。

关于百团大战的提出，刘伯承师长有着很具代表性也更加通俗易懂的战略分析：“敌人以战养战政策的推行，必须依靠交通。在这一点上，铁路公路之于日寇，有如人体上之大小血管，据点好比淋巴腺。倘使我们到处开展交通斗争，切断敌人之大小血管，一方面可以阻止敌人输送中国人民的膏血去营养自己，使它日益消瘦枯朽；另一方面，可使我丰富资源尽归己用。这对于抗战的军事建设、政治建设是有着何等重大意义！倘使我们完全切断敌之大小血管，使其无法伸展于中国乡村，来吸吮我们的血液，完全困厄于城市之中，这样便可以缩短乡村战胜城市的过程，使抗战的最后胜利可以早日到来。”②

8 月 8 日，八路军总部发出《战役行动命令》，规定各部“限于八月二十号开始战斗”。

根据八路军总部的命令，从总部到各师、旅、团，纷纷派出得力精悍之侦察分队抵近深入进行侦察，并在短时间内迅速完成任务。

---

① 以上引自章百家主编：《中国共产党 100 年 100 事》，中共党史出版社 2022 年版，第 150—151 页。

② 《刘伯承将军谈百团大战中之正太战役》，《新华日报》（华北版）1940 年 10 月 3 日。

张宗逊巧取康家会

一二〇师三五八旅的康家会之战，旅长张宗逊把这副担子交给了其麾下最具战斗力的七一六团和第四团。一二〇师首长为什么要把战役的开端选在康家会呢？这是因为康家会乃晋西北当之无愧的战略要地和交通枢纽。日军早在1937年11月占领太原之后就在此设立了由两组碉堡和以一串大院为核心组成的据点。更因为其交通便利，一旦发生战斗，忻州太原两地日军很快就会顺大道赶来。从军事上讲，是为易守难攻的硬钉子一颗。为了拔掉这颗镶嵌在我晋西北根据地前沿的钉子，张宗逊决定亲自指挥这一战斗。

8月20日黄昏，三五八旅主力从驻地秘密出发，从出发点到康家会只有15里路，天擦黑的时候便进入阵地。一切准备就绪，就在准备战斗打响之前，一个好消息传来，据点里的伪军被成功策反，而且立即就可配合三五八旅作战。张宗逊喜出望外，立即命令部队在接应伪军的带领下迅速出击。一会儿工夫就顺利拿下两座由伪军驻守的小型碉堡，并对日军驻地尹家大院形成包围。

20时整，张宗逊一声令下，迫击炮、机关枪、手榴弹成串成串地甩向尹家大院和其周边坚固的阵地。日军对此一开始毫无准备，已经入睡的和正在准备休息的日军在一阵忙乱之后才清醒过来，随之组织起了反击。但是，这种反击也只是在不过十分钟之后便稍缓下来。这是怎么回事呢？前沿阵地上的三八五旅战士正在疑虑，就见几个日军士兵突然从尹家大院的一孔石窑中钻了出来，再然后，又从另一孔窑洞中扛起两箱子弹就往原先的石窑钻去。战士们明白了，敌人子弹打光了，需要到储存弹药的窑洞里去搬运，这不正是进攻的好机会？于是，三八五旅的进攻更加猛烈，眼看着敌人的机枪近于哑火，战士们端着刺刀杀起了冲锋。可是，就在这时，那石窑中的日军竟然丧心病狂地使用毒气弹来阻止自身的灭亡。然而，负隅顽抗的敌人终究是难以支撑下去的，在战士们又一阵连续的射击下，敌人死伤大半，剩下的几个也不得不停止了抵抗。

这一战，三五八旅不仅全歼康家会之敌，共计毙伤日伪200余名，生俘日军12名，还缴获迫击炮2门、重机枪2挺、轻机枪23挺、步枪100余支，以及大批弹药和粮食布匹。这一仗，也受到贺龙和总部首长的高度称赞。

谢家庆强攻芦家庄

谢家庆，河南光山人，1912年出生在一个贫苦农民家庭。1931年，谢家庆参加红军，1932年加入中国共产党。全民族抗战开始以后，曾任八路军一二九师晋东南工作团团长、游击队队长。1940年5月，谢家庆成为三八六旅十六团团长。在他的带领下，十六团战斗力不断提升，很快成为陈赓旅长手下一位称心得力的干将，多次战斗也得到了八路军总部首长的肯定与表扬。百团大战开始，谢家庆主动向陈赓旅长请战，并被批准十六团作为三八六旅在战役第一阶段的主攻部队。

8月20日傍晚，谢家庆亲自带队，以隐蔽形态来到芦家庄火车站附近。

要说起来，芦家庄原本只是一个50户人家的小村子，但是因其地处正太铁路线上，具有着明显的军事价值。所以，一段时间以来，日军对这里的防备可谓殚精竭虑，并将它建设成为正太铁路寿阳到榆次段最大的据点。此地距离榆次市区只有15公里，日军又在村子里和村子周边构建了坚固的碉堡，并筑有外壕和铁丝网。村子不大，敌人驻军却不少。连带村东火车站在内，总共驻扎着日军一个中队，还有伪军一个中队以上的兵力。这就使得整个村子连同火车站成为一个防守层次分明、火力配备强大的总体战斗堡垒。也因此，驻榆次日军对芦家庄的守备放心得很，并吹嘘其为“固若金汤”的钢铁堡垒。

谢家庆当然了解这一切，并在战前就已经从陈赓旅长那里得到了锦囊妙计。那就是出其不意，抵近攻击，利用夜色的掩护，迅速将敌分割包围，务求全歼。

20时整，谢家庆一声令下，一颗红色信号灯腾空升起，十六团如出山猛虎，一排排手榴弹、炸药包、迫击炮弹准确地飞向日军碉堡。仓皇之间，敌人放弃所有壕堑和碉堡，退守弹药库。企图凭借几乎使用不完的弹药负隅顽抗。而谢家庆也毫不客气，调来团属迫击炮连，一阵猛轰，敌弹药库连环起爆，顿成一片火海。但这连天的炮火硝烟也给敌人的逃跑造成了便利条件。原本十六团趁夜突袭，结果倒让一部分日伪军趁夜逃了出去。战斗持续至东方拂晓，枪声爆炸声渐渐平息下去。整个芦家庄为十六团占领。清理战场，此役共击毙日军80余人，伪军20余人，部分日伪军趁乱逃脱。

狮脑山上七昼夜

狮脑山之战，一个永远的神话，也因为它打破了另一个神话。80多年前，就在这里，就在这狮脑山上，八路军一二九师三八五旅七六九团与十四团在旅长陈锡联和旅政治部主任卢仁灿的率领下，以迅如猛虎之势，雷霆出击，在很短的时间内就夺取狮脑山阵地，又以稳如泰山之功，浴血搏杀，在长达七天七夜的时间里坚守狮脑山阵地，任凭日军狂轰滥炸，重炮轰击，任

◆ 狮脑山日军单兵射击战壕。　廖高会摄

凭日军集团冲锋，巧取偷袭，而三八五旅的英雄们硬是把狮脑山阵地变成了打不垮、炸不烂的金城汤池。为整个百团大战第一阶段的胜利提供了有力的保障，也为三八五旅这面血染的战旗增添了永载史册的一页。

◆ 阳泉狮脑山上的百团大战纪念碑。　廖高会摄

狮脑山战斗的重要性，并不在于狮脑山本身。百团大战第一阶段的重点，是破袭正太路。这一任务的主体是刘邓率领的一二九师和聂荣臻所率之晋察冀军区部队。按照八路军总部的部署，8 月 20 日 20 点开始，晋察冀军区之 15 个团在几百公里的正太路上全面出击，对从正定到阳泉段之日军各据点发起猛攻，同时对正太路上的铁道桥梁开始爆破、拆毁。一时间，从太原到北平，从阳泉到榆次，从日军第一军司令部到各个据点的指挥官统统失去了彼此的联络。当此关头，驻扎在正太路沿线日军最大的兵力集结地和交通枢纽地的阳泉驻军——日军第四旅团两个大队的日军坐不住了，他们立即就想到了增援狮脑山驻军。原因很简单，由于狮脑山的战略地位所在，日军占领

阳泉的第一时间，就在狮脑山上构筑了钢筋混凝土的地堡十余座，并在山顶坚硬的石头山上用炸药炸，工兵挖，硬生生开凿了几十条总长度达到一千多米的战壕和机枪步枪迫击炮等各种阵地和射孔。然后便派出了一个中队的日军长期驻守。目的就在于居高临下，监控整个阳泉，并以交叉火力控制整个城市和左近几十里内的正太铁路。

但是，让日军感到意外的是，当此紧急关头，狮脑山上却静悄悄的，似乎完全与世隔绝，就连整个正太路上处处烟火，声声震耳的枪声炮声爆破声都不能撼动那山顶上的宁静。然而，他们哪里知道，就在正太线上的那些声音刚刚响起的瞬间，狮脑山上就已经发生了一次短促的战斗。

1940 年 8 月 20 日 20 点整，也就是在晋察冀军区部队在正太路上准备四处出击的同时，趁着瓢泼的暴雨和凛冽的西风，陈锡联和他所率领的一二九师三八五旅七六九团和十四团已经悄然接近到狮脑山顶日军阵地前沿。见日军全无反应，陈锡联一声令下，八路军战士一顿手榴弹伺候，便端着刺刀冲进了日军所据守的地堡工事。嚣张惯了的日军守备部队，还没有搞清究竟是怎么回事就已经全部魂归东洋去了。打扫战场，整理缴获物资，然后就是加固工事。陈锡联知道，夺取山头阵地，仅仅是一场恶战的开始。当敌人反应过来之后，必当以十倍的疯狂发起反击。因为谁都知道，控制了狮脑山，那就控制了阳泉镇，而控制了阳泉镇就扼守住了正太铁路的枢纽，并使自己处于进可以攻，退可以守的有利地位，相反则势必处于被动的局面。

果然，不出陈锡联所料，21 日的晨曦刚刚展露，狮脑山下就出现了大批的日军。这一次，日军有备而来，这一次，日军势在必取。他们带来了大量的火炮，迫击炮、山炮、平射炮，一字排开，先向山上猛轰，炮弹如雨点般落到碉堡上、阵地上，但是山头上质硬壕深的千米战壕，也根本不怕任何平射火力的肆虐。当敌人的炮击刚刚停止，成排的步兵挺着刺刀开始向山头冲锋的时候，八路军开始发射迫击炮，由于这山是石头山，山上基本没有掩蔽之物，那成排连片的步兵就裸露在光秃秃的山坡上，迫击炮弹落下去后，一炸一个准，一炸一大片，战术动作十分过硬的日本陆军在这横飞的弹片面前也只能一排排倒下，聪明点的便一个打滚，翻到山沟沟里算是逃得一难。

日军向狮脑山的第一次冲锋以惨败而告终。然而，已成热锅上蚂蚁的阳泉日军岂能甘休，地面突击不行，他们很快就请来了天上的“飞贼”。日军第二波攻击在太原城里飞来的飞机轰鸣声中开始。20架涂着“膏药旗”的飞机，欺负八路军没有任何防空武器，竟然以贴着地面不到50米的高度，向着山上纵横交错的战壕和地堡投掷了上百枚炸弹，投完炸弹还不走，转了一圈返回来，又向着战壕“哒哒哒哒”一阵扫射，直到打完飞机上所有的弹药这才得意地摇着尾巴，“哼哼唧唧”飞向西边。要说，敌人这飞机轰炸的架势煞是惊天动地，一颗颗炸弹准确地落到山头上，炸弹炸裂的烟雾本就遮天盖地，再加上下了一夜的雨，战壕里早已是积下了半尺深的泥水，炸弹一炸，烟气、水雾，绞成一团，哪里还能分得清地堡与工事、人群与武器。而这一切，在山下日军的眼里那是看得热闹无比，如此阵势，想必八路军不死即伤，不伤也被吓个半死去了。可是他们哪里知道，陈锡联对敌人的轰炸早有预判，听见那些家伙一来，便命令各营各连各个阵地只留下观察员拿着望远镜坚守阵地，其余人赶快统统钻到日军早已布置停当的地堡里去。他们将这地堡建在了地下两米深以下，又预设了足够的防御设施，再大的雨也不会流入地堡半滴。而地堡中又准备了一定的粮食净水，还有牛肉罐头。现在敌人飞机来轰炸，正好战士们就可以钻进地堡里面来趁机吃口干粮。等到飞机走了，山上的烟气火气也被风给吹散了，八路军将士又一个个重返战斗岗位，将枪口对准了正在山腰上急匆匆往上赶着送命的日军步兵。敌人的第二次冲锋再次以惨败告终。连续吃亏的敌人绝不甘心以失败告终，而且整个正太铁路上的形势也迫使敌人不能容忍让这股八路军像钢钉一样钉在狮脑山上。他们要东进，去增援正太铁路沿线焦头烂额的日军，他们还要西进，去援助芦家庄西冶等据点被三八六旅打得狼狈不堪的伙伴。在经过一番密谋之后，日军兵分两路，一路继续在狮脑山正面佯攻，一路则绕道狮脑山南侧企图以偷袭的方式从狮脑山主阵地背后袭击我军。

山头片刻的宁静，反倒使陈锡联和卢仁灿两位主官有些不适，陈锡联站立山头，似乎发现山的背后有些不大对劲。他把自己的想法告诉卢仁灿，并提出要到山背后看一下去。卢仁灿立即制止，一把推开陈锡联说："旅长，这里不能离开你，我去，我带一个排去山背后观察一下，有敌人也可以顶他一阵子。"卢仁灿说走就走，果不其然，他和一个排刚刚赶到山后，就发现一大群日军少说也有 100 多人，携带着机关枪、迫击炮、掷弹筒甚至火焰喷射器偷偷摸摸从后山攀援而上，眼看着敌人就要登上山顶了。卢仁灿大喊一声："同志们，我们一定要顶住，坚决不能让敌人登顶！"说着，手中驳壳枪就打了出去。由于我军占有有利地形，两挺机枪瞬间就形成了一道火网，将偷袭的敌人阻挡在半山腰上不能动弹。但是，敌人也看出了卢仁灿是八路军的指挥官，一个日本兵照着卢仁灿就是一连两枪。卢仁灿似乎感觉到了这子弹的威胁，迅疾卧倒，但还是有一颗子弹将他仰面打倒在地。

"卢主任牺牲了！""为卢主任报仇！"阵地上所有的战士都喊出了愤怒的口号，战士们手中的子弹手榴弹代表着战士们的怒火，更快更猛地砸向敌人。敌人的偷袭也以失败告终。

"卢仁灿牺牲"的消息以最快的速度传达到陈锡联的耳中，胜利之余，一股悲情涌上陈旅长的心中。这位年仅 25 岁的老红军，优秀的政治工作者，他永远是那样地活泼和乐观，永远是那样地充满了激情。他怎么就能够离开他心爱的部队而远去了呢？怀着沉痛的心情，陈锡联把这一悲痛的噩耗报告给了一二九师刘邓首长。可是，电报刚刚发走，陈锡联又看见几个战士抬着一副担架快速走了过来，就在走到陈锡联的旅指挥所时，担架上的人突然说话了："放下我来，我不下山。”

陈锡联惊呆了，听声音，这担架上说话的人不正是卢仁灿吗？

说话的正是卢仁灿。刚才激战当中，敌人的那颗子弹确实准确地击中了他的胸部，子弹威力很大，射速又快，竟然“穿膛而过”前胸进入，又从后胸出去。所以，卢仁灿流了很多血，当下就停止了呼吸。然而，当卫生员为已经牺牲的卢仁灿清理“遗体”，用棉花蘸着清水为他擦洗的时候，却又发现卢主任在动，进而竟然奇迹般地苏醒了过来。于是，卫生员赶紧为他进行了最快捷的战地急救包扎，最主要的是止住了流血，又在伤口处撒下了简单的消炎药粉。

看到自己的战友，自己的政治部主任“死而复生”，陈锡联兴奋至极，马上安排将卢主任送后方医院，又赶紧再给刘邓首长“报喜”。

狮脑山的激战一直进行到第六天的时候，阳泉的敌人简直要疯了，这一天，敌人的飞机竟然先后有100多架次攻击狮脑山阵地，炸弹把山头上的石头掀起了一层，1.7米多深的战壕在有些地段也仅剩下不到1米。更严峻的问题是，敌人原先储存在地堡中的食物和净水是为一个中队准备的，而八路军在山头阵地的人数远远多于这个基数。当战斗进行到第三天的时候，战士们就只能喝积下的雨水，吃煮过的黑豆了，而持续的战斗，又使八路军的补给成为最大的难题。然而，再苦再难，七六九团和十四团的旗帜始终飘扬在狮脑山上，敌人的脖子始终被三八五旅的英雄们狠狠地卡着，不给他们以喘息之机。也正是因为狮脑山阻击战的巍然不动，晋察冀军区和一二九师部队在正太路东西两端的破袭战捷报连连。八路军总部曾经连续四天发布捷报，向全国人民介绍狮脑山战斗的英雄部队。彭德怀副总司令也在百团大战第一阶段的总结中高度赞扬了“守卫狮脑山的部队英勇顽强”的战斗精神。

8月26日，当狮脑山战斗进行到第七天的时候，八路军总部和一二九师发来电文，命令胜利完成任务的三八五旅撤出战斗。在蒙蒙秋雨中，陈锡联和他的战士们默默地离开了狮脑山，只为敌人准备下一层层地雷，让它们代表八路军战士欢迎日军的接防。果然，当太阳升起时候，山头上传来了一阵又一阵的“隆隆”之声。而这个时候，三八五旅的勇士们已经行走在奔向下一场战斗的旅途之上。

白刃格斗显英雄

在规模宏大的百团大战当中，涌现出了许多英雄人物，也涌现出了一批英雄集体。这里我们不得不说的是当年发生在决死队二十五团八连身上的大洛坡之战。

百团大战第一阶段打响的时候，八连所在的决死队一纵二十五团任务是在破袭敌铁道线的同时猛攻正太线上的马首车站。有点令人遗憾的是八连战士眼巴巴地看着兄弟连队都攻城拔寨去了，八连的任务只是留作团预备队，同时在团部所在地大洛坡村负责警卫任务。然而，有句话说，机会是留给有准备的人的。8 月 21 日，战役进行的第二天一早，盘踞在戴家垴据点的日军在登木小队长的带领下，以青纱帐作掩护，绕道而来，从二十五团和新十旅的结合处穿越而过，企图偷袭我指挥机关。天蒙蒙亮，八连炊事员张生旺到沟底挑水回来，远远发现晨曦之中的高粱地里似乎有什么东西在闪着飘忽不定的光。张生旺定睛仔细观察，忽然想到了这应该是什么东西对天空中那一抹初露曙光的反射。不好，肯定是日本人。张生旺放下水桶，以最快的速度赶快向团参谋长李懋之做了报告，与此同时，警惕的哨兵也发现了异样的情况，并立即开枪报警。李懋之当机立断，命令八连指导员张万清带领一个排迅速抢占制高点。张万清身先士卒，带领二排刚刚抢上山坡，迎面就碰见同样也在抢占高地的日军正亮着刺刀出现在眼前。狭路相逢，张万清大喊一声，第一个挺起了晋阳造大枪杀入敌阵。一阵猛刺，当下放倒一个日军。其余战士也和敌人相互厮杀在起。渐渐地，二排的战士们有些力气不支。正在此危难关头，连长任尚琮带着二排火速赶到，一声呐喊，杀入局中。一阵刀光血影的搏杀之后，八连战士士气高昂，日军指挥官登木则左顾右盼，似乎在等待着什么，却又总也等不来什么。一枪过来，仅仅擦着这位小队长的皮肉，他却侧身一躺，倒在地上装死，以图诱骗我军而给以突然一击。恰好八连炊事员张喜看见了，还真以为这个日军军官已死，伸手去摸他身上的手枪，登木一看，机会来了，顺手一枪，打在了张喜的腿上。这下可把张喜给惹火了，也不顾自身疼痛，纵身一跃，死死地骑在登木身上，拿着自己手中唯一的武器——一颗手榴弹，狠着劲儿地往登木头上乱砸。很快，敌人便归西去了。

一场短暂的遭遇战，一场罕见的肉搏战，决死队二十五团八连在人数基本对等的情况下，以自身伤亡 30 多人的代价，全歼敌人 48 人，缴获步枪 48 支、轻机枪 2 挺、手枪 1 支及许多弹药。捷报发出，八路军总部政治部主任罗瑞卿和政治部副主任陆定一专门前往八连慰问英雄的八连官兵。指出：“八连是个白刃格斗的英雄连，打得英勇顽强。一个年轻部队敢与敌人刺刀见红，取得了全歼敌人的重大胜利，要发扬这种光荣传统，战后要授予奖旗。”

◆“白刃格斗英雄连”锦旗。

很快，一二九师刘邓首长便授予八连“英勇顽强”锦旗一面，三个月后，1940 年 11 月，八路军总部又授予八连“白刃格斗英雄连”荣誉称号。

榆社城头喋血记

八路军发动百团大战，不仅是中国抗日战争的一件惊天大事，也是世界反法西斯战争的重要事件。同时百团大战第一阶段半个月的激战，也沉重地打击了日本帝国主义的狼子野心。

这一沉重打击，还使许多日本官兵尤其是新兵感到非常的惧怕和绝望。以至于在日军内部盛传这样的流言："八路军天天攻击，早上活着，就不知道晚上怎么样呢。"在战场上，日军举手投降这样的场景不断出现，而这样的场景，在之前的中日战争战场上是从很少有过的。

百团大战的胜利，也使全国同胞欣喜若狂，到处奔走相告。在延安，在重庆，相继举行了盛大的祝捷大会。各大媒体纷纷盛赞八路军百团大战"严厉迎击了敌寇对我国新的政治诱降与新的大举进攻，打击了敌寇对华北的囚笼政策，振奋了全国军民的战斗精神，克服了悲观失望情绪。"[①] 杨尚昆还撰文盛赞：这一战"在世界战争史上是少见的，在游击战争中也是空前的。"当时正在重庆的周恩来，还专门为此役在重庆引起的强烈反响向中共中央写了报告，称："华北百团大战是第一件振奋人心的大事，我们在此到处鼓吹，连日来报纸登大字新闻，大公、新蜀、新民、国民公报发表我的讲话，大公，新蜀社论，称赞八路军战绩……目前正是我党影响力量加强，收揽人心，以挽救危机之时。"同时，蒋介石，卫立煌也连续给予八路军各种嘉奖[②]。

鉴于这些情况，毛泽东致电彭德怀："百团大战真是令人兴奋，像这样的战斗是否还可组织一两次？"[③] 中共中央军委也做出了相应的决定，要求新四军应仿照华北百团战役先例，在山东、华中组织一次至几次有计划的大规模对敌进攻行动；在华北则应扩大百团战役，到那些尚未遭受打击的敌人方面去，用以缩小敌占区，扩大根据地，打通封锁线，提高战斗力。

然而，必须承认的是，就华北八路军的状况而言，继续这种攻坚

① 谢武申：《李达参谋长》，上海文艺出版社 2001 年版，第 109 页。
② 胥佩兰、郑鹏飞：《陈赓将军传》，解放军出版社 1988 年版，第 255 页。
③ 《彭德怀自述》，人民出版社 1981 年版，第 238 页。

作战的行动实际上是已经勉为其难了。抗战以来，始终出现在战斗最前线，并率部取得全军最突出战绩的三八六旅旅长陈赓面对部队的大幅减员和久战疲劳，心中难免有些惆怅。他越来越感到现在的打法同我军历来坚持的毛泽东关于游击战的战略战术是不相和谐的。同陈赓本人历来主张的“不做赔本生意”的战略战术也是相抵触的。但是，作为军人，他必须服从命令。

在第一阶段战役结束之后，陈赓坚决按照一二九师师部关于尽可能给部队“保障供给，买羊肉吃”的指示，想方设法使部队尽快恢复体力，同时发动群众认真总结经验教训，坚决制止同样的错误在今后的战斗中重复。这时，中共中央军委和八路军总部发布了新的作战要求，对于三八六旅来说就是拔除榆社至辽县之间的日军据点，并相机收服榆社、辽县。

这是一个相当艰巨的任务，榆辽公路是日军深入晋东南抗日根据地的前哨，沿途设有7个据点。工事构筑与兵力火力配备都要强于正太铁路沿线。特别是榆社、管头等主要据点，各有一个加强中队守备，尤其在百团大战第一阶段日军吃亏之后，据点内的弹药给养更是准备充分，大有等着八路前来进攻的架势。

对于此前尚未尝试过的大规模攻坚作战，陈赓战前组织进行了多番仔细侦察，而对于攻坚现场的观察更是扩展到营以上干部。目的就是让大家充分了解敌情，对于这一战引起足够的重视。

作为日军转运粮秣弹药的重要枢纽，榆社日军对这里的城防做了重量级的准备。守军片山第四混成旅团板津大队藤本中队素以彪悍著称。自进驻榆社以来，其利用县城东关一带的省立榆社中学以及文庙为枢纽，构筑大小碉堡8个，交通壕、铁丝网、野战工事纵横交错。在火力配备上，东西各有山炮2门，掷弹筒4个，重机枪4挺，轻机枪6挺，此外便是至少够用一年的各式弹药、枪械和粮食。陈赓旅长反复权衡，不仅充分估计到了日军据险而守以逸待劳的优势，也抓住了敌人孤悬于我根据地内，援兵到达至少要经过数日路程的不利因素。决心以我之长，击敌之短，充分利用我可利用的这几天时间和长于近战的特点，以突袭与强攻相结合，彻底铲除这块危害我根据地的毒瘤。

榆社城地形很是独特，除城东和城北有一条道路外，南面和西面都是绝地，没有道路可寻。这当然也为日军提供了地理上的优势。为保持战斗的突然性，八路军的运动需要尽可能地隐蔽。陈赓反复观察，发现在城东约 20 米的绝地断头路处有一片还算茂密的树林。这可真是天无绝人之路，陈赓当即决定，攻城部队就隐蔽在这片树林里面，务求攻击突然，首先攻占城墙，然后层层推进。为此，陈赓命令三十八团和二十五团分别攻取王景、沿华两个据点，而七七二团和十六团则集中攻取榆社城。

1940 年 9 月 23 日黄昏，攻城部队按照预定计划开始向榆社城秘密接近。尽管八路军尽量保持隐蔽前行，但当快要接近城下时，还是惊动了不知谁家的狗一阵狂吠。这也引来了城头敌人一阵漫无目标的疯狂射击。不过这丝毫没有影响八路军前进的步伐，敌人看见没有什么异样动静，也就停止了射击。

21 点整，陈赓一声令下，八路军以突然动作很快就占领了榆社县城。也为下一步攻取东关敌核心阵地取得了最好的依托。

两小时后，23 点整，陈赓下达攻击命令。早在红军时期就号称“夜老虎”的七七二团名不虚传，战士们趁着夜色，飞快地前进，直到敌人眼皮底下都没让敌人发觉。等到战士们将一捆捆集束手榴弹扔进敌人的工事里时，敌人才如梦方醒，知道这一次真的是八路的主力来了。这个时候，由于敌我双方相距太近，敌人占有优势的机枪大炮的作用就基本发挥不出来了。然而，敌人是不会甘于失败的，他们开始丧心病狂地向我军投放毒气，而这时的风向又恰好正是有利于敌军，这就使他们更加放心大胆地公然违反国际公约。截至天明，敌文庙阵地被攻占，但东关却依旧难以一决胜负。

24日上午，陈赓命令暂停攻击，就地休息，补充弹药，恢复体力。而他自己则和团、营、连干部围在一起总结教训，探索致胜之道。在针对敌人的每一处火力点都做出明确打击分工后，下午4时，陈赓再次下达了总攻令。一时间，八路军各种火器全开，整个山谷爆发出一片震耳欲聋的炸裂声。敌人的炮兵首先被封锁，接着所有机枪的射孔也全被我狙击手封锁。敌人的射手几乎就是刚一露头就被射杀。敌人故伎重演，再次施放毒气，陈赓本人和一些指战员都轻重不等地中了毒，但八路军的攻击越来越猛。战士们利用敌人工事和碉堡之间的死角，把手榴弹扔进敌人的碉堡，最终将一个个碉堡内的敌人全部歼灭。也就是利用这种打法，傍晚之前，八路军攻下了4个碉堡群，只剩下榆社中学这个最顽固的核心工事尚在敌人手中。

毒气使陈赓一阵昏迷，被抬下来后，卫生员进行了紧急抢救，陈赓刚刚苏醒过来就再次回到前线指挥所。针对敌情我情，陈赓认为有必要调整攻击措施，于是命令部队再次短暂休整，吃饭喝水，补充弹药。当晚23时50分，陈赓第三次下达攻击令。这一次，陈赓采取了稳扎稳打，层层剥皮的战术，创造了最后全歼敌人的有利条件。为了减少不必要的伤亡，陈赓在总攻之前再次停止了进攻，利用这段时间采取坑道作业。至25日14时45分，全部坑道作业顺利完成。

25日15时整，陈赓旅长第四次下达总攻命令，处于绝望的敌人呼叫来了大批的飞机，但是敌机投下的炸弹也给敌人自身造成了伤亡。而八路军则利用敌机袭扰的时机，通过坑道将炸药准确地送到了敌人的屁股底下。就在天上的敌人哼哼着离开的时候，他们看到了榆辽战役中最为精彩的一幕：几声巨响，惊天动地，榆社中学四座钢筋混凝土的碉堡也随着这几声巨响化作一片片泥土残渣。

历经三天浴血攻坚，被日军自诩为八路永远不可能攻破的堡垒榆社县城终于完全回到人民手中。而与此同时，决死一纵队三十八团攻克王景并全歼守敌，决死一纵队三十八团则攻克沿华，同样全歼守敌。至此，榆辽战役实现了全部战役目的。然而，在取得这些胜利的同时，部队也付出了前所未有的代价。这也使陈赓以及刘伯承等一批八路军指挥员对于当下的战略战术产生了怀疑。毕竟，毛泽东在抗战一开始的时候就明确指出，我军的基本策略是游击战，现在硬打攻坚战，痛快是痛快了，可是我军所拥有的经过战争考验成长起来的主力部队却以不可逆之势过快地损失了许多精华，对于整个抗日大局来说，这显然是很不合算的。

然而，新的作战任务很快就又下达，这一次，是百团大战以来日军第一次疯狂地向根据地突击挺进，而总部给三八六旅和决死一纵队以及可在武乡一带附近集结的其他部队下达的命令是——包围并全歼据守关家垴的冈琦大队。

不可忘却的关家垴

无论从哪种意义上来说，关家垴之战都是提到百团大战时迈不过去的一道坎。

关家垴之战的由头在于百团大战给侵华日军造成了巨大的损失，也使其华北方面军司令官多田骏颜面大失，恼羞成怒。于是，从1940年10月开始，多田骏精心策划，抽调了一一〇师团，三十六师团，第一、第四、第九独立混成旅团共两万日军并数量庞大的伪军对太行、太岳根据地进行了有史以来最为疯狂的“扫荡”。在关家垴战斗中被八路军层层包围的是日军三十六师团所属之冈琦大队，大队长由冈琦谦绶步兵中佐担任。冈琦大队原本驻扎在运城、闻喜一带，驻扎在太原的日军第一军军部之命，由闻喜奔袭太行山中的八路军总部，结果却误打误撞来到了设在黄崖洞的兵工厂。在这里，日军遭遇到八路军总部特务团的有力阻击，虽然他们对兵工厂进行了破坏，却因八路军已经对兵工厂主要设备和人员进行了转移而使其未能收获多大的

◆ 八路军副总司令彭德怀在武乡县关家垴前线的炮团哨所观察日军阵地。山西画报社供图

战果，这才又不得不折返头来，向西回窜。

10月29日，冈琦大队回窜至武乡县蟠龙镇附近之关家垴一带，下一步准备回窜沁县。其时，刚刚结束榆辽战役的我一二九师三八六旅所部七七二团、十六团等部正在蟠龙附近休整，彭德怀、左权于是决定，决不能让这个冈琦大队就这样大摇大摆逃回老巢，马上命令各部队停止休整，并下达作战命令：由一二九师刘伯承、邓小平指挥所部三八五旅、三八六旅、新十旅、决死一纵队三十八团、二十五团，彭德怀副总司令亲自指挥总部炮兵团山炮连于10月30日凌晨4时向冈琦大队发起总攻。

不得不说，冈琦谦绶中佐身为二十六联队的副联队长，这位日本陆军士官学校的高材生在步兵作战训练方面还是确实有一套的。10月29日夜，八路军侦察分队刚一动作，冈琦就开始布置部队在山头周边挖掘野战工事和交通壕，同时派出一个中队抢占关家垴南侧高地柳树垴。也不得不说，这个时候的日军野战土工作业确实是一流的。当第二天天刚拂晓，晨曦中八路军准备开始攻击时，出现在望远镜中的关家垴已经是一幅纵横交错的野战工事集成图。而在昨天傍晚，这座典型的黄土高原上的纯土山还是一层层天然的农家梯田。关家垴顶上，一幅八卦形的阵地跃然眼前，日军炮兵阵地位于高地南端，居高临下的地理优势，可以让这些大炮指哪打哪。而平坦的山顶上所有的交通壕都有足足1.7米以上的深度，至少1.5米的宽度。日军的单兵猫耳洞，既可保护自己，又便于观察敌情，机枪阵地，迫击炮阵地，步枪狙击手阵地，彼此相连，形成了相互可以接应，相互可以增援的一张大网。此外还有覆盖了门板加固了顶层防御的地下掩体。原本关家垴高地下面有几十孔窑洞，一夜之间全部串通，日军一到关家垴便把居民统统赶走，同时也把这些窑洞改造成了易守难攻的堡垒。

反观八路军在关家垴之战前的状况，早在榆辽战役的时候，陈赓等一线指挥员就深感类似榆社攻坚这样的战斗对八路军来说太有点得不偿失。而且从 8 月 20 日以来，部队连续作战，久战疲劳，战士们无论体能还是心力都已经与百团大战开始的时候不可同日而语。更重要的是各部队在经过第一阶段和第二阶段的战斗之后，减员严重，后勤补给的短板也越来越显示出它对部队作战的影响。甚至在根据地一直以来原本不成问题的民夫担架队等等的保障方面也开始显现出后劲不足。然而，命令一旦下达，部队就必须以一往无前的精神来投入作战。刘邓明白这一点，陈赓同样明白这一点。

10 月 30 日凌晨 4 时整，攻击开始，三八六旅七七二团负责关家垴之东北和东南侧，三八五旅七六九团负责关家垴之西北侧，决死一纵队三十八团负责关家垴之南侧，新十旅之一部负责关家垴之西侧。总部山炮连由彭德怀副总指挥亲自掌握。

凌晨 4 时，各部队开始攻击，但是，大家很快就感到了这一次攻击的艰难超乎想象。首先是决死一纵队二十五团对柳树垴的攻击受阻，部队充分发扬了我军勇猛作战、不怕牺牲的精神，但是，大量的伤亡，还是使陈赓不忍心让这支刚刚打造成型的部队给一战打没了再战的能力。于是，进攻停止。而在关家垴方面，无论是七七二团的攻击，还是七六九团的冲锋，都在敌人配置得当、火力凶猛的枪弹铁幕面前付出了极大的牺牲却不能取得有效的战果。

新的问题又来了，日军的飞机一波波地从太原方向飞来，一批刚走，又是一批，炸弹、机枪弹，从天而降，而八路军没有防空火器的缺陷又使得这些“飞贼”越发猖狂。各个攻击部队在关家垴周边一片黄土之中，无遮无拦，无处藏身。

在攻击最紧张的时候，彭德怀副总指挥来到七六九团阵地，彭德怀问七六九团团长郑国仲：部队情况怎么样，伤亡大不大？

郑国仲回答：部队伤亡不小，主要是地形对我不利。现在部队正准备发动新的进攻。

彭德怀指示：一定要在敌人增援部队到达之前把这股日军消灭掉。你们的任务就是无论如何也要把这个高地拿下来。

然而，战场上的形势却不容乐观。柳树垴攻击受阻，关家垴攻击同样啃不下来。陈赓在最前线给彭德怀打电话：这样打下去，代价太大了。

彭德怀斩钉截铁：就是拼光了，也要拿下关家垴。

陈赓再问：现在拼光了，以后怎么办？

彭德怀回答：拼光了以后再补充，不能打硬仗的部队，以后也没有前途。

然而，彭德怀放下电话不久，电话再次响起，这一次，是一二九师师长刘伯承打来的。面对部队惨重的牺牲付出，刘伯承同样心情沉重，他给彭总打电话时，同样表达了和陈赓大致相同的意见，希望暂时撤围，另寻战机。

正面攻击，牺牲太大，陈赓与刘伯承想到了土工作业，挖掘坑道，抵近攻击。这是陈赓的拿手好戏，也恰好可以充分利用关家垴一带厚实的黄土做做文章。于是，关家垴战场上出现了这样的一幕，一方面是八路军各攻击部队不停地射击，不停地扔手榴弹，不时还有迫击炮的炮弹落在敌人阵地，致使敌人根本无暇去侦听他们脚底下的世界。另一方面，就在这枪炮声中，八路军的土工作业已经将一条条坑道挖掘到关家垴高地不到几米远的地方，只待一声令下，就会有无数个“土行孙”从地下钻出，直接出现在敌人的眼前。

10月31日下午3时整，彭德怀副总司令一声令下，各部队从四面八方同时向关家垴之敌发起攻击，随着一条条坑道的突破，关家垴高地周围日军据守的几十处窑洞首先被八路军的手榴弹炸药包一一炸掉。高地顶上的日军也开始节节败退，逐步龟缩于东北角落。眼看着全歼冈琦大队的目的就将实现，然而，不远处隆隆的炮声告诉人们，敌人的几路援兵正从各个不同方向拼了命地赶来。事实上，阻援部队一二九师新十旅和三八五旅等部在阻击战中也付出了重大的伤亡。所有的部队，都已经把预备队全部用上。此种情况下，撤有些可惜，但是不撤，则有可能让日军实现对八路军的夹心包围，事情如果发展到那一步就有些得不偿失了。无奈之下，彭德怀不得不下达了撤退的命令，冈琦大队在付出500多人的生命之后，只留下不到几十个人仓皇逃窜，算是捡回半条性命。

◆ 罗瑞卿（右二）、陈赓（右三）等在关家垴战斗时视察战况。山西画报社供图

关家垴一役，在中国抗日战争史上有着不一样的意义，而且是多重的意义。这一战，如果以单纯军事观点来看，似乎有些得不偿失。面对冈琦大队将近600人的这个对手，八路军集中了集结在晋东南的几乎所有主力部队一万多人，其中包括像屡建功勋的七七二团，敢打

必胜的十六团，曾经制造夜袭阳明堡机场奇迹的七六九团这样一些英雄部队。在小小关家垴弹丸之地又集中了八路军中彭德怀、刘伯承、陈赓这样一批杰出的将帅，可是两天两夜战斗的结果却是八路军付出重大伤亡代价，但也没有实现对该敌的全歼。甚至彭德怀元帅也在其回忆录中坦承这是元帅戎马一生中仅有的四大败仗之最。然而，正如彭德怀副总指挥在当时所言，关家垴之战，就是要给日本侵略者一个教训，让这帮野兽再也不敢一个中队，一个小队就敢在抗日根据地横行直闯。事实上，这一战之后，日军的嚣张气焰也确实要小了一些。从那以后，他们所说的“扫荡”也真的改为了步步为营，稳扎稳打，而不再是孤军突进。

另外一个方面，那就是这一仗对于所有参战部队的成长有着非常重要的作用。以此战牺牲最大的决死一纵队三十八团、二十五团为例，百团大战之前，这是两支刚刚成军不到两年的年轻部队，虽然在1940年1月太岳军区成立之后，陈赓和薄一波两位主官根据三八六旅和决死一纵队两支部队不同的特点在军政主官的人员调配上大范围地进行了交流。根据决死队知识分子甚多，而三八六旅红军干部也比较多的特点，将决死队中的知识分子调配给三八六旅各团营连去当政工干部，譬如电视剧《亮剑》所塑造的赵刚那样。与此同时，又从三八六旅抽调一批红军干部去决死队的团营连去当军事主官。这就使两支部队的血脉得到了良性交流，军政素质双提高。但是，就决死队三十八团和二十五团来说，毕竟没有多少实战经验，书本知识和战争实践终究是并不完全相同的两回事。类似于关家垴血战这样的惨烈战斗，那就更是见所未见。也正是因此，关家垴一战使得这两支部队真正注入了刚性与血性，加之这两个团的广大干部战士基础文化较高，理解力悟性较强，在战争中学习战争的能力因此也极大地提高。也可以说，正是从这以后，三十八团和二十五团就一跃而成为了像七七二团那样可以称得上陈赓大将手下最得力的四个团队之二。关于这一点，陈赓后来多次说道："我打了那么多仗，主要靠七七二团、二十团、三十八团和二十五团，这四个团从山西打到淮海战役，都打胜仗，抗日战争时期就是主力团。"[①] 而在其他不同场合，陈赓又骄傲地赞誉自己手中的这四个团为"四只铁拳"。时任决死一纵队政治委员薄一波也说：彭老总向我调决死队两个团参加战斗，我是很积极的，战斗中损失固然大，但这两个团也打出来了，成为决死队战斗力最强的两个主力团。这两个团正是三十八团和二十五团。时至今日，这两个英雄团队依然成建制地屹立在人民军队的英雄行列之中。

百团大战是人民的胜利

以关家垴之战为标志，到 1941 年 1 月 24 日为止，百团大战以八路军的胜利宣告结束。在这场震惊中外的伟大战役中，山西是主战场，山西人民给了子弟兵以竭尽所能的最大支持。到抗战结束，八路军由组建时的 4 万多人发展到 100 多万，山西有 75 万多青壮年参加八路军。山西还有 270 万多人的重大伤亡。以太岳区的沁源县为例，8 万多人口的沁源，有 1 万多人参加八路军，1 万多人流血牺牲，还有 1 万多人伤残终身。而在太行区，左权一个仅有 7 多万人口的县，也同样付出了将近 1 万人牺牲，将近 1 万人伤残的代价。另外还有 200 多位左权妇女成为八路军后代的"太行奶娘"。而这样的县，这样的地区，在太行，在太岳，在山西比比皆是。由此所产生的故事，举不胜举。这里，我们只说两个来自平凡的故事。

故事之一的主人公名叫霍凤梧。霍凤梧，山西沁县人，1921 年出生，幼时家贫，小学只读到五年级就被迫辍学，上山打柴，下地干活，闲时跟着父亲练练武术。就这样，艰难的生活给了他一副铁打的身板。1937 年，16 岁的霍凤梧已经长到一米九以上的身高。多次的

① 胥佩兰、郑鹏飞：《陈赓将军传》，解放军出版社 1988 年版，第 536 页。

◆ 剿匪英雄霍凤梧与锦旗合照。

见义勇为也使他成为近十里八村出了名的侠士。就在这一年，霍凤梧光荣地成为了全沁县年龄最小的中国共产党党员。1940 年 7 月，为了参加百团大战，真刀真枪地和日本人打仗，19 岁的霍凤梧组织了一支人数多达 100 人的青年子弟兵，武器也是他们自己发动群众和从溃兵土匪手中缴获的。就这样一支队伍，霍凤梧完整地交给了三八六旅十六团。团长谢家庆一看，霍凤梧的这队伍还真是有模有样的，按说，这 100 多人应该分到各营连排班去，可是，大战在即，一群连一天正规训练都没有过的新兵你敢把他们交给谁？谢团长于是问霍凤梧，你的人，你来当这个连长怎么样。霍凤梧说，连长不敢当，副连长可以。我的弟兄打起仗来保证听我的，不会给十六团丢人。于是，当兵第一天的霍凤梧即成了这个连的副连长，连长、指导员和各排长也都是谢团长专门派过来的老兵。可霍副连长和他的弟兄们也真不含糊，冲锋陷阵，刺刀见红，霍副连长更是在战斗中奋勇当先。结果，一个百团大战打下来，霍凤梧和他的新兵连打成了老兵连，预备队打成了突击队。到百团大战结束的时候，100 人虽只剩下不到 40 人，却已经是 40 个钢打铁铸的英雄汉。后来，当解放战争将要结束的时候，霍凤梧又成为南下干部队伍中的一员，远征福建，到那里剿匪建政，凭借一身胆气，一身本领，让土匪们闻风丧胆，甚至给他起了一个诨号——“霍（活）阎王”。由此足见霍凤梧给土匪们留下了多么厚重的“阴影”。当然，这位百团大战的老英雄也因此又获得了“剿匪英雄”的光荣称号。

故事之二的主人公叫高大力。高大力正如他的名字一样，个子很高，力气很大。高大力家在平定县的一个山村高家山，村子往南走是翠峰山，往北望去就是狮脑山。两座山的名字都不错，很有诗意，可高大力遇到的事儿没有多少诗意。

1940 年 8 月 18 日，农历是七月十五，之所以能够记得清，是因为这一天是高大力 16 岁的生日。家里虽然穷，但是这天中午母亲还是给他做了一碗白面玉茭面和在一起的长寿面。高大力正准备吃饭，村长来了，说是部队准备打大仗，需要村里组织担架队。大力的父亲是民兵，当然是担架队的一员。可村长说，抬担架是两个人一搭，谁和大力爹配搭子，这得自己定。大力一听来劲儿了，主动报名："爹，我和你一搭吧。你看行不行？"

大力爹还没说啥，村长一口否了："不行，谁不知你才 16 岁，和我家二小同岁的，别看你个子蛮高的，抬担架可不行。"

大力不服气了："村长，你可不要小看人，我是和二小同岁，可我个子比二小高多少，力气大多少，你还看不出来吗？再说了，我看那八路军里面小战士也有的是。凭啥我就连个担架都不能抬呢？"

村长笑了，没说啥，大力爹装上一袋旱烟递给村长抽着，然后说："那就叫他去吧，和我一搭子，父子俩也有个照应。"于是，16 岁的高大力成为了担架队最年轻的一个。

下午，担架队的人们被叫到一个大院里。高大力高高兴兴去了一看，原来担架队的担架是要自己准备的。院子正中间有一个穿着八路军衣服的年轻人正在教大家怎么绑担架。一招一式，都有讲究。譬如说，这担架不能绑得太死，要能开能合，尺寸要够。又譬如说，担架上要铺上一床褥子，最好再来上一块单子，防止流了血好随时洗换。除了担架的做法，还有抬担架时要注意的问题，战场上要猫着腰走路，听到子弹"嗖嗖"响的时候不要害怕，那是它在高处飞过，打不着人的。相反，如果听到子弹的“噗噗”声，那就要赶紧卧倒，躲避一下。

听完八路军的讲解，父子俩回家做担架，老爹拿出一床铺了有 30 年的老褥子，高大力说：不行，别让人家笑话咱，用我那床刚做好的褥子吧。以后自己躺在这褥子上也有战斗的气味，多好！老爹有些哭笑不得，但没吭气，算是又让了儿子一次。可是担架做好了，老爹又说：大力，你还是算了吧。按规定，军属家可以不支差的。你哥刚当八路军不久，这次肯定也上战场，咱家我再去了，也是有危险的，你就不要去了。

说完，又补充一句：这也是村长的意思，他后悔答应你了。你不去，咱家抗日也是模范。

这下高大力不干了：爹，这就是你的不对，要不你们就不要答应我，我都到村上参加会了，担架也做好了，我不去，人家还以为是我怕了呢，我可丢不起这个人。你去不去我不管，我可一定得去。再说了，年初的时候，我哥当兵我就想当，你不让去的，凭啥一样的儿子两样待遇？

老爹一看，儿子句句在理，也就不再坚持，只说了一句：去就去吧，到时可得听话。这一次儿子没有反对，点点头，答应了。

等待是漫长的，也是充满了憧憬与渴望的。终于等来了，8 月 20 日夜，刚刚吃完饭，就听见狮脑山那边轰隆隆的炮声，夜空中雨声夹杂着枪炮声，这一夜就显得特别的漫长，又特别的急促。高大力知道，枪炮声一起，担架队就该着行动了。

天刚刚亮，村长挨个通知担架队集合。高大力和老爹到了的时候，这才发现村子里所有的青壮年都来了，村长家比高大力个子矮了一头的二小也来了。这让高大力大有长舒一口气的感觉，悄悄拽住老爹说：爹，幸亏没听你的。

大力爹笑笑，没说话。

村长发令，出发了。也没有谁引路，反正向着狮脑山枪声响的地方走就是。村长似乎知道怎么走，一再回头喊着：跟上我，不要掉队了。

一路上不时听见“嗖嗖”的声音，但是大家都不怕。因为那个八路军说过，这只不过是子弹在高空飞过。

快到狮脑山的时候，终于见到第一个伤员，看上去很年轻，甚至比高大力还要年轻。这孩子整个脸都变形了，部队卫生员正在给他擦着脸上的污血。看见有人要抬这个伤员，卫生员摆摆手说：快去抬前面的活着的伤员。有几十个呢。

两个战士架着一个伤员过来了，是腿伤，血流了一裤腿，卫生员简单包扎一下，叫担架：快，把这个抬下去。

高大力赶紧把担架打开，又轻轻地把伤员放在自己的担架上。这也是他和父亲抬走的第一个伤员。

下山的路前低后高，高大力比父亲个子高出半头，自然走在前面。一路上不断听到子弹“嗖嗖”的声音和“噗噗”的声音，还有炮弹“隆隆”的轰响。但到了这个时候，人已经什么都顾不得了。高大力只知道，这一天下来，他和老爹抬下去4个伤员，一趟来回差不多就是20里路，一天下来光在泥泞的山路上就走了80里。当然，高大力和他爹也是全担架队抬伤员最多的，一般大都只抬了三趟。高大力感到很骄傲。

战斗打到第三天，村长提出一个问题：你们听咱们的伤员说了没有，山上部队从今天起吃不上饭了。天又下雨，部队只能吃炒黑豆，喝雨水，这可不行。上级号召咱们村村要支大锅，咱担架队上山给部队送上热饭去，下山上再抬伤员，一举两得。好不好？

大家都说好，村长首先把自家的存粮全部拿出来，倒在大锅里给部队熬粥。不知谁又拿来南瓜往锅里煮进去，一锅南瓜粥，热乎乎的，既解渴，又顶饥。高大力他们上山的时候就用大木桶把粥装在里面，上面又蒙上一层棉被。送到山上，把部队干部战士们感动得直说谢谢，反倒是送饭的人们不好意思起来，也不知和部队说什么好，就那么干笑着。

村长家的存粮没了，全村的存粮都没有了。村子不大，谁家有没有，大家都知道。这是真的没有了。可又不能眼看着部队饿肚子，怎么办？高大力和爹说：咱地里的玉茭子快熟不熟的，煮烂点，不是正好吃吗？还有山药蛋也差不多了，不行就下地里弄些给部队吃吧。

大力爹一想，也好，第一个下自己地里，两腿泥泞提回一篮子玉茭和土豆，这事也不知谁说开了，不到半晌，村长家院子里就堆了一堆玉茭子，一堆土豆。这天给战士们吃的是最新鲜的玉茭土豆粥，那个香劲，把战士们高兴的，都说是改善伙食了。

也就在这一天，天上的飞机多了起来，其实日本人的飞机天天来，一直往八路军的阵地上扫射机枪扔炸弹，但他们好像对抬担架的民夫并不感兴趣。尽管部队首长一再告诫大家："看见飞机来了要隐蔽，赶快卧倒。不要乱跑。"可是飞机见得多了，担架队的人们也就把这话当作了耳旁风。飞机在天上飞，他们在山上抬着担架走，两不干涉。可是这一天日本飞机竟然对着担架队疯狂扫射，大力爹和大力正抬着一个伤员往山下走，突然老爹一声不吭就扑倒在地。把伤员也摔出去老远。高大力赶紧喊一声："爹，你怎么了？"就看见一股鲜血从老爹的胸口突突冒了出来。高大力哭了，然后又抱住爹拼命哭。村长过来，摸摸大力的头，告诉他说：孩子，让别人先把伤员抬回去，我和你抬你爹。

高大力倔强地摆开村长的手，一个人背起伤员就往回走，走到一处平缓地带，把伤员放下，又返回去把爹和担架绑在一起，一个人背着担架和爹再往山下走。有人想把那个伤员抬走或者和他一块抬他爹，都被大力拒绝了。就这样，高大力一个人把伤员送到了野战医院，也把爹背回了自己家。

后来，高大力知道，那一天，担架队连他爹在内死了三个人，还有两个受了伤。再后来，高大力的哥哥受伤回来养伤，大力就和娘说：娘，让我哥在家陪你吧，我去当兵，给爹报仇！

于是，百团大战后的第二年，高大力也成了一名八路军战士。

事实上，在阳泉，在平定，在山西，像高大力和高家山这样的事例举不胜举。在百团大战的第一阶段中，仅平定一县就出动民工八万人次。在战斗中，各种各样的运输队、担架队、救护队、宣传队还有配合部队破坏铁路的“破交队”，可谓川流不息。至于整个太行区、太岳区、吕梁区，整个山西全省为这一场伟大战役的付出和牺牲，至今没有详尽的统计。但一定是非常庞大的，可歌可泣的。这就是人民战争。

三、民主政府　统一战线

1941 年 7 月 7 日至 8 月 15 日，晋冀鲁豫边区临时参议会在太行腹地的山西省辽县（今左权县）桐峪镇顺利召开。桐峪，坐落在清澈如许的清漳河畔，山清水秀，土地肥沃。桐峪又是太行山上商贾云集，久负盛名的通衢要地。更重要的，这里还是八路军挺进太行，坚持敌后抗战以来包括八路军总部、中共中央北方局和八路军一二九师师部等许多重要机关长久居住的所在地。

之所以要在这一点时间，这样的地点，召开这样一次会议，当然有着它本身所包含的无可替代的历史意义。1941 年，敌后抗日的形势已经进入到百团大战之后的新阶段。这个阶段的特点是什么？就是敌我双方均已经可以依托相当巩固的阵地，进行持久争夺的局面。这一时期，根据地军民不仅面临着日军经常性的且是疯狂的进攻与骚扰，还遭遇了连续多年的自然灾害。这就使得根据地的财政支持和生产生活受到了极大的困扰。在这样的情况下，1941 年 11 月 7 日，中央军

◆ 晋冀鲁豫边区临时参议会会址。　廖高会摄

委专门就抗日根据地建设发出指示，规定了在新的更激烈的斗争阶段我军所应采取的方针是更加广泛地开展群众性的人民游击战争。同时还出台了“精兵简政”以及减租减息、大生产运动等一系列重要的政策。所有这一切，都为中国共产党、人民军队和根据地人民度过困难时期起到了关键的作用，到1943年年底，形势已经迎来了根本性的变化。

那么，在根据地建设的所有环节中，除了共产党的领导这一先决条件之外，最重要的是什么？是政权建设。早在土地革命战争时期，中国共产党就为工农兵苏维埃政权的建立做出了艰苦卓绝的努力与实践。抗日战争时期，为了适应新形势，解决新问题，中国共产党人更是把民族利益置于党派利益之上，在探索抗日民族统一战线性质的政权形式上殚精竭虑，其具体的形式就是在边区实行参议会制度，实行“三三制”的原则，从而最大限度地动员和团结全国各民族人民共同抗击日本帝国主义的野蛮侵略。

那么，什么是“三三制”？就是根据抗日民族统一战线政权的原则，在人员分配上，规定共产党员占三分之一，非党的左派进步分子占三分之一，不左不右的中间派占三分之一。当然，必须保证共产党人在政权中占有领导地位。因此，必须使占三分之一的共产党员在质量上具有优越的条件。只要有了这个条件，就可以保证党的领导权，而不必有更多的人数。

晋冀鲁豫边区临时参议会的召开，是一件具有划时代意义的大事，参议会的目的是什么？关于这一点，毛泽东在其后不久的1941年11月6日陕甘宁边区参议会上发表的演说指出：“参议会的目的只有一个，就是要打倒日本帝国主义，建设新民主主义的中国，也就是革命的三民主义的中国。现在的中国不能有别的目的，只能有这个目的。”“中国共产党的主张就是要团结全国一切抗日力量打倒日本帝国主义，要和全国一切抗日的党派、阶级、民族合作，只要不是汉奸，都要联合一致，共同奋斗。共产党的这种主张，是始终一致的。”①

晋冀鲁豫边区临时参议会的召开正是党中央、毛泽东这种高瞻远瞩政治策略的模范执行与实践。“三三制”的执行和与之相适应的政权的建立，是建设敌后抗日根据地的一项基本政策和重要工作，也是团结最广泛人民群众一致抗日的根本方针。为了筹备这次大会，邓小平同志到基层去宣传和贯彻落实“三三制”的选举原则和具体选举办法。在此基础上，1941年3月16日，中共中央北方局提出了《关于成立晋冀鲁豫边区临时参议会的提议》，两天以后，邓小平又受北方局的委托，向中国共产党在太行太岳和冀南三区之间早先成立的临时性合署办公机构冀太联办提出以“三三制”原则成立晋冀豫边区临时参议会的建议。并深刻指出：建立统一的有权力的边区参议会实为刻不容缓。同时在这个建议中，还提出了临时参议会的产生办法。强调

---

① 《毛泽东选集》第3卷，人民出版社1991年版，第807页。

指出，“在今天民族危机异常严重的关头，必须集中全民族一切抗日阶级，抗日党派的力量，才能最后战胜日本帝国主义。所以必须有代表各抗日阶级抗日党派的‘三三制’政权，才能实现这样伟大的任务。”①

1941 年 4 月 5 日，晋冀豫边区临时参议会筹备会成立，杨秀峰为主任。经过近三个月的广泛推选，在边区 2000 万人口中采取公开竞选的方式，各党派、各界、各团体均提出自己的候选人参加竞选。候选人比例严格按照“三三制”原则，共产党人数控制在三分之一之内。到当年 6 月底，推选工作结束，共推选出议员 197 名，其中有国民党元老及学者名流、无党派人士、工人、农民、商人、妇女等各界人士，真正体现了最广泛的民主。

1941 年 7 月 7 日，晋冀豫边区临时参议会第一次会议正式召开。参加会议的包括冀南、太行、太岳和冀鲁豫四个地区的参议员共 133 名，因日军“扫荡”和封锁，一部分参议员未能及时到会，到会议结束时，共有参议员 136 名，其中共产党员 46 名，占三分之一。会议期间，7 月 9 日，根据中共中央北方局建议，同意将鲁西 33 县划入本区，因此，晋冀豫边区正式更名为晋冀鲁豫边区，本次大会的名称也更名为晋冀鲁豫边区临时参议会。

在这次大会上，杨秀峰向大会作了工作报告；八路军副总司令彭德怀应邀作了《目前形势与抗日根据地的各种政策》的报告。在充分民主协商的基础上，7 月 30 日，大会选举产生了边区政府委员 15 名、候补委员 4 名。选举杨秀峰为政府主席，薄一波、戎伍胜为副主席，还选举产生了边区议会住会委员 14 名和正副议长。

1941 年 8 月 15 日，晋冀鲁豫边区临时参议会第一次会议闭幕。24 日，边区政府全体委员会议召开，会议决定，将边区划分为 21 个

① 万其刚:《抗日民族统一战线和“三三制”政权建设》,《左权人大》2022 年第 3 期。

专区，并决定太行区为边区政府直辖区。

晋冀鲁豫边区临时参议会的胜利召开并产生了一系列的成果。中共中央机关报《解放日报》为此发表社论，盛赞其为敌后民主政治的伟大贡献“这是中国历史上应该大书特书的一件大事，这在世界政治史上也是完全最新的一页”。

具体而言，晋冀鲁豫边区临时参议会的召开是加强抗日民主根据地政权建设的重要举措和伟大实践，极大地激发了根据地军民团结抗战的热情。正如邓小平指出的那样：“没有坚强的政权工作，财经建设、除奸司法等工作无成绩，不仅不能建立根据地的秩序，而且要影响到军需民食，这样也会影响到根据地的巩固与坚持。”[①]

敌后抗日根据地的特点，决定了它处于长期仍频的战斗与准备战斗之中，不允许党政军领导机关、人民军队的指战员、人民群众稍有放松警惕与休闲安逸的时机。在这样的环境下，这样的空间下，正如邓小平所说，根据地需要一个稳定的秩序，需要一个上下一心、团结紧张、无所不能的政权机构来高效地组织人民，发展生产，稳定经济，提供军需。因为唯有组织起来的人民，在共产党的领导下，我们才可以无惧任何艰难困苦，战胜一切险恶的敌人，最终取得抗战的胜利。事实上，晋冀鲁豫边区临时参议会的召开，统一的边区政府的建立，也起到了这种巨大的作用。从 1942 年起，边区军民持续开展了大生产运动，同时，在边区各地蓬勃开展的减租减息工作都极大地推动了根据地各项工作的开展，在边区建设方面尤其取得了稳定而长足的进步。

晋冀鲁豫边区临时参议会的胜利召开，还为各敌后根据地推行“三三制”政权的建立起到了表率与示范的作用。临参会开幕后，《解放日报》社论就希望它“不仅在边区的民主政治上有进一步建树，更

① 《邓小平文选》第 2 卷，人民出版社 2007 年版，第 65 页。

希望它成为全华北乃至全中国民主运动的推进机。”而如果我们用历史的眼光来看，几年以后的历史进程也准确地证明，临参会的机构设置与权限，它所开展的实际工作，有关机构的负责人等等，都为之后我们政权的建设，特别是华北抗日根据地的统一战线和政权建设积累了经验，培养输送了人才，其中有的成为华北临时人民代表大会和政府的负责人，成为新中国成立后党和国家的领导人员。

1948 年，人民解放战争进入到夺取全国胜利的决定性阶段，中共中央决定晋冀鲁豫及晋察冀两大解放区合并为华北解放区。同年 6 月，根据中共中央指示和华北局通知精神，晋冀鲁豫和晋察冀两边区合并统一，并就召开华北临时代表大会进行筹备。大会筹备委员会以宋邵文为主任，平杰三为副主任。指定薄一波、杨秀峰、宋邵文、戎子和、张友渔负责草拟准备提交大会的重要文件。

1948 年 8 月 5 日至 8 月 6 日，选举产生了由董必武、聂荣臻、薄一波、彭真、滕代远、杨秀峰、宋邵文等 33 人组成的大会主席团；杨秀峰、万丹如等 11 人组成的代表资格审查委员会。

1948 年 8 月 7 日，华北临时人民代表大会在石家庄正式开幕，这是中国民主革命历史上具有划时代意义的一次大会。它是为了适应人民民主政权的基础和性质的根本变化，是总结晋冀鲁豫和晋察冀边区参议会实行“三三制”经验基础上的一种新型政权组织形式。它与各解放区参议会相比，其名义、构成分子、会议职权等均有所不同。因此，“它是一个临时性的，也是华北一个地区的，但是，它将成为全国人民代表大会的前奏和雏形。”[①]

围绕晋冀鲁豫临时参议会的召开，在辽县，同时也在整个晋冀鲁豫甚至全中国都产生了一系列的重大影响，同时也发生了许多感人的故事和重要的事件。

① 万其刚：《抗日民族统一战线和“三三制”政权建设》，《左权人大》2022 年第 3 期。

将军议员邢肇堂

邢肇堂，甘肃渭通人，老牌的国民党党员，北伐名将，也是孙中山三民主义的忠实信徒。抗战开始后，曾任冀察游击司令部副司令，新编第五军副军长。正是因为这样的缘故，坚持敌后抗战的邢肇堂将军和中国共产党、八路军将士成为了一个战壕里的战友、肝胆相照的朋友。尽管在许多场合都受到国军内部一些同僚甚至长官的嘲讽攻击，但是邢肇堂认定了要和真心抗战的八路军做兄弟，要和中国共产党人交朋友。有这样的人在身边，晋冀鲁豫临时参议会召开时，共产党自然不能忘记这样一位志同道合的好朋友。不出所料，在“三三制”的选举制度下，邢肇堂以全票当选议员，并在这次会议上当选为参议会的副议长。这当然是一条有着足够社会价值的重磅新闻。

于是，就有了《新华日报》（华北版）记者对将军的一段采访。

问：边区临参会开会在即，先生能否就其任务和职权，略谈所感。

答：边区临时参议会于抗战四周年纪念日召开，本人感觉无限兴奋。临参会为全区最高人民代表机关，其任务与职权，冀太联办前所颁布之临参会暂行组织条例，曾有明确规定。本人完全同意。扼要言之，举凡本区施政方针，各种兴革事项，以及政府之产生罢免等等，临参会均需筹议，并有权决定。盖临参会不应单纯成为政府咨询机关，或人民发表议论之场所，而应确实具有实际权力，以便能代表民意，运用民权，推行民主政治之真正建设。

问：三民主义和抗战建国纲领，乃全国军民共同奋斗的目标，究应如何努力，始能求诸实现。

答：三民主义及抗战纲领，内容丰富，包括范围甚广，其彻底实现绝非一朝一夕之功，但求其实现之主要关键，则在于“唤起民众”，回忆本党第一次代表大会宣言中即曾昭示我党同仁：“对于全国国民为普遍的宣传，使加入革命运动。”总理一生奔走革命，临危之际尚殷殷告嘱，谓“积四十年之经验，深知欲达此目的，必须唤起民众。”总理英明远见证诸今日之事实，更为明显。抗战之能坚持四年，敌后根据地之能辛苦缔造，在均为人民流汗流血之力。我国古谚谓“众志成城”亦即此义。

……

问：中国共产党所提出之“三三制”政权是否合乎三民主义的立国精神？先生对之有何意见？

答：本党一贯主张，国家的事情，为全体人民共同治理，如第一次代表大会宣言，曾明白宣布：“若国民党之民权主义，则为一般平民所共有，非少数人所得而似有也。”以及民国之民权，惟民国之国民乃能享之，必不轻授此权于反对民国之人。使得借以破坏民国。”这种主张和中国共产党现在所倡之“三三制”政权的基本内容，并无二致。故个人认为中共所提出之“三三制”政权完全合乎三民主义之立国精神。

而在说到他的个人历史时，邢肇堂答道：说到个人历史，颇为惭愧。回忆早年痛国家民族之衰弱，于民初即投身革命运动。民国十二年，赴粤、旋奉总理命遄返北方，致力于晋陕甘三省党务改组事业，并创立华北国民革命军；由于当时诸同志之努力，遂有国民革命第一二三军之联合参加革命。北伐战起，复率部队与军阀转战大江南北。是时全民团结一致，国事大有可为。惜北伐后期，国共分裂，局面骤改，使垂成之国民革命事业，遭受巨大挫折。个人以不愿同室操戈，再见国事日非，遂挂冠而去。但经我手创培育之部队，竟亦为此离散。此后数年，到处奔走，向各方呼吁，停止内争，团结对外。及至七七事变，北平弃守，即在华北坚持抗战。中间虽几经波折，但个人坚持对内团结，对外抗战之主张，毫不稍改；并坚信寇奸必败，抗战必胜。

以上是《新华日报》（华北版）1941年7月9日的报道。这时，距离晋冀鲁豫临时参议会的召开已经两天。作为国民党左派人士的代表，作为正牌的辛亥革命老人，邢肇堂可谓曾经沧海，奋斗一生。对于什么是真正的三民主义，什么是符合当时那个时代的民生福祉当然有着清醒的认识。所以，抗战以来，邢肇堂在与共产党八路军的合作抗战中坚定不移，所以，在晋冀鲁豫边区参议会副议长的工作中恪尽职守。为抗战和人民民主政权的发展以及中国共产党的统一战线做出了一份特殊的贡献。再后来，1943年起，邢肇堂受聘到延安担任十八集团军高参室高参，并于1945年底成为一名光荣的中国共产党党员。

赵树理与小二黑

晋冀鲁豫临时参议会的胜利召开和“三三制”民主政府的诞生为晋冀鲁豫抗日根据地的繁荣和发展劈开了新的面貌，迎来了新的机遇。根据地文学艺术的发展和创作也迎来了前所未有的契机。其中《小二黑结婚》的诞生就有着它本身戏剧般的曲折与动人。

说到《小二黑结婚》，首先有必要大致了解一下它的作者赵树理。赵树理，山西沁水人。1906年出生在沁水县尉迟村一个贫苦农民家庭。对于中国农村，尤其是北方农村，赵树理有着天然的亲近感与血肉深情。1925年，赵树理为了免交学费而考取了设在长治的山西省立第四师范。在这里，他开始接触到进步思想，并逐渐向党靠拢。

抗战开始以后，身为教师的赵树理在共产党人王中青、史纪言的影响下，投身抗日工作，并于1937年加入了中国共产党。1941年初，赵树理调入中共太行区党委宣传部工作，其间，多次来到晋冀鲁豫边区政府所在地辽县（后改左权县）深入生活。1943年春天，赵树理又一次来到左权，在这里，他听到了一个真实的令人震撼的故事：民兵

◆ 太原赵树理故居。 山西画报社供图

队长岳冬至和妇女主任智英贤，在工作中产生了感情。岳冬至英武潇洒，智英贤容貌出众，两个人又都是村里有名的抗日积极分子。两人交往日频，却引来了村里一些人的不满和嫉妒。尤其是那些明里暗里智英贤的追求者们，对岳冬至可谓恨之入骨。他们抓住一个所谓的理由，那就是岳冬至从小定过娃娃亲，家里有一个童养媳，虽然年龄差了十来岁，两个人也毫无感情可言，但那毕竟算是有了妻室。而智英贤的婚姻就更是让人气愤。她的父亲爱财如命，竟然将花容月貌的女儿在巨额彩礼面前许配给一个年龄和自己一般大的老头子富商做妾。这时，恰好人民政府正在大力宣传新的婚姻法规，禁止童养媳制度，实行婚姻自由。作为先进分子，岳冬至和智英贤双双坚定了自己的信念，两个人也越走越近。而这就使那些顽固势力怒不可遏，竟然在混进村级政权的几个坏人把持下，将岳冬至和智英贤关押起来，私设公堂，严刑拷打，逼迫二人承认所谓“私通”。岳冬至不服，他们便拳打脚踢，棍棒加身，生生将一个抗日战场上的英雄给活活打死。还把岳冬至的尸体吊在牛棚里，说岳冬至是自杀身亡。

听到这个令人发指却是真实发生的故事，前段时间在学习毛泽东《在延安文艺座谈会上的讲话》时就曾经激动过一时的赵树理深感问题重大，而作为党和政府的工作人员，手捧人民政府刚刚发布的《妨碍婚姻治罪法》，赵树理更是觉得自己不能袖手旁观，而应该抓住这件事情，认真调查，把它以文学的形式反映出来，让人民群众更加了解旧风俗旧传统给广大青年造成的禁锢和危害。为此，赵树理首先找到岳冬至的父亲，并为他代写状纸，陪同岳冬至的父亲到抗日政府去告状。为岳冬至讨回清白。县公安局立即立案侦查，赵树理则不辞劳苦，陪同岳冬至父亲到横岭，下武安，旁听审理，前后竟达 20 多天。这也促使这位农民作家沉下心来，以岳冬至与智英贤的故事为原型，并结合在实践中所经历过见识过的真实人物为基础，写出了中篇小说《小二黑结婚》。全篇共 12 章，80688 字。这篇小说很快就到了正在忙于指挥作战的八路军副总司令同时也是中共中央北方局代理书记彭德怀将军手中。尽管日理万机，尽管重负千钧，但是，彭德怀一拿到这篇小说便爱不释手，不仅很快看完了，而且罕见地写下了这样一段评语：“像这种从群众调查研究中，写出来的通俗故事，还不多见。”同时，彭德怀还建议此书应该在边区出版发行。很快，《小二黑结婚》便风靡晋冀鲁豫，像一阵清风传遍了各根据地，传遍了大江南北。《小二黑结婚》也成为在《在延安文艺座谈会上的讲话》精神指引下创作出来的真正属于人民大众的优秀文艺作品之一，赵树理则成为解放区文艺创作的先锋与主将之一。

除奸反特见成效

李公朴在抗战期间所著《不带镣铐的犯人》一文中曾经就晋察冀根据地当时的司法工作写道：“抗战减少了不少过去一般的案件，但是特种案件如汉奸案却加多起来。”根据李公朴自己从晋察冀司法部门所获得的第一手资料显示，汉奸案件竟然占到了当时所有案件的80%。事实上，这种情况并非晋察冀所独有，而是普遍存在于各敌后抗日根据地之中的。汉奸这个群体，在中华民族几千年的历史上是一个并非罕见的特殊群体。他们这个群体相对于我们整个民族来说无论怎么泛滥肯定仍然是极其少数的，但是其对于整个民族来说所形成的危害是非常的巨大。在共产党八路军坚持敌后抗战这一特殊战争形式的特殊背景下，出于各种因素所面临的汉奸案件所形成的威胁也同样是十分的巨大。以晋冀鲁豫边区的太行区为例，1942 年，随着日军对根据地的“扫荡”日渐疯狂，一时间，战场形势越发呈现暂时的敌强我弱，而汉奸的形成和汉奸案件的增多也就越来越明显。这一年，整个太行区的敌特汉奸案件由原先的年发生率几百件猛增至 2691 件。1943 年，随着大批国民党军整团整营的投敌变色，国民党特务和日本特务相互勾结，同流合污，此类案件又猛增至 7857 件。而到了 1944 年，由于八路军在战场上对日伪军队的沉重打击，也由于晋冀鲁豫边区民主政府的逐渐稳固和工作进程的日渐扎实，人民政权的司法队伍和防奸反特队伍日渐成熟，这类案件又迅速递减为 1779 件。无疑，这是一个值得重视的数字，因为它意味着根据地政权的日益稳固，也证明了敌后抗战的形势越来越好。

惩处敌特汉奸，首先需要的是理清这类案件的真实情况，其发生的缘由，案件的走向，发展的过程和其所造成的损失。然后才能根据民主政府的相应惩处法律给予严肃而公开的审理和判决。譬如当时轰动整个太行区乃至全解放区的一桩重大敌特案件——特务汉奸王聶庵案。王聶庵，山西辽县城内人。曾任小学教员，也曾任旧政府职员。在整个抗战期间，辽县（今左权县）全域都是八路军总部、中共中央北方局和一二九师等党政机关的主要驻扎地。而王聶庵身在辽县，有意无意之间都有可能有机会多少知道一些在一般人看来也许并非机密的信息，诸如党政军一些机关的住址，一些重要人物的行动轨迹，等等，而此类情报对于敌特来说则是千金难求的。也正是由于看中了王㔋庵本身所具有的这种有利条件，1940 年夏天，王㔋庵为老牌汉奸特务郝钟麒所看重，郝亲自介绍他加入了汉奸特务组织，并付以每月 70 大洋的高额报酬。在金钱利益的驱动下，王㔋庵利用日本特务机构精心培训所获得的窃取情报之手段技术，专门负责调查了解我军政机构有关情报，并在群众中制造恐慌情绪，散布各种流言，以瓦解抗日群众的民心士气。尤其值得指出的是，王㔋庵竟然通过一些手段，在我军政机构偷窃各种文件达 30 本，并相机送达日本情报部门。这其中就包括八路军总部和北方局住址，以及朱德、彭德怀、左权等人的活动信息以及经常出现的地方等特级重要情报。这也使得日军在 1942 年 5 月的特大“扫荡”中不惜抽调已经计划内去往太平洋战区的有力部队，集结 2 万多日军倾力出击，而且能够准确地以辽县桐屿麻田一带作为重点地区进行向心突击。左权将军在这一次的反“扫荡”战斗中在带领庞大的指挥机关和非作战人员进行突围时不幸中弹牺牲。

值得欣慰并可以告慰左权将军的是，由于晋冀鲁豫边区“三三制”民主政府的成立和民主司法体系的逐步完善，针对以敌特汉奸案件为重点的侦破工作得以快速进行。正是在民主政权和司法工作者的艰辛努力下，王㔋庵案件迅速得到侦破。1943 年 1 月 16 日，经辽县公安机关的严密侦查和多番取证，晋冀鲁豫边区高等法院对王范㔋庵通敌叛国出卖军政机密一案进行了公开审理，王范在铁证面前供认不讳。边区高等法院依法判处该犯死刑，立即执行。而对王㔋庵一案的审理和公开判决，严厉打击了此类犯罪，也极大地震慑了某些首鼠两端的动摇分子，从而逐步加强了根据地党政军机构有关情报信息的保密工作，为整个抗日战争的全面胜利作出了积极的贡献。

四、人民战争　汪洋大海

百团大战之后，中国的抗日战争进入了一个最困难最危险最黑暗的阶段。中国共产党和八路军在华北敌后的猛烈出击，打乱了日本帝国主义对蒋政权的拉拢诱降，也使得它在华妄图以华制华的策略遭受当头一棒。于是，敌人不得不再次祭出了所谓的“治安强化运动”，在整个华北实行治安区，制造无人区，禁绝抗日活动，并以此手段来不断“蚕食”我抗日根据地。在这种情况下，各根据地的面积大大缩小，以太行抗日根据地为例，就由 1939 年的 104147 平方公里骤降到 1942 年的 81291 平方公里，人口则少了将近一半[①]。

为了打破日军的封锁，巩固和扩大根据地，1941 年 8 月，中共中央军委任命陈赓为新组建的太岳军区司令员兼太岳纵队司令员。指挥三八六旅、决死一纵队、二一二旅等主力部队和太岳军民共同对日军的所谓“总体战”开展顽强而殊死的斗争。任凭日军“铁滚扫荡”“铁壁合围”“九路围攻”“五路突袭”，陈赓和太岳部队始终保持了太岳根据地的面积没有缩小一寸一分，反而是在中条山战役之后，当国民党中央军完全撤出山西抗日战场之后，以雷霆之势，组建太岳南进支队，迅速收复了中条山地区七个县的广大地区，并新建了三个专区，建立了巩固的抗日政权。也就是说，在敌后形势最危险最艰苦的岁月里，太岳根据地不久没有缩小，反而扩大了许多。这不能不说是一个奇迹。而创造这一奇迹的基础在于已经在中条山地区燃烧了多年的抗日之火，在于中条山地区的人民苦于国民党军的蹂躏久矣，更在于中国共产党在这个地区长期以来播撒的革命种子正在开花结果，

① 胥佩兰、郑鹏飞:《陈赓将军传》，解放军出版社 1988 年版，第 265—266 页。

在于这里拥有一批具备了领导才能的优秀分子。

譬如嘉康杰和他深藏在堆云洞里的那颗红色心脏。

堆云洞——一座在河东大地上享有盛名的道家圣殿。其坐落于稷王山下，汾水东岸。它的建筑，层层叠叠，院中套院，洞里穿洞，洞外有洞，天外有天。堆云洞，本是道家圣地，平日里，人来人往，香客颇多。然而，从 1928 年 4 月开始，这层层叠叠的洞里洞外便成为了中国共产党人秘密聚集的场所和开展工作的地方。

那一年，省城太原还在弥漫着上海四一二反革命大屠杀所带来的腥风血雨。中国共产党人在山西也遭受了巨大的挫折。许多革命同志抛头颅洒热血，牺牲了自己的生命。但是，革命的火种没有灭绝。共产党人的腰杆依然挺直。也就在这样一个特殊时期，出生于中条山下，又两次留学日本学成回国的知识分子嘉康杰宣誓加入了中国共产党，并成为中共河东中心县委书记。在那个白色恐怖的年代，如何

◆ 堆云洞红色革命教育基地。　廖高会摄

保持高昂的革命斗志，同时有效地保存党的力量，是一个处处充满了困难的问题，而嘉康杰则在一次与同伴探访堆云洞的过程中突发奇想，并将自己的想法立即汇报给党组织。于是，别开生面的一幕出现了：1928 年 4 月的一天，就在堆云洞东面三层最大的堂屋里面，中共山西临时省委召开了河东地区的代表大会。当代表们一脸肃穆地端坐在“会议室”里的时候，屋外却是香烟缭绕，经声朗朗。香客如鲫，游客匆匆。也正是从这一天开始，中共河东特委在此展开了长达 10 年的秘密活动。这颗暗藏在堆云洞中的红色心脏，为晋南地区 36 个县中的 32 个县域带来了党的领导机构。革命的火种撒遍了河东大地，中条山下。这也为抗日风云骤起时的河东地区尤其是中条山地区能够在 1942 年那个最黑暗的时期逆风而上，迅速成为八路军太岳军区新的根据地提供了最为坚实的条件。

正是以堆云洞为心脏的红色血脉和红色传播，到 1937 年的时候，晋南地区的中共党员已经发展到 400 多名，各种青年进步组织更是遍布河东大地。

中条山之外，更大的奇迹还在太岳区创造着。这就是震惊世界，也可以说在军事斗争史上前无古人的沁源围困战。

围困沁源　人间奇迹

沁源围困战开始于 1942 年 10 月，在此之前，沁源县一直是太岳根据地的腹心地带。尤其决死一纵队三十八团、二十五团这两支部队中更是拥有相当多的沁源青年。在沁源人眼中，这两个团也就是沁源人民的子弟兵团。1942 年夏，日军华北方面军慑于第十八集团军军部及一二九师仍盘踞于晋冀豫边区的山西、河南、河北省境附近的山岳地带（太行军区）及沁河中游河畔地带（太岳军区）之威胁，决定实施“肃整”，一个叫作“第二期驻晋日军总攻击”的作战计划于是出笼。根据这一计划，日军第四十一师团、第三十六师团和第十六混成旅团共7000多人并大致人数相当的伪军首先开始对太岳区南部进行“扫荡”[①]。但是，日军这一作战计划几经折腾，最终损兵折将，只能仓促收场。在此情况下，时任侵华日军华北方面军司令官的冈村宁次大将密召驻太原第一军参谋长花谷正少将，制订出了一个叫作“山岳剿共实验区”的作战计划。其作战目的地正是太岳区腹地沁源县。

◆ 沁源县沁源围困战纪念碑。　王广湖摄

沁源古老，以沁河之源而得名，汉时为谷远县，意思是这里谷物丰富，只恨山高路远。沁源地肥水美，物产丰富，地上森林茂密，地下矿藏密布，至今仍是国家重点主焦煤产地和国家森林公园。抗战以来，沁源作为牺盟会和决死队的重要根据地，这里的人民和共产党、八路军早已形成了血脉相连、同生共死的血肉关系。也因此成为日军芒刺在背的眼中钉肉中刺，必欲拔之而后快。为此，冈村宁次不惜以日军中最为著名的谍报战专家花谷正少将为前敌司令官，对着只有八万人口的沁源发动了空前规模的五路突击大“扫荡”。

让我们从一首流传了80多年，在沁源可谓人人会唱的著名沁源

① 胥佩兰、郑鹏飞：《陈赓将军传》，解放军出版社1988年版，第266页。

秧歌开始了解一下这场伟大的战役吧：

民国卅一年，正当秋收天，
日本鬼子“大扫荡”来到了沁源。
又杀人，又放火，真呀野蛮，
沁源人从此后遭了大难。

半夜就起身，鸡叫就爬山，
铺黄蒿，盖白草，冷水拌炒面。
扛起枪，拿起刀，展开围困战，
沁源人，白天黑夜向往延安。

1942 年 10 月 20 日到 1945 年 4 月 11 日，两年半，沁源人民，沁源的民兵轮战队和留守沁源的决死队三十八团、二十五团各一部配合作战，前后共对敌作战 2370 次，毙伤日伪 4200 余人，致使敌人在长期占领这个县主要城镇的情况下，却长久地未能建立起伪政权，连一个“维持会”都不能建立。在此期间，整个沁源八万人口，没有一个人当汉奸。不仅是共产党员、青抗先、妇救会、儿童团不当汉奸，就连沁源的地痞、二流子、懒汉也不愿意当汉奸。无疑，这是一个奇迹，一个令许多人无法相信的奇迹，一个存在于现实生活的“神话”，但它就是真真实实的存在。“沁源人绝不当汉奸！”也成为沁源人民长期以来不可磨灭的强大精神支柱。

沁源没有人当汉奸，为什么？因为沁源人民与共产党心连心，沁源人相信共产党，认定了要跟共产党走。沁源山高，沁源路远，沁源闭塞，但是沁源人骨子里流着的是一腔敢于斗争，敢于胜利的热血。

一切与这里的历史有关，早在北宋宣和年间，这里就爆发了以沁源绵上村猎户田虎为首的农民起义。关于这段历史，《大宋宣和轶事》中多有记载。而施耐庵的《水浒传》则具有更多精彩的描写。其中对沁源的根本性总结便是此地人民生性刚烈，敢于反抗，面对强敌，从不屈服。在近代，则有民国初年以沁源为中心的“干草会”农民大起义，声势波及附近十余县，参加人数达数万之众，是近代以来山西规模最大的农民运动。沁源还是山西最早建党的县份之一，1926 年，沁源就在本县最早的共产党员宋乃德主持下建立了山西最早一批的中共县级组织。同时捣毁了无恶不作的国民党县党部。抗战风起，沁源更是在 1936 年秋天，牺盟会刚一成立就建立了县一级的牺盟会组织和抗日武装自卫队。在全县范围内开展了以共产党为核心的抗日运动。而随着 1937 年冬，八路军挺进山西，共产党的抗日武装和人民政权更是牢牢地扎根在沁源的土地上，烙印在沁源人民的心坎里。当然，沁源人之所以抗战坚决，斗志顽强，之所以能够在极其艰苦的条件和日军的威逼利诱下整整两年半不出汉奸，从根本上讲，还是因为沁源人民接受中国共产党的教育既早且深，沁源人民从自身的实践中感悟到中国共产党的伟大与为国家争权益，为百姓谋利益，为民族拼解放的光荣与正确。一句话，沁源人民认定了中国共产党就是自己的政党，是带领中国能够战胜强敌，走向胜利的党，正如 1944 年 1 月 17 日当时的中共中央机关报延安《解放日报》在题为《向沁源军民致敬》的社论中所指出的：沁源“人民以切身的经验，确信共产党领导的正确，所以沁源群众说：‘共产

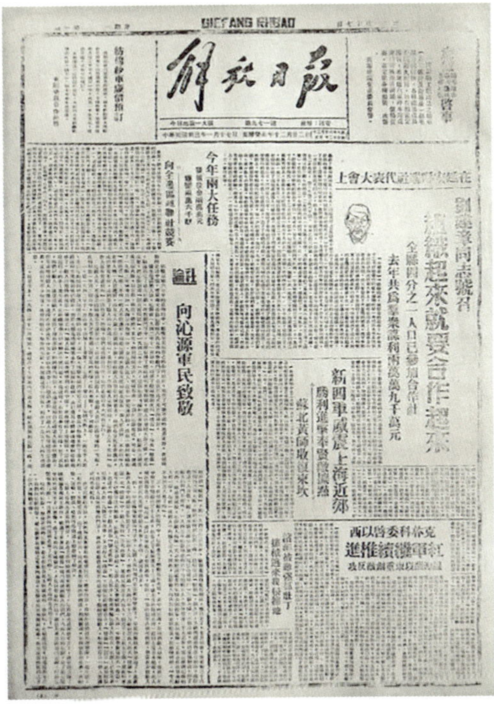
JIEFANG RIBAO
解放日報
今年兩大任務
社論
向沁源軍民致敬
新四軍威震上海近郊
紅軍繼續推進

◆ 解放日报《向沁源军民致敬》版面。

党说的话就是为了老百姓，沁源人永远跟共产党走'"。

也正因如此，沁源才能够成为沁源，才能够正如《解放日报》社论所高度赞扬的那样：成为“模范的沁源，坚强不屈的沁源，是太岳抗日民主根据地的一面旗帜，是敌后抗战的模范典型之一”。

在整个抗日战争中，中共中央机关报针对一县而发表这样的社论，这是唯一。而沁源在两年半的对日围困斗争中也确实作出了堪称奇迹的贡献和无比悲壮的牺牲，取得了感天动地的胜利。

两年半，面对武装到牙齿的日本侵略者，面对冈村宁次亲自策划的“山岳剿共实验区”作战计划和上万日军的疯狂“扫荡”，沁源人民在中共太岳区党委、太岳军区的正确指导下，在中共沁源县委的坚强领导下，全县实行空室清野，将被敌人占领的县城和主要集镇的居民全部撤出来，撤离到茫茫无际的太岳山中，以最快的速度建设起几百个战斗新村。与此同时，将城里的粮食、衣物，甚至生产农具尽可能地搬了出来，把曾经无数次使用过的水井填埋起来，把碾子和石磨拆了下去，给敌人留下一座空城。制造出一个以县城为中心方圆近400平方公里旷古绝今而令侵略者头疼的“无人区”。这也就是当年著名的新华社战地记者江横在他的连续报道中一再赞誉的“没有人民的世界”。

不仅如此，英雄的沁源人民还在党的领导下武装起来，战斗起来，地雷战、麻雀战、邻村连环运动战，蛤蟆阵、圪针阵、冰坡伏击阵，层出不穷的战术，愈战愈勇的斗志，沁源军民在两年半的时间里迫使敌人损兵折将，四次换防，就是不能在沁源建立起哪怕一个“维持会”。驻扎沁源的日军哀叹道：“日驻红部（日军司令部）院，夜宿圪针窝，望虎深山虎不在，大城大乡无人烟。”

而驻扎在沁县，负责给沁源日伪军运送给养的沁县日伪军则对从沁县到沁源的差事畏惧如虎，他们也有一首内部流传的歌谣：“过了圣佛岭（沁县与沁源交界），进了鬼门关。如若死不了，便是活神仙。”

沁源围困战的胜利，当然是沁源军民的胜利，更是毛泽东人民战争思想的实践和伟大胜利。在这一伟大斗争中，沁源涌现出了许许多多的英雄人物，留下了许许多多的传奇故事。

年关大抢粮

沁源围困战开始的时候，上万的老百姓进了山，遇到的头一个问题就是没有粮食。为解燃眉之急，陈赓司令员命令部队紧急调运5000斤粮食，并杀掉一批军马和骡驮，以此支援沁源人民。但这只是杯水车薪，并不能真正解决吃饭和过冬的问题。然而，就在这个危急关头，一个意外，使身经百战的陈赓觉察到了彻底解决这个问题的机会。

事情由原本家住城南的一区轮战队队员小栓子说起。小栓子年纪不大，胆子不小。什么事都喜欢和一区轮战队队长、令日军头疼的战斗英雄李学孟比个高低。不久前的一天，小栓子就和李学孟打了一个赌：小栓子要是能从城里日本人的眼皮子底下弄出一袋粮食，李学孟就必须收小栓子为徒弟，教他百发百中的射击本领。要说这事，李学孟作为队长老大哥，也是因为小栓子一天到晚缠得不行，开个玩笑而已。可谁知小栓子偏偏上了心。仗着自己对县城的道路了如指掌，半夜里一个人从被日本飞机炸成斜坡的城墙废墟中摸进城里去，当真从自己家里扛回来一大袋玉米。等李学孟看到小栓子扛回了粮食，这才知道自己那一句玩笑几乎给闯下大祸。如果小栓子因此被敌人捉了去，那自己这个队长的责任可就大了。而且小栓子身为轮战队队员而擅自行动，也是违反了纪律。所以李学孟赶紧拉上小栓子到围困指挥部来请罪作检讨。恰恰碰上陈赓司令员正和蔡爱卿总指挥、刘开基政委以及朱秀芝大队长几个人研究如何破解过冬缺粮的大问题。陈赓听了小栓子这个故事，不仅没有批评小栓子和李学孟，而且要求他们两人把整个事件过程再仔细说一遍。听完之后，陈赓原本忧郁的脸上有了笑容，意味深长地向几位领导说：“怎么样，你们听出点儿道道没有？是不是可以说，咱们过冬的粮食有希望了啊！”

经司令员这么一点拨，几个人也都豁然开朗，齐声大笑道：“好啊，司令员，我们明白了。”

五天之后，农历腊月二十三，半夜时分，大雪漫天。茫茫飞雪中，在永宁沟通往县城的山路上，游动着一支同样白色的队伍。所有的人，统统反穿羊皮袄，头裹白毛巾，就连棉裤也都把白色的里子翻到了外面。将近两千人的队伍，静悄悄的，就连风吹雪花沙沙响的声音也都能听得一清二楚。李学孟和小栓子走在队伍的最前列。眼见来到城外高地，围困总指挥蔡爱卿团长命令三十八团机炮连和陈赓专门从外地急调回来的十六团迫击炮连占领有利地形，将炮口对准了城内日军巨大的中心炮楼，又将两个连的战士布置停当，然后叫过李学孟：“孟子，把我的话再往下传一遍，记住，一定要严守纪律，凌晨三点必须全部撤出城外。不管拿到拿不到粮食，安全第一，尽量不开枪，不发生战斗。”

李学孟将总指挥的话向全体参加抢粮的民兵和群众传达了一遍，又向自己的搭档小栓子交代了一番，然后通过早已被飞机轰炸而坍塌成一道斜坡的城墙消失在县城的街巷之间。

由于李学孟的家并不在城里，所以这一次安排他和栓子搭档，当然也是为了控制年轻人，让愣头青栓子不要热血冲头乱闯祸。两个人像一阵风似的来到栓子家院子门口，栓子正要掏出钥匙开门，却发现那门上的锁竟然不在了。而且院子里传出一阵“唰唰”的声音。李学孟将正要推门的栓子一把拉住，而后指指院里。两个人，通过两扇门中间的门缝往里看，一个披着大衣的人正在撒尿。李学孟心想，糟糕，这院子里已经住上了敌人。怎么办？这粮食还能不能抢回来？

李学孟没有慌张，也舍不得就这样空手而归。他把耳朵贴在门缝上。再仔细听，那位撒尿的家伙哼的好像是地道的邻县秧歌。李学孟明白了，这院子里已经住上了刚刚从邻县调来的伪军，这粮食怕是不好拿走了。可一想到这进趟城来就这么空手回去，心中又委实一万个不愿意。于是，轻轻将栓子拉在一边，贴住耳朵道："栓子，今天这个事，按说院子里已经有敌人住上了，咱俩掉头走就对了。可是你甘心就这么空手回去吗？"

栓子道："孟子哥，不能啊，我才不想就这么走呢。要是人家都扛着粮食回去了，就咱俩这……不行，丢不起那个人。"

李学孟道："好，我也不想丢这个人。但是你得听我的。无论粮食拿上拿不上，绝对不能乱动，不能说话，就算敌人把咱俩真给捉住了，那也不能暴露目标。随后咱想办法走就是了。行不？不行咱就走。"

栓子点头，老李这才掏出随身携带的匕首，从门缝里将门闩轻轻划开，了无声息地进了院子，再蹲在正屋墙根听，里面已经鼾声大作，两人悄悄来到隔壁杂物间，将蒙在地上的石板轻轻揭开，俩人一人扛上一袋不下一百斤的小麦和玉米，又将石板挪回原位。轻手轻脚地走出院门。可是，两人走出一截，李学孟又停了下来，问栓子："带'甜瓜'没有？"

栓子回答："带了两个。"

李学孟道："给我，我也带了两个。咱得给日本人留点吃的。"说着，李学孟又返回门口，将四颗手榴弹用随身带着的麻线连在一起，然后挂在门上，俩人这才扛起粮食，大步流星往城外赶。

李学孟和小栓子不慌不忙走着，城外却急坏了站在高地上拿着望远镜向城里不停张望的县委书记刘开基和总指挥蔡爱卿。看看时间马上要到凌晨三点，蔡爱卿又一遍问："刘书记，出来多少人，还有多少没出来？"

刘开基也在急："出来1866人，我一个一个数着的，现在就差俩，李学孟和小栓子。"

蔡爱卿一拍大腿："这个孟子，天大胆，不是又和敌人干上了吧？嘿，就不该让他去监督别人，管住自己就不错了。"

正在这时，远远的，雪地上出现了两个人，两人分明都扛着沉重的东西，却又跑得飞快。直到这时，刘开基和蔡爱卿两人这才相互击掌，蔡爱卿总指挥还不忘开句玩笑："老刘啊，今天这小子看来还不错，不过为什么他俩反而能比别人慢了呢？"说完，一挥手，对部队下达命令："撤！"

东方一抹鱼肚白伴随着阵阵凛冽的寒风吹来，雪后的山路上，近两千人的队伍，一路欢歌笑语。可小栓子和李学孟俩人却既不说话，也没有笑容，而是走一会儿就忍不住回头要往城里方向看一看。当他们走到距离县城足有四五里路的时候 ，"轰！轰！轰！轰！"一连四声爆炸声顺着东风从城里传来，李学孟笑了，淡淡地，而小栓子却扛着一袋粮食还一蹦二尺高，大声喊道："我们的'甜瓜'开花了！"

伏击州西岭

1943 年 2 月 17 日，决死队三十八团一营和沁源县一区的民兵轮战队在沁源县城以西十里的州西岭上打了一仗，这一仗，全歼日军一个小队、伪军一个中队，缴获骡驮近 100 架，骡马近 100 匹，还有各种物资堆满山岗。这一战，也彻底切断了沁源日军与临汾日军的联系，从此之后，沁源日伪军上千人就只剩下沁源通往沁县的二沁大道这唯一的补给线了。

要说州西岭伏击战，起因还在年关大抢粮。年关大抢粮解决了转移到山里的人民群众过冬的问题，吃饱了饭的人们，包括围困总指挥蔡爱卿、县委书记刘开基等人就想办法要给敌人以同等的回报，按照围困副总指挥、县大队大队长朱秀芝的说法："咱也得让日本人知道饿肚子是什么滋味。"

怎么才能让日本人饿肚子呢？最好的办法当然是斩断敌人的运输

线。当时沁源日军的补给线有两条，一条是二沁大道，另一条就是由临汾经过安泽通往沁源的安沁大道。不过，二者不同的是，二沁大道可以通汽车，而安沁大道则只可以走骡马，连当时流行的胶皮大车都难以通行。这就为我军在其必经之路上对其进行伏击提供了极佳的地理条件。接下来，我军潜伏在临汾城里的内线又发挥了作用，把临汾之敌将要向沁源日军集中运输物资的准确日期第一时间报告给了太岳军区。再下来，就该沁源围困指挥部调动仅有的主力部队三十八团一营再加上一区民兵轮战队的100多人组织一次大规模的伏击战。

2月17日一早，天刚蒙蒙亮，伏击部队就已经进入了预设阵地。日上三竿，终于，远远的，山道上走来十多个日本兵。当他们走到距离我机枪阵地只有不到100米的时候，大个子机枪手悄悄问营长："营长，要不要先把这些家伙给报销了。"

营长摇头，低声道："放过他们，这只是尖兵。"

日军从机枪阵地走过，一个家伙登上一块裸露的高地，一个日军掏出两面小旗，向他们刚刚走过来的方向摇晃着。

与此同时，距离日军旗语兵不到300米的山顶密林中，蔡爱卿总指挥通过望远镜将日军的一举一动尽收眼底。然后回头对日军摇晃旗子不解的朱秀芝解释："老朱啊，日本人这叫打旗语。意思是告诉他后面的大队人马，这里一切正常，我已看见县城，请赶快来送死吧。"说完，蔡爱卿抿嘴轻轻一笑，朱秀芝也不由会心地咧了咧嘴。

不出蔡爱卿所料，几分钟后，远处山道上出现了一队全副武装的日本兵，看样子差不多有一个小队。紧接着是100多头驮着给养弹药的骡马以及押解着骡马的伪军。再后面则是两个小队全副武装的伪军。

可能是对侦察尖兵的确信无疑，也可能是因为已经看到了沁源城里那座高大而巍然的中心炮楼，觉得已经进入日军的安全区域。原先还保持战斗队形持枪前进的日本兵和伪军一个个放松了警惕，有的收起了枪刺，有的干脆把大枪斜挎在脖子上。有几个还解开了冒着热汗的衣领，摘下了热气腾腾的钢盔和帽子。

沟口民兵阵地上，一区轮战队队长李学孟已经将枪口瞄准了日军。眼看着敌人已经完全进入伏击圈内，蔡爱卿一甩手中的勃朗宁，随着“啪”一声清脆响亮的枪声，一个声音炸雷般凭空炸开：“打！”

顷刻间，迫击炮弹、轻重机枪、各式步枪、手枪子弹像暴雨般从天而降。敌军和骡马四散奔逃，互相撞击。日军显然被打蒙了，一时不知所措，伪军更是乱作一团。但是，日军在经过短暂的慌乱之后，很快就组织起反击，以小队长长谷川为首的一批日军迅速投入了战斗。他们以被击毙的同伴和倒下的骡马为依托疯狂反击。长谷川更是从复杂的战场形势和火力配系中迅速判断出西北南三个方向为八路军主力，而东面沟口则当是民兵阵地，也应该是我军的弱点。所以这家伙大喊一声：“向沟口突击！”说完就带头冲了上去。

在长谷川队长的带头冲击下，坚守沟口阵地的民兵连遭伤亡，阵地开始动摇。朱秀芝急红了眼，大声喊道：“弟兄们，咱们民兵行不行，就看这一下了。咱可不能让别人看咱笑话！”

众人呼应：“拼死也不能让日本人从咱民兵阵地上给放跑了。”

这时，李学孟说话了：“大队长，你说，这些日本人哪个最重要？”

朱秀芝脱口而出：“这还用说，前面这个，拿手枪，戴指挥刀的。”

李学孟哼了一声：“好，你看着，我这就把他打掉。看他再狂。”说话之间，“啪”的一声，长谷川应声倒地，疯狂的日军一下子失去了精神支柱，开始四散而逃。

速战速决，整个战斗不到20分钟，一营长清点战利品后向蔡爱卿报告：“报告总指挥，日军35人全部打死，伪军死亡30人，被俘76人，缴获重机枪1挺、轻机枪10挺、步枪60支，各种物资100驮。”

蔡爱卿一脸兴奋，对着朱秀芝说：“好！轻机枪2挺、步枪30支交给县大队使用，其余由指挥部统一调配。”

半小时后，听到动静的沁源日军轻装疾进，来到州西岭上，但留给他们的只是堆放整齐的日军尸体。当然，沁源城里的花谷正少将清楚，从此之后，将再也不会见到从临汾而来的任何补给了。

冰坡奇迹记

一场州西岭伏击战，斩断了临汾日军与沁源日军的联系，为了继续完成冈村宁次的“山岳剿共实验区”作战计划，侵华日军第一军不得不从太原调集重兵维护，工兵抢修，将二沁大道加宽铲平，扩建成了可以双向跑汽车的真正公路，又在沁源与沁县交界处的圣佛岭上修建了炮楼，总之一句话，想尽办法，保证沁源日军的军需供给。

日军的汽车，给已经习惯了靠埋石头雷就可以炸断日军运输线的沁源民兵来说是一个全新的挑战。因为汽车实在跑得太快了，民兵们自制的石头雷破坏力也实在太小了。一连几次，明明日军的汽车压响了地雷，可那家伙还是一溜烟就跑了。这也使得号称“二沁路上拦路虎”的沁源县二区官军村民兵突然就陷入了一筹莫展的境地。

这天晚上，寒风凛冽，官军民兵的主心骨们郑士威、李德昌、郭三奎等人在榆皮沟战斗新村的一眼窑洞里围成一圈，除了只有 16 岁的李德昌因年龄小而不抽烟外，一人一支旱烟锅，本来就通风不好的窑洞里烟雾笼罩，就像在窑洞半空中飘着一片乌云。烟味呛人，使得不会抽烟的李德昌有点头晕，便走出窑洞，到外面透透气，谁知，这一透气，就缔造了一个奇迹。

李德昌走到窑洞外面，深深呼吸一口寒冷而清新的空气，突然，几片雪花落在脸上，使他有一种新鲜的感觉，李德昌再想往前走走，却一不留心，脚下一滑，扎扎实实摔了一个仰面朝天。翻身起来看看，原来是刚才开会之前不知谁把一碗水给泼在了院子里，天气突然变冷，这水立马就冻成了冰。要说，这毫无防备的一摔，把李德昌一米八五的大小伙也给摔得够疼，可是，这时候他却根本顾不上什么疼痛，转身回到窑洞里，大声喊道：“下雪了，下雪了，结冰了！日本人的汽车它就不怕冰吗？”

一个“冰”字，引来了一场有关冰雪的大讨论，也就在这个夜晚，官军村的民兵定下了一个足以和曹孟德夜筑冰城媲美的战术方案。

三天后的一个夜晚，月牙初上，一队人马出现在官军村前二沁大道旁边的喘口坡上。

四个小时前，二区轮战队接到县围困指挥部的指示，据可靠情报，第二天一早，沁县日军将派出一支汽车运输队向沁源日军运送大批物资。与此同时，为了提高地雷的威力，三十八团还派人专门送来四颗刚刚在外线作战中缴获的日式地雷。那家伙的威力，别说炸辆汽车，就是普通装甲车也吃不住一炸。

再看这群人，到达喘口坡下，一部分人扛着镢头、镐头往坡顶上去了，另一部分人则到公路旁的沁河边去，砸开刚刚封冻不久的冰面，用木桶将河水装满了，然后往坡顶挑上去。等挑水的人马到了，坡顶的人已经刨好了一个个埋地雷的坑，地雷大王郭三奎将几颗“洋西瓜”全部埋好，又将操控地雷的线绳隐藏在杂草之中。等他做完这些，郑士威、李德昌二人又分别把关，把水浇在重新平整过的路面上。天寒地冻，那水刚一浇上，马上就冻成了一层冰的路面。做完这些，郑士威觉得还少点儿什么，李德昌道：“缺什么，不缺什么吧，要不咱在这冰面上再撒上些黄土，那日本人就算是再眼尖也让他看不出什么了。”

郑士威一拍大腿：“对，昌子说得对，这也说明咱们昌子成长了。再也不是一个单纯的民兵战士，而是一个足智多谋的指挥员了。”

这一顿夸，把李德昌羞得脸都红了，幸亏是大半夜，谁也看不见的，可李德昌自己知道，这么冷的天，自己头上却冒汗了。

撒黄土，撤退，一晚上没怎么睡，鸡叫三遍又吃早饭，然后这群人便再次来到喘口坡上，按计划进入了各自的潜伏阵地。

上午 9 点多的时候，四辆汽车远远地一字长蛇开了过来。看样子，拉的东西真不少。天气晴朗，一夜北风过后，前几天下大雪的痕迹已经无影无踪，一前一后负责押运的两辆汽车上，每辆车上还有大约一个班的日军。他们也都一个个抱着大枪，蜷缩在一起，而中间两辆汽车上，则只有一正一副两个司机。上坡了，汽车放慢了速度，喘着气，哼哼着，一辆距离另一辆 15 米左右，眼看着四辆汽车全部开始爬坡了，并且都没有出现滑坡的现象，这可把李德昌给急坏了，抄起手中的大枪，准备着，万一冰坡不灵，就用枪把司机给他先干掉。

第一辆汽车马上就要到坡顶了，司机脚踩油门，满以为这一加速就万事大吉了，可是，轮子突然就不打转了。司机倒也没慌，再加一脚油，车轮是转开了，却是原地打转，紧接着，车轮转得更快了，车子却不是往前走，而是往后倒。日军司机大概也没做过这个功课，慌乱之间，也不知踩到了那里，总之那么大个家伙就扭着倒了回去。它这一倒不要紧，正铆着劲往坡顶冲的第二辆汽车可就慌了神。往前走？前面大哥挡着路，往后退？后面还有两兄弟。就在这犹豫之间，第二辆车的方向盘一转，一只前轮已经出了路沿，再有几厘米就要掉到悬崖峭壁之下了。车上司机见势不好，一开门，跳了下来，正要看看什么状况，

◆ 李德昌著《土八路的故事》封面照。　郭天印摄

前面那车已经摇摇晃晃倒着过来了。这司机连哼都没来得及哼一声就被自己的同伴给送了命。

也就在此时，郑士威一声大喝："打！"手枪、步枪、手榴弹一起招呼，而郭三奎手中的线绳一拉，三颗东洋地雷同时开花，一辆汽车照着悬崖开了下去，另外两辆则停在了喘口坡上，只是车子已经被地雷巨大的冲击波掀得半躺半卧。只有最后一辆车上的日军，一看势头不好，掉头就往回返。可是，日军怎么能够想到，郭三奎早已给准备好了"干粮"。那车子刚一掉过头去，车身下就是"轰隆"一声爆响，四辆汽车，无一逃脱。

这时候再看喘口坡上，除了七零八落的日军尸体，到处都是很有些稀罕的物件。什么机枪步枪、各式子弹、日本香烟、牛肉罐头、饼干，一应俱全，尤其是那些崭新的黄呢子军大衣，让人看了不由眼馋。有几个民兵想动手扯下一件来披在自己身上。郑士威赶紧大声制止："弟兄们，这可不行！咱们是民兵，咱的章程不能不和老八路一样吧。"

众人大声答道："当然不能！"

郑士威又说："那你们说，这些战利品咱怎么处理？能私分了吗？"

李德昌大手一挥："怎么处理？当然是一切缴获要归公。谁不满意，自己滚蛋。"

人们又是一阵笑声。

军校与军魂

在沁源围困战期间，涌现出了一大批英雄人物，两年半，900个战斗的日日夜夜，沁源军民几乎每一天都处在激烈的战斗和准备战斗的状态之间。然而，作为太岳区的腹地所在，正是在这血与火交织的岁月里，还诞生了一所正规的军校。这就是大名鼎鼎的太岳陆军中学。

太岳陆军中学的驻地位于沁源县下兴居村。正是在这里，一排保留至今的十七眼窑洞彼此相连，这便是当年太岳陆军中学堪称“豪奢”的教室。当然，所谓“豪奢”也只是说这些窑洞冬暖夏凉，防潮耐冻，不怕风雨而已，而当时教室当中的一应设施放在今日，那便显示出十足的寒酸。那砖头砌成的座椅，那木条搭就的课桌，更多的时候，学员们其实是在以自己的膝盖为课桌的。

太岳陆军中学始建于 1942 年 3 月，真正开学却是同年 5 月。在当时，“平津之大，放不下一张书桌，华北之大，放不下一张书桌。”而太岳陆军中学却是在冈村宁次亲自策划的“山岳剿共实验区”里放下了 400 多张特殊的“书桌”。

太岳陆军中学的任务，主要是为部队培养有文化的青年干部。他们的学习课程包括军事、政治，但主要还是文化课程。

这所学校的校长乃是文武双全、才华卓著的太岳军区司令员陈赓。副校长张力之本是复旦大学高材生，后留学日本，堪称学界早期左翼运动领袖。这所学校的教师则大都是国内各大名校毕业的知识分子。而为了增强学校教学质量的刚度与硬度，陈赓还命令时任太岳一分区政治部主任的刘有光和时任决死队二十五团参谋长的李懋之等知识分子出身的领导干部先后到太岳陆军中学去举办军事或政治方面的讲座。这一切，都使同学们受益匪浅。整整十年后，中央军委、毛泽东下决心组建军事工程学院，首先想到的第一人选正是还在冰天雪地的朝鲜指挥作战的陈赓。而陈赓在组建军事工程学院的时候，恰恰也把当年随他一道为太岳陆军中学呕心沥血的刘有光和李懋之招到麾下，任命刘有光为哈军工的副政委，而李懋之则成为哈军工的副教育长。两位将军也成为了陈赓大将的得力助手。为哈军工的建立与成长立下了不朽功勋。

1943 年 12 月，受中央军委命令，全军所属各根据地军校统一划归抗大。太岳陆军中学的500名师生也恋恋不舍地离开了下兴居村。虽然只有短短不到两年的时光，但是，他们已经成长为军政双优的抗日骨干力量。

举校从戎——成成中学游击队

抗日战争中，山西人民在共产党的领导下前赴后继，不屈不挠，产生了许多堪称民族精英的人物和群体。这其中，成成中学师生抗日游击队就是最为突出的一个英雄群体。

成成中学，时至今日也是山西省城太原市内受人尊重的一所名校。“成成”取自于《中庸·自成》“成己成人”之义。1924年，几个聚在北平师范大学的山西籍校友倡议创办了这所具有伟大五四精神的学校。1932年，同是北平师范大学毕业的共产党员武新宇受聘担任校长后，更是大胆聘用了一批共产党人和进步分子担任学校的教务主任和训育主任以及各科教师。从此，成成中学也成为由共产党人掌握的太原学生运动的中心，传播和学习马克思主义的阵地。

1935年，一二九运动爆发以后，成成中学成立了成中抗日救国会，在一系列的抗日救亡活动中，成中师生的思想觉悟得到了进一步的提高。

1937年秋，随着抗战形势的变化，山西成为中华大地上最为火热的抗日救亡大前线。八路军东渡黄河，北上抗日，中共中央北方局、八路军办事处、中共山西省工委这三大机构相继入住太原，而它们共同的入驻点都是成成中学。在此期间，周恩来、刘少奇、朱德、彭德怀、邓小平、贺龙、徐向前、彭真、杨尚昆、薄一波等领导同志都曾多次在校园和成中的师生有过亲切的交流。他们的领袖风采，雄才大略，光明磊落无不时时感染着影响着成中的广大师生。在这难忘的日子里，成中师生也将保卫三大机构和领导人的安全视为己任，自觉自愿地担当起了共产党八路军与广大人民群众之间的桥梁，也把自身视为保卫三大机构安全的卫士。

1937 年 8 月下旬，随着前线炮声的隐隐传来，成成中学整体搬迁到太原近郊的清源县城（今清徐县）。但是他们的心已经冲在了抗日前线，几乎所有的师生都做好了投笔从戎，为了中华民族的自由和解放而奋斗献身的准备。经过一段时间的准备和筹建，1937 年 10 月 10 日，成成中学全体师生成立抗日义勇队的申请得到周恩来副主席的亲自批准，并随之正式改编为成成中学师生抗日游击队。八路军办事处主任彭雪枫将军还专程来到清源，与师生们共同度过了一段美好的日子。当年 12 月，这支纯知识分子组成的抗日队伍再次改编为第二战区民主革命战争战地总动员抗日游击第四支队，简称四支队或成成支队。支队一开始下设三个中队，总人数为 120 多人，但很快就发展到 400 多人。共产党人刘墉如（校长）为支队长，全体师生开赴晋西北，在八路军一二〇师领导下，共同训练，并肩作战，成为晋西北战场上一支能文能武、智勇双全的生力军。

第四支队的成立，影响着周围广大的人民群众尤其是知识分子，也吸引了一批有志青年投身于抗日救亡走进这支以知识青年为主体的抗日队伍。为了迅速提高师生们的军事知识和实兵操作能力，一二〇师贺龙师长亲自选派一批高素质的军事教官来到第四支队，也正是在这些曾经出生入死、走过长征的红军教官的训练和帮助下，第四支队官兵迅速成长，很快摆脱了原有的青涩，开始显现出革命军人的崭新气象。

1938 年 2 月，蒋介石高调宣称将要组织太原反攻战役，一二〇师根据第二战区的统一部署，担负切断同蒲铁路北段的破路任务。四支队奉命转移到晋北岚县待机出击。

2 月 7 日，成成中学的师生们向全国青年发出了《为号召全国青年参战宣言》，其中写道："我们反抗奴役，反抗压迫，反抗侵略。我们的意志是坚定的，心胸是热烈的，我们的力量是伟大的。捍卫祖国的责任是我们的，我们应当为了祖国的生存流尽最后一滴血。”

同样是在一二〇师指挥部所在地岚县，作家周立波目睹了成成中学师生学习训练的生活，热情洋溢地著文赞扬这群充满朝气的热血青年。他写道：“这些学生和先生的确值得人尊重。他们不但没有逃难，而且背起了武器，他们的胸前佩着的两个黄色手榴弹，表现了他们的英勇，他们的脸色完全黑了，不像书生，真像战士。”战火淬炼，成成中学的师生们的确已经成为一个个合格的战士。这些学生娃、教书匠，已经脱胎换骨，成为一个个钢打铁铸的汉子。

这个春天，四支队在一二〇师的带领和帮助下，连续打了几个漂亮的伏击战。尤其是在岚县东南的黄土坡伏击战，师生们不仅和老八路一样彻夜埋伏，不避霜露，而且和老战士一样端起刺刀，冲锋陷阵，把日本人杀得四散而逃。这一战，缴获颇丰，也大大改变了第四支队原本杂乱的武器装备。

还是在这个春天，他们又领受了一项具有挑战性的任务：按照党中央的战略决策，到内蒙古境内的大青山一带去建立新的抗日根据地。

大青山，位于阴山山脉的中段，这里既是由华北通往西北的咽喉，也是党中央所在地陕北根据地的门户，战略地位可见一斑。在此之前，大青山一带已经有我党领导的抗日游击队存在，但是因为力量太小，无法形成大的格局。所以，党中央中央军委才向一二〇师贺龙师长和关向应政委下达硬性任务，派强力部队到大青山去，拓展和巩固大青山抗日根据地。这个任务落到了包括由成成中学师生组成的第四支队在内的一二〇师战斗部队身上。这也意味着，从这时起，第四支队再也不是那支需要有人关照的新军，学生军，而是一支真正的八路军战斗部队。

根据党中央的指示，派往大青山的队伍以一二〇师三五八旅主力七一五团、师部直属骑兵营一个连以及第四支队共2000多人组成，其中第四支队 642 人出现在挺进大青山的队伍当中。

1938 年 8 月 2 日，在司令员李井泉的统一指挥下，大青山游击支队浩浩荡荡开往塞外，一段传奇另将开始。

在大青山的日子里，成成中学的师生们不仅经历了战火的考验，也经受了生活的磨炼。因为大青山交通不便，根据地新创，万事都在摸索，一切都要自给。在这里，真正应了《游击队之歌》所唱："没有吃，没有穿，自有那敌人送上前，没有枪，没有炮，敌人给我们造。"在党的领导下，四支队克服重重困难，同日伪顽进行了殊死的斗争，仅在 1941 年一年里，他们就同日伪进行较大规模以上战斗 16 次，小的战斗不计其数。许多时候都是一仗刚刚打完，又一次新的战斗便已经开始。不仅如此，第四支队还充分发挥了自身知识分子多的特点，在宣传群众方面为大青山根据地的发展和建设作出了突出的贡献。也正因为他们的努力，当地乡村两级抗日政权迅速建立并得到稳固，而一大批青年则因为成成中学师生的影响投奔到抗日队伍中来。

1941 年 12 月 5 日，对于全体四支队官兵来说是一个值得纪念的日子，这一天，第四支队被正式改编为八路军大青山骑兵支队骑兵独立营。一群学生兵、教书匠已经淬炼成为真正合格的正规军队。

从 1937 年到 1945 年，成成中学师生在抗日烽火的第一线搏杀战斗整整八年。当初从成成中学走出来的 400 名师生中，前后共有 200 多位为国捐躯。如著名的阎氏三兄弟，1938 年，阎焕景担任四支队连长，在与伪蒙军的一次战斗中光荣牺牲；1939 年夏，阎焕曜担任四支队排长，在绥西与日军的战斗中不幸中弹牺牲；三年以后，1942 年秋，三兄弟中最小的阎焕春在作战负伤留在群众家养伤时不幸被俘，阎焕春英勇不屈，慷慨就义。阎氏三兄弟牺牲时，都不满 20 周岁[①]。成成中学的师生们，以自己的生命兑现了他们发布的宣言，为了祖国的生

① 《举校从戎——抗战中的成成中学师生游击队》，《北京日报》2019 年 4 月 23 日。

存，甘愿流尽最后一滴血。

青山埋忠骨，蓝天慰忠魂。1992 年，为了纪念成成中学师生伟大的爱国壮举，在成中校友的倡议下，一座太原成成中学师生抗日游击队纪念碑在古老的成成中学校园内巍然矗立。它也成为无数后来者敬仰与景仰的灵魂圣地。

五、血沃三晋　英雄记略

山西人民在中国共产党的领导下，为全民族的解放和世界反法西斯战争的胜利作出了特殊的贡献，战火中也诞生了无数的英雄人物。这里被誉为“八路军的故乡”，这里到处都印记着英雄的故事。

左权——留得清漳吐血花

左权，湖南醴陵人，1924 年 3 月考入黄埔军校，与著名将帅徐向前、陈赓是同学。左权在黄埔期间便与同乡陈赓结为好友，更是在陈赓的介绍下加入了中国共产党。1925 年，左权被党送往莫斯科中山大学学习，1927 年又更进一步进入世界四大军事院校之一的伏龙芝军事学院深造。

1930 年，左权学成归国，当年 9 月，经由厦门进入中央苏区，12 月初，成为红十二军军长。隔年，又任红五军团第十五军军长兼政委。1933 年，任红一军团参谋长。长征途中，左权随先头部队指挥作战，三大主力红军会师后，又与聂荣臻共同指挥了山城堡战役，歼灭胡宗南部两个团。奠定了红军得以在陕北立足的基础。刘伯承评价：“左权同志部署作战是细致周密的。”

1937 年，左权被任命为八路军副总参谋长。这也开始了他不朽军事生涯中最精彩的篇章。在这本书的前面，我们曾经展示过左权将军

1937 年 8 月在八路军东渡黄河之后那一夜，将军在山西稷山县北阳城镇上写给家人的一封书信。那也证实了将军在当时的一腔豪情热血。其后的几年，左权作为朱德总司令、彭德怀副总司令最好的搭档、最称职的“军师”，为八路军在华北的抗战作出了一系列杰出的贡献。可以说，那个时候，包括百团大战在内，八路军所取得的每一个重大胜利，所作出的每一次战略部署无不浸淫着左权的心血。然而，人们未必知道的是，左权为着中华民族的抗日战争，所操劳的又岂止是军队的部署与作战。人们常说：“兵马未动粮草先行”，身为伏龙芝军事学院的高材生，左权深知现代战争其实是一场总体战，是包括军事与经济，但又不止是军事与经济的全面战争。

他亲自参与策划了八路军最大的综合性兵工厂黄崖洞兵工厂的选址与创办，又在著名的黄崖洞保卫战中呕心沥血。

面对日军与国民党顽固派无所不在的金融封锁与金融战争，左权最先想到了建立根据地自己的金融系统，也正是在朱德、彭德怀和左权的亲自策划甚至包括亲自选址组织下，晋冀鲁豫根据地第一家共产党八路军自己的银行——冀南银行于 1939 年在山西黎城县小寨村成立。冀南银行成立后，左权又亲自前往检查银行驻地的安全保卫。当左权在身穿军装未出示身份证明的情况下被哨兵拦截后，才非常高兴地说：“这下我放心了。”

1942 年 5 月 25 日，山西辽县（今左权县）十字岭，面对日军疯狂的五月大“扫荡”，左权协助彭德怀带领总部机关以及冀南银行等行政单位在日军地空一体的包围圈中闪展腾挪，终于杀出了一条血路，掩护和保卫着这些几乎没有什么战斗力的几千人安然无恙。然而，一个不幸的时刻还是到来了。下午 4 点，总部机关人员大多已经安全转移，5 点，左权作为整个掩护部队最后一批，在几进几出包围圈，眼看着带有总部所必需的大量冀南银行钞票的骡驮和人员已经越过封锁线，掩护部队也来到敌人最后一道封锁线的时候，突然，一阵异样的响声，左权大喊：“赶快卧倒！”

这一声喊，大家都听到了，第一发炮弹的爆炸也并没有给大家造成什么损失，然而，就在大家回望左权的时候，第二发炮弹爆炸了，左权头部被弹片击中，一个伟岸的身躯怦然倒下。为了中国的抗日战争，为了八路军，为了冀南银行的生存费尽了心血的左权牺牲在抗战最艰难的战场上。时年仅 37 岁。

左权的牺牲，是中国共产党和八路军的重大损失，但英雄的名字是永存的。为了纪念这位杰出的革命军事家，这位伟大的抗日战士，晋冀鲁豫边区政府决定将他牺牲的辽县改名为左权县。

左权的牺牲也在中国共产党和人民军队中引起了极大的震动。作为战友与导师，朱德写下了一首字字泣血、气贯长虹的七绝来悼左权。

悼左权同志

名将以身殉国家，
愿拼热血卫吾华，
太行浩气传千古，
留得清漳吐血花。

八路军总参谋长叶剑英则写下了另外一首千古绝唱来悼左权。

满江红　悼左权同志

敌后坚持，捍卫着自由中国。试看那，欃枪满地，汉家旗帜。剩水残山容我主，穿沟破垒标奇迹。问伊谁百万好男儿，投有北。

崦嵫日，垂垂没；先击败，

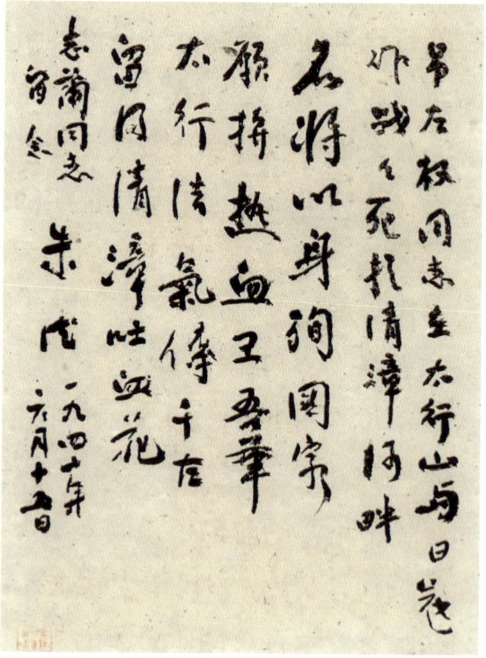

◆ 朱德悼诗原照。

希特勒。会雄师踏上，长山白雪。风起云飞怀战友，屋梁月落疑颜色。最伤心河畔依清漳，埋忠骨。

叶成焕——英雄团长永流芳

叶成焕，1914 年出生于河南新县，1929 年参加革命，同年加入中国共产党。1930 年参加鄂豫皖红军，先后担任指导员、营政委、团政委、师长、师政委等职。抗战开始后，叶成焕受命担任三八六旅七七二团团长。也正是在这个岗位上，军政双优的叶成焕把英雄的七七二团带成了“中国最好的一个旅”① 的最好的那个团。正是在他的带领下，英雄的七七二团作为主力中的主力连续参加了七亘村重叠设伏以及长生口、神头岭、响堂铺等著名战斗，为一二九师曾经振奋全国人民的“晋东南三战三捷”作出了不可替代的杰出贡献。

1938 年 4 月初，为了解除其后方存在的严重威胁，日军出动 3 万兵力，向我晋东南根据地发动了声势浩大的“九路围攻”。4 月 13 日，日军第一〇八师团第一一七联队在进攻榆社后发现这里已是一座空城，连吃的喝的一切都找不到，不得已又于 15 日仓皇撤出，企图返回武乡县城。这时，这个一一七联队就成为了一支孤军，在日军整个 3 万多人的部队中等于是自然割裂出来一般。机会难得，刘伯承师长、陈赓旅长敏锐地认识到这是一个并不太容易出现的机会，也是粉碎敌人九路围攻的一次决定性机会。于是立即命令驻扎于附近的主力三八六旅七七二团、七七一团，三八五旅七六九团等部队迅速占领浊漳河河谷两侧高地，以求在运动中将该敌共 2200 多人务以全歼。

不得不说，刘伯承、陈赓两位高级指挥员的军事素养不仅在八路军中是最杰出的，即使在整个中国无疑也是出类拔萃的。这一场后来定名为长乐村运动追歼战的战斗在当时确实是一般人不可想象的。因

① 胥佩兰、郑鹏飞:《陈赓将军传》，解放军出版社 1988 年版，第 187 页。

为抗战以来，八路军基本上是在沿用着游击战伏击战的战略战术，非不得已不会在敌强我弱的情况下和日军硬碰硬正面交锋，也不会实行成规模的运动战。然而，这一次的情况有所不同，八路军一改过去那种事先选择阵地，以逸待劳的伏击战，而是在大踏步的运动中寻求歼敌。这就要求部队具有快速、敏捷、勇猛、顽强的战斗作风，更要求部队指战员们在瞬息万变的运动作战中能够及时而准确地作出自己的判断，不失时机地以果决的行动克敌制胜。在这一场战斗中，叶成焕和他的七七二团再一次成为刘伯承和陈赓手中最为得力的“拳头”，在叶成焕的带领下，七七二团经武乡县城、小河、黄红坡，到达南窑科。在这里，七七二团侦察连发现巩家垴有三四百日军，似为敌左侧卫部队。叶成焕立即报告陈赓，而后以一营和三营分别隐蔽集结，二营向巩家垴以北迂回。对该敌实施合围。然而，运动中的战机就是在不断变化的，二营刚进至巩家垴以北，前锋部队和敌人只是打了个照面，敌人便不战而退，向着长乐村方向拼命奔跑。

也就在这个时候，陈赓得到新的情况，日军一一七联队大部队已经越过长乐村，但其辎重尚在白草延附近，而护卫他们的只有少数后卫部队。当此关头，陈赓决定抓住战机，虽则现有部队不可能对敌形成合围，但还是果断下令对该敌发起突击。

领受命令，叶成焕沉着地指挥七七二团沿山谷小道向敌隐蔽接近，并迅速占领浊漳河北岸之高地。当敌一一七联队辎重大队和一个大队的日军出现在长乐村前的大道上时，陈赓一声令下，七七二团全部火器同时射击，就在敌人处于一片慌乱之中，叶成焕已带领七七二团的勇士们亮着刺刀，挥舞着大刀从天而降，与敌展开近距离的搏杀。这也拉开了长乐村追歼战的序幕。

七七二团打得正猛，七七一团在这时也拼命赶了过来，并立即占领张庄、窑头以北高地，与七七二团形成相对火网，将敌人切为数段，首尾不能相顾。而与此同时，早已经走过长乐村的敌一一七联队主力两个大队在得到后卫被围的急报后，也开始急返救援，拉开重炮，集中火力向我戴家垴阵地猛轰。戴家垴阵地一度失守，后经几度反复，方才稳定下来。但是，就在我将对一一七联队的合围即将形成之时，一个情况打乱了刘伯承与陈赓的部署。

原本，按照友军协议，国民党军曾万钟第三军是负责在蟠龙镇一带阻击援军的。可是，当日军第一〇五联队接电从辽县经蟠龙赶来救援已在覆灭边缘的一一七联队时，曾万钟部竟然一枪未放就把敌人放了过去，致使该敌与被困之敌合流一股，形成了足有3000人以上的强大阵势，而一〇五联队又是未受重挫的生力军。他们一来就向七七二团阵地发起了猛烈的反击，其时，战斗激烈之程度，堪为抗战以来之最。敌我双方在这一波较量中都受到较大的伤亡。为避免过大牺牲，陈赓请示刘伯承后，决定部队撤出战斗主动向巩家垴阵地转移，另寻战机。而敌一一七联队与一〇五联队则遭遇大赦一般，头也不回地向南向西仓皇回窜。

长乐村追歼战是抗战以来最为独特的一战，是役共毙伤日军2200多人，毙战马500余匹，致使敌一〇四旅团元气大伤，也迫使敌人的“九路围攻”不得不全线溃退。

然而，面对这样一场胜仗，作为前敌指挥员的陈赓旅长却“痛心之极”，因为，他失掉了自己最优秀的团长，最杰出的战友，抗战以来带领七七二团战无不胜，屡创奇迹的叶成焕。

叶成焕牺牲在长乐村之战的最后时刻，此战之前，叶成焕因肺病严重，陈赓劝他离队到医院去好好治疗和休养几个月。叶成焕却说：“还是打完这一仗再说吧。”然而，就在长乐村，当战斗即将结束的时候，一颗罪恶的子弹击中了他的头部。这一消息震动了整个一二九师，刘伯承师长闻讯疾速赶到七七二团，俯身抱着担架上的叶成焕，连声呼叫，但这位最优秀的团长已经永远失去了知觉，无法回答师长的呼唤。

陈赓哽咽着劝刘伯承："师长，别难过，成焕有我们照顾，你放心吧。"然而，最难过的其实就是陈赓。《陈赓日记》为我们佐证了这种战友情深。

4月16日，陈赓在日记中写道："我们英勇坚决的叶团长头部受重伤，恐有生命危险，这是我们的一个大损失。"

4月17日，他又写道："今日旅部移合壁村，靠近七七二团。探视成焕，彼已不能言语，入夜特甚。奄奄一息，状至危险，令我无法睡觉。"

4月18日，他再写道："凌晨1时30分，成焕光荣地牺牲了，痛心之极。今日规定的部队工作，亦受到影响。成焕平日团结干部甚好，许多干部均很悲哀，特别是他的勤务员，更是痛哭不止。下午开追悼会，七七二团全体参加，各团均派有代表，刘（伯承）、徐（向前）及肖参谋（友军联络官）均到会，并做了沉痛的讲话。"在叶成焕受伤到牺牲的这几天，陈赓几乎粒米未进，水也很少喝。其伤痛之情，无以复加[①]。

朱德总司令专程从八路军总部驻地赶到叶成焕下葬的合壁村凭吊。

刘伯承在追悼会上说："叶成焕等烈士的死重于泰山。"

徐向前副师长在他的回忆录《历史的回顾》中写道："叶成焕在鄂豫皖参加红军的时期，作战勇敢、沉着，善于团结同志，在群众中有很高的威信。"

八路军一二九师对叶成焕的评价是："攻如猛虎、守如泰山，百战百胜。"叶成焕的牺牲，当然也证明了中国共产党和八路军为了全民族的解放，在抗日战争中付出了多么重大的牺牲和奉献。

① 胥佩兰、郑鹏飞：《陈赓将军传》，解放军出版社1988年版，第83—85页。

凌则之——从清华学子到决死队团政委

凌则之，1911年出生在四川省屏山县楼东乡一个富裕家庭。1934年，凌则之以优异成绩考取清华大学，在轰轰烈烈的一二·九运动中，凌则之成为学生运动的主要组织者之一。紧接着，凌则之又和高原、罗清、钱伟长（著名的三钱之一）等同学决定组织自行车队，沿津浦线南下，走天津，到济南，最后抵达南京，一路宣传抗日，唤醒民众。12月25日，清华自行车请愿队的同学一行50人（到达南京时最后只剩下20人）从清华南校门出发，一路骑行，到达南京，完成了一次震动全国的壮举。凌则之在这次运动中起到了中流砥柱的作用。

1936年5月，凌则之光荣加入中国共产党。1936年冬，随着日军进攻绥远和察东，山西成为抗日最前线。凌则之遵照党的指示，率领一批北平与天津的知识青年投笔从戎，离开学校，来到山西太原参加抗日救亡运动。在此期间，牺盟会成立抗日救亡先锋队，凌则之被任命为宣传部长。1937年8月，凌则之成为山西青年抗敌决死队第一总队第三大队第十一中队指导员。至此，他已经成为一名合格的军队政治工作者。不久之后，决死一总队扩编为第一纵队，进入太岳山区开辟工作，是年8月，凌则之再次提拔为决死三纵队政治部主任。1939年底，决死队二十五团正式组建，凌则之被任命为二十五团政委、团党委书记。也就从此开始，当时二十五团驻地沁源县王庄、下兴居等村庄的人们便经常会发现，一个个子高高的年轻人，每天一大早都会第一个起床，第一个披挂整齐地出现在练兵场上，带领一群和他一样年轻的战士跑步、出操、投弹、刺杀，一招一式，严肃认真。不时地，还会看见这个年轻人操着一口带有浓浓川味的普通话对战士们讲述着什么。而每当这个时候，那些战士们的眼中总会放射出异样的光芒。

二十五团成立后，在团里一批从三八六旅抽调过来的红军干部带领下，在凌则之卓有成效的政治思想工作鼓动下迅速成长。他们以太岳区的腹心沁源为根据地，多次出击，打击了活动在周边的顽伪势力，保卫了太岳区人民群众的春耕夏收，各项生产。并在破袭日军交通线的战斗中得到了战火的考验与锤炼。

1940年8月20日，这支年轻的部队终于迎来了自它诞生以来的首次大考。决死一纵队二十五团受命参加百团大战，并第一次领受了独立作战的使命——攻克正太路上日军马首、上湖等车站并破袭沿线铁路。这是一次刺刀见红的战斗，初出茅庐第一战，以学生兵居多的二十五团一营在团政委凌则之的亲自带领下，势如出山猛虎却又灵动恰似灵猫，先破铁丝网，再炸敌碉堡，几个回合下来便将马首车站彻底攻克。二十五团初战告捷，也给这支年轻部队注入了敢打必胜的信心和自信。然而，世上没有无缘无故的成功，在这首战告捷的背后是团长苏鲁和政委凌则之在战前彻夜未眠的战术研讨和对于战斗中每一个细节的反复推敲。苏鲁，作为1927年入党、1927年参军的老红军，勇猛顽强，一往无前是他带给二十五团的战斗作风；而胆大心细、讲究细节则是凌则之这个清华高材生所具有的独特风格。这样两个人的结合，自然也给二十五团带来了与众不同的精神气质。在攻克马首车站的战斗中，二十五团一营正是凭借一整套相互衔接的作战细节，基本上做到了以最小的代价，换取最大的战绩。面对铁丝网，他们使出了加长的铁钳，让敌人这道防线瞬间失去作用，面对钢筋混凝土的碉堡，他们又利用夜色，巧妙伪装，在将炸药包送到敌人眼皮子底下时才突然开火，而后又利用连续的爆破，使得日军自诩固若金汤的乌龟壳成为集体棺材。

二十五团的捷报还不止这些，就在一营攻克马首的同时，原本留守团部并担任战役预备队的三营八连也创造了一项奇迹。这就是八连在寿阳县大洛坡与日军刺刀见红的白刃格斗中以一往无前、有我无敌的英雄气概打破了日本陆军拼刺刀无敌手的神话，以一场惊天地泣鬼神的浴血搏杀宣告了“白刃格斗英雄连”的诞生。这一荣誉，不仅属于八连，也属于全体二十五团的英雄将士，当然也属于他们军政双优的政委凌则之。

百团大战的第三阶段，二十五团调归八路军总部直接指挥，担负总部的卫戍任务。10 月 22 日，下午，在武乡县温庄一带二十五团以顽强的防守，在敌重兵包围与飞机轰炸面前构筑起一道打不垮、炸不烂的坚强防线，掩护总部机关向黎城方向转移。就在任务即将完成，部队即将开始转移的时候，年轻的政委凌则之不幸中弹，英勇牺牲，年仅 29 岁。

凌则之牺牲了，但是凌则之精神不死！ 2019 年，在庆祝中华人民共和国成立 70 周年之际，首都北京举行了隆重的阅兵仪式，在 100 面集中反映中国人民解放军光荣历史的功勋军旗从天安门广场昂然走过的时候，我们看到了“白刃格斗英雄连”的旗帜高高飘扬，那正是浸淫着凌则之全部心血的旗帜，这面旗帜也必将永远飘扬在我们的心中。

丁思林——“朱德青年团”的骄傲

八路军一二九师三八六旅战绩突出，打得胜仗多，歼灭日军多，打出来的名将也多。前面我们说过的叶成焕当然是首屈一指，而丁思林则应该算作陈赓旅长手下又一位突出的战将。

丁思林，湖北黄安（今红安）人，自幼家境贫寒，1932 年 5 月，19 岁加入中国工农红军，1933 年 9 月，加入中国共产党。红军时期，勇敢善战的丁思林曾任班长、排长、连长、营长，可以说是一步一步扎扎实实地从战士做到了团长。

1937 年，全面抗战爆发，丁思林成为第一二九师三八六旅七七二团一营营长。作为一营营长，丁思林和他的一营在七亘村、长生口、神头岭、响堂铺、长乐村这一系列的战斗中都打出了威风，立下了赫赫战功。丁思林也成为陈赓旅长最为看重的基层干部之一。所以，当1938年1月，三八六旅组建新一团的时候，陈赓推荐，刘邓首长批准，任命丁思林为新一团团长。也就是说，刘邓陈三位首长把一支新组建的部队交给了丁思林这位久经考验在红军时期早就做过团长的得力干部，自然也相信他能够交出满意的答卷。

丁思林不负众望也不负重望。1939年2月，丁思林和他的新一团在陈赓旅长率领下，兵出冀南，开辟了冀南根据地。这也成为日军的眼中钉肉中刺，必欲拔之而后快。于是，日军从束鹿、威县、临清等地调集重兵，向我冀县、南宫、枣强地区实行夹击，企图把刚刚建立的冀南根据地掐死在成长状态之中。

为粉碎日军的阴谋，陈赓旅长命令部队向敌人展开不间断的袭扰，使敌人处于长期的奔命状态，而后瞅准机会，给其以致命一击。丁思林创造性地完成了首长交给的使命。他带领新一团巧妙实行“隐身”、化装，把战士们混在进城办事的农民之中，等到半夜夜深人静之时，炸毁敌人的弹药库，烧掉敌人的粮食给养，这个情节在20世纪50年代曾经改编为电影《平原游击队》，深受广大观众欢迎。而影片所塑造的英雄李向阳的原型人物，正是包括了英雄团长丁思林在内。为了进一步打击敌人，壮大和巩固冀南根据地，陈赓决定创造一次新的具有决定意义的战机。那就是“投其所好”，引诱敌人上钩。这个任务再次交给了年轻的新一团。

2月初，丁思林让新一团连续袭扰了敌威县、曲周等地，让敌人恼羞成怒。2月10日，被激怒的日军果然上钩，抽调第十师团第四十联队一部，以汽车九辆加一个步兵加强中队，向我威县以南进犯。12时许，当敌进至南操场附近时，遭我预先设伏之骑兵连猛烈而短促的袭击。可稍等敌人组织反冲锋时，我骑兵连便以一副“溃败”之像向后撤退。敌人紧追不舍，也就一步步紧紧跟随着钻进了我军布下的“口袋”。眼看着敌人九辆汽车全部进入“口袋”，埋伏在那里的六八八团迎头一阵痛击，日军中队长拿望远镜仔细观察，发现只有南面才有八路军，东西北三个方向并无伏兵，便命令部队分三个方向突围。只是，敌人的突围刚一发动就被我预先设伏在东西两个方向的部队给堵了回来，只有北面，因为这个方向正是敌人钻进了的“口袋”袋口，且地势平坦，没有合适的地形地物可以利用，所以事实上形成了一个空白。敌人也看准了这个方向，拼了命的向北突围。陈赓旅长及时发现了这个问题，立即命令新一团向北运动，一定要扎紧“口袋”，务求全歼该敌。丁思林大手一挥，高声喊道：“同志们，我们一定要堵住敌人，不能让他们跑掉一个！”在丁思林身先士卒的示范下，新一团如出山的猛虎，冒着密集的枪林弹雨，从西北方向到正北迅速形成了一道严密的火网。敌人最后的退路被新一团给堵死了。

这一战，全歼日军安田中队和联队四十补充大队。击毙敌中队长安田以下250余名，生俘日军8人，击毁汽车9辆，缴获火炮3门，各种枪支100余支以及大量军需用品。这一战，也彻底粉碎了敌人“扫荡”我以南宫为中心的冀南根据地的野心，使这块新建立的根据地得以有一个相对安定的发展时期。

有鉴于新一团这支年轻部队在香城固战斗中的突出表现，朱德总司令高度赞誉该团为“模范青年团”，不久，八路军总部又正式授予新一团“朱德青年团”的光荣称号。

1939年7月8日，新一团在山西榆社西周村的战斗中，眼看任务完成，丁思林命令其他同志先撤，“我和一连一班留下掩护。”说着就端起一挺轻机枪向着正在拼命冲杀的敌人扫射过去。敌人迎面倒下一片。但是，丁思林高大的身躯也似乎被什么击中了，他坚韧地站立着，射出了最后几颗愤怒的子弹，而后，似一座大山，轰然倒下。

当天晚上，就在榆社县南社村，三八六旅召开了有万余人参加的追悼会。一二九师政委邓小平写了《悼丁思林同志》一文。

按照陈赓旅长的意见，丁思林的遗体被安葬在武乡县。这年8月，黎城、辽县、武乡、榆社各县群众在武乡县长乐村为丁思林团长和早他一年牺牲的叶成焕团长共同建立了一个纪念碑。以此，永志两位英雄团长不朽的功绩。

康俊仁——没有当过兵的司令员

康俊仁，大名鼎鼎的太岳军区第五军分区司令员，也是陈赓、王新亭手下一位骁勇的战将。对于日伪汉奸来说，这个名字是具有恐怖杀伤力的。仅从这一点来看，康俊仁就已经足以能够引起人们的关注了。然而，这位司令员在担任军分区司令员之前竟然连一天正规军人都没有当过，这就更加不能不让人们对这个名字肃然起敬了。

康俊仁，1908年出生在山西夏县周村一个贫苦家庭。生活的艰难磨炼，不仅成就了这个穷孩子高大硬朗的身板，也练就了康俊仁的刚毅、喜好抱打不平、行侠仗义的性格。一来二去，乡亲们有什么急难险事也都习惯找他。而康俊仁也总是能够给人以帮助。

1937年，村子里来了牺盟会和共产党的工作队，康俊仁也被村子里的人们推选当了村长。康俊仁当村长后的第一件事就是响应共产党的号召“减租减息”，也为这一带的减租减息运动带了个好头。1938年，康俊仁加入中国共产党，第二年又担任了周村的党支部书记。就在这时，夏县境内有了一支处于自发状态的农民抗日游击队——冯林虎游击队。康俊仁受党派遣进入这支游击队，并担任了第二大队大队长。二大队在康俊仁的带领下，很快成为整个冯林虎游击队战斗力最强的一部分。不久后的一夜，在康俊仁的指挥下，二大队一夜之间便端掉山底、小王、陈村三个民团窝点，一枪未放便缴获步枪30多支。1941年春，冯林虎被国民党军收编，成为了国军。在此情况下，康俊仁也在中共条西（中条山西部）地委的指示下以自己领导的二大队为基础，公开成立了夏县抗日游击队康大队。

康大队成立之初，正赶上日军发动中条山战役，20万国民党军兵败如山倒，短短20天内便丢掉了由钢筋混凝土国防工事和装备精良的国军所组成的防线。中条山一带大好河山顿时失守。日军反过来又以国军所构筑的防线来防止爱国分子的抗日活动，整个中条山一时变天。

为了应对严峻的形势，康俊仁这位从未受过正规军事训练也从未读过所谓兵书战策的农民军事家保持了高度清醒的头脑。为了提高士气，鼓舞人民。康俊仁瞅准时机，带领30余名游击队员，于1941年7月的一天在距离周村20多里的一处渠道边伏击了一小股运输物资的日军和一个小队的伪军。这一战，击毙日军5名、伪军10余名，缴获步枪5支、掷弹筒1具，还有大批的军需物资。康大队旗开得胜，虽说由于兵力不够，火力不足，让日伪军跑了一大半，但毕竟是康大队成立以来的第一仗，第一场胜仗，也是中条山战役以来整个压抑气氛中让天空得以开朗，人心得以欢畅的一次战斗。康大队打了胜仗的消息，一夜传遍了中条山。通过这一战，游击队得以快速发展，两个月以后，康大队就成为一支具有上千人的武装力量。在此期间，游击队四处出击，打日本、除汉奸，铲除恶霸，人民群众无不拍手称快，日伪则视之为心腹之患。1941年8月，日军调集2万重兵，沿同蒲铁路以东一字排开，东起闻喜，西至运城，由西向东，平行推进，务求一举消灭康大队。康俊仁闻讯，立即命令各中队化整为零，分散活动，避实就虚、各自为战，以保存实力为第一要求。尽管如此，在几次遭遇战中，康大队还是遭遇了一定的损失，但并未伤筋动骨，基本的队伍和元气尚在。就在日伪以为康大队已经消失，因而也就放松了警惕，大部分日军也已经撤离之后，康俊仁和他的游击队却再一次以更加强盛的势头冒了出来，时不时就给龟缩于炮楼中的日伪军以沉重一击。

1941年底，中共条西地委决定整编部队，实行游击队正规化。同时扩大游击区，建立根据地。康大队正式改编为康俊仁抗日游击支队，康俊仁任支队长，地委书记柴泽民（后曾任新中国首任驻美国大使）化名李敏之兼任副支队长。康俊仁和他的部队就此迈出了正规化的一大步。

1942 年 5 月 28 日，康俊仁采用里应外合的方式，率部攻占了日伪军设在楼底村的炮楼。这一战，康俊仁的战法堪称精妙。他先是通过内线工作，使伪警备队小队长赵雷成为内应。而后趁着天黑带领几十号人混进敌据点内，待到夜半时分才突然行动，一枪未放就将 5 个日本兵统统刺死，而 30 余名伪军则全数做了俘虏。这一战，还缴获轻机枪 4 挺、掷弹筒 1 具、步枪 30 多支，以及部队急需的大量弹药装备。

面对康支队日益严重的威胁，日军颇有兵力不敷之感，这个时候，原本是国军，后来却与日军同流合污的国民党特务贾真一成为了日伪顽三方合流专门针对康支队的一张王牌。贾真一利用自己长期以来为害一方，人头熟、地理通的优势，派遣匪军李永贵所部 900 余人并骑兵炮兵各一部驻扎在康支队活动区域——苏庄、洋桥一带，企图给康支队造成毁灭性的打击。这时，康支队在这一带的部队只有支队部和二大队总共 200 余人。在敌众我寡的情况下，康俊仁大胆采用声东击西和以假乱真的战术，他找出了曾经缴获的日本军装，命令部队穿戴起来，又将东洋刀、三八枪武装起来，甚至有一面崭新的膏药旗也抖擞起来，不明真相的人看了准会以为这就是一支真正的日军。再然后，康俊仁便命令这些“日军”在前，游击队在后，照直闯入李永贵的大队部，也是李匪命大，那天晚上外出没有回到部队，这才算是捡了一条命，其余大队部的匪军则一半被康支队消灭，另一半也失魂落魄地向县城方向逃去。也正是因为康俊仁的以假乱真，让贾真一匪部不少官兵以为他们原本三心二意的“投日”引起了日军的不满，不然为何“日军”要向他们开枪，这一下干脆撕破了脸，脱下那身衣服，逃回家中种地去了，也有的则更进一步，彻底地弃暗投明，成为了康支队战士。

全歼李永贵匪部，给康支队带来了相对平稳的一个发展时期。在上级党组织的帮助下，康支队各级军政指挥员全部轮换到太岳军区进行了正规培训。包括康俊仁自己在内，康支队的军政素质在一天天进步着，部队精神面貌日新月异。康支队的快速发展，已经成为了中国共产党和八路军活跃在中条山下的一支不可忽视的武装力量。康俊仁和他所领导的康支队理所当然地受到太岳区党委和太岳军区首长的重视。1942 年 11 月，太岳区党委和太岳军区决定，在条西成立太岳第五军分区。以康俊仁同志为第五军分区司令员，柴泽民同志为第五军分区政委。

康俊仁，一个纯粹农民出身的“土包子”硬是在抗日烽火中成长为一个军分区的司令员，这是康俊仁的骄傲，也是那个时候中国共产党和人民军队不拘一格用人才之干部任用制度灵活运用的典范。

康支队的壮大，第五军分区的成立，震撼了日伪，也使日军意识到这个军分区的成立将给他们带来什么。为了趁第五军分区成立不久而给其以立足未稳的打击。日军纠集上万兵力，于 1943 年 12 月上旬对第五军分区范围进行疯狂“扫荡”。而康俊仁则按照机动灵活的游击战术，依靠人民群众，集中优势兵力，各个击破敌人，大量消灭其有生力量，使敌人成为蒙着眼睛的老虎、失去方向的陀螺，损兵折将，却不曾对康俊仁和第五军分区造成什么损失，最终不得不灰溜溜地于夜晚悄然撤兵。第五军分区所在条西地区已经成为一块坚如磐石的抗日根据地。

1944 年 1 月 22 日，康俊仁以他一贯身先士卒的习惯，要带领一支小分队进夏县城里去侦察敌情，准备在近期给夏县日军以致命一击。一听说司令员要去亲赴险境，同志们都不同意，可是，在当时的第五军分区，说实话除了政治委员柴泽民的话康俊仁是既想听也愿听之外，面对此类让司令员更安全一些的建议和意见康俊仁一般都是笑一笑，并不当回事儿的。这一次，他就更加仅仅是付之一笑了。

康俊仁和他的小分队出色地完成了侦察任务，不仅如此，回来的道上顺路还打了一小仗，一小队日军不自觉地撞倒了侦察分队的枪口上，让康俊仁他们三下五除二就给收拾了。当天色傍晚的时候，康俊仁和战友们哼着小调，穿着刚刚缴获的日本军大衣，手里摆弄着一把东洋刀，喜气洋洋往回走，眼看就要回到第五军分区司令部所在地李家坪了，突然，一阵急促的枪声传来，康俊仁一头栽倒在距离司令部不到 100 米的地方。原来，这枪声竟然是司令部警卫部队的岗哨打的。哨兵是一个新兵，一看见远方走来一队日本兵，手里还摆弄着东洋刀，便误以为这是日军要来偷袭司令部了。悲剧发生了，这个悲剧也是第五军分区和整个太岳军区的损失。

这一年，康俊仁仅仅 36 岁。

郭维成——“哑巴”英雄与蛤蟆阵

从 1942 年 10 月到 1945 年 4 月，在长达两年半的沁源围困战期间，涌现出许许多多具有传奇色彩的英雄人物。沁源县二区轮战队队长、太岳区一级战斗英雄郭维成就是其中别具风采的一个。这里，我们先从郭维成和交口中心据点日军的一次较量说起。

◆ 郭维成。　郭天印供图

1943 年的春天到了，日军在交口中心据点的炮楼已经由土木结构变成了钢筋混凝土的坚固碉堡。看起来短时间内是不计划走了。春耕在即，转移到上山的乡亲们开始着急了。因为日军年关大“扫荡”的时候人们只顾着自己逃命，村里的大牲口几乎都让日军给赶到交口据点里面去了。

眼下要春耕，没有牲口怎么行？村里的年轻人大都组织起来参军参战，进了民兵轮战队。一边打日军，一边搞生产，本来就挺紧张的。没有牲口拉犁送粪，种点儿小块地，坡地还可以，那几十亩上百亩连片的平地好地也让人去拉犁，那就是说说笑话。怎么办？人们的议论传到了郭维成耳中，他知道，牲口就在距离自己的村子作坪村不到五里路的交口据点里，可是，怎么才能让那些牲口回归主人，去干它们应该干的活儿去呢？

说来真巧，就在郭维成为牲口而发愁的时候，据点里的日本人也在为圈在一座大羊圈里的上百头大牲口而发愁。这些家伙，每天只吃草料不干活，据点里面又没有草料，只好让几个伪军赶着它们上山放牧，伪军本身十有八九就是懒汉，出来混饭吃，美其名曰“吃粮”，现在日本人却让他们上山放牧，又苦又累且不说，万一碰上八路和民兵又该怎么办？所以这些人的放牧，那就是应付差事，每天只是赶着牲口在据点前面的河滩上转悠两下就了事。牲口越放越瘦，当初日军把它们赶进据点里来，那是想着有这么多牲口在，随时有牛可宰，有肉可吃，那些马匹还有马可骑，一举多得的好事。最重要的还可以以此为诱饵，吸引那些需要牲口的百姓进据点里来做他们的“良民”。为了这一条，日本人将那布告不知张贴了多少张。反正就一个意思，只要你到据点里，你的牛马归你，日军还会赏你。只是日军布告贴出来好几天，就是没有一个人去和日军领牛要马的。

然而，事到今日，郭维成对这个布告却有了自己的想法。这一天一大早，他就把村里的民兵队长张树旺叫过来，如此这般一番安排之后，独自叼着个大烟袋，手里提着一把小铲子，穿了一身有些破烂的衣服就往交口据点走去。

放哨的日本兵发现一个中国人弯着腰在沁河滩上挖着什么，这样的情况自从日军进驻交口据点以来还是头一次。竟然有人敢到炮楼下面不远的地方来干活，这人不是胆太大，那便就是人太傻。于是，几个日军和汉奸以迅雷不及掩耳之势将此人包围起来，一个日军通过汉奸翻译开始问话："你是什么人？在这里干什么？"

那人毫不理会，翻译凑近了，贴着耳朵大喊："你是做什么的？"

这一次，那个看上去应该是有点傻也有点儿迟钝的人好像听见了，扭头看看日军和汉奸，同手指着堆在一旁的蒲公英、苦苦菜等一堆野菜，又用手指着自己的嘴巴，"嗯嗯啊啊"地吐出一堆谁也听不懂的音符。汉奸翻译自作聪明，对领头的日军翻译道："太君啊，这个人是哑巴。他在挖野菜，因为家里没有粮食吃了，河边的野菜长得好。"

汉奸都听不懂，日本人就更听不懂了，但所谓听其言观其行，应该和翻译说得大致也不会有多差。于是让翻译告诉"哑巴"："你告诉他，野菜不好吃，跟日军到据点里面可以吃白面大米，还有牛肉罐头。"

翻译毫不含糊，甚至有些添油加醋地一番动员，终于，"哑巴"好像真的听懂了，"咿咿呀呀"那么一说，便在几个日军和伪军软硬兼施又拖又拽的"动员"下，半推半就地走进了交口据点。

对于占领沁源以来所遇到的第一个自觉自愿跟日军合作的沁源人，尽管是一个"哑巴"，日军中队长伊藤俊还是非常欢迎，不仅亲自接见了这位"哑巴"，还塞给他一沓钞票，又安排给"哑巴"真的吃上了白面馒头。最后汉奸翻译把"哑巴"带到大羊圈，大声告诉他："你每天只要把日军的这些牲口都喂好了，日军就会给你大大的奖励，还让你天天吃白面馒头。"

于是，从第二天开始，每天早饭后，都会有几个伪军押着"哑巴"赶着一大群牲口上山去放牧。还别说，这"哑巴"虽然不会正常说人话，却好像偏偏能和牲口交流，放牧更是一把好刷子。连续几天，都能让牲口们吃得肚儿圆圆，看上去连精神头都不一样了。这让伊藤俊很是高兴，第三天傍晚，"哑巴"放牧刚一回来，伊藤就过来专门赏他两听牛肉罐头。又通过翻译告诉“哑巴”，从明天起，身上要背上一张单子，上面写着：“我给日军放牧，日军给我罐头”。什么也不用说，就让这个活广告给日军动员老百姓回到据点所在的镇子里来。

为了显示日军对百姓的信任，也因为伪军们都不想跟着“哑巴”满山瞎跑。第五天，押着“哑巴”放牧的伪军只剩下两个人了。“哑巴”却不管这些，只顾赶着牲口往山上走，两个伪军好不容易追上了，已经累得气喘吁吁。一屁股坐在山坡上，伸手和“哑巴”要他的旱烟袋。然而，就在这时，让两个伪军大吃一惊的事情发生了。“哑巴”一手将烟袋递到一个伪军手中，另一只手却在伪军接烟袋的同时将其挎在身上的那支三八大盖子顺势摘了下来，更让人乍眼的是，这枪还在移位转换的过程中就听见“哗啦”一声，子弹已然顶到了膛上，枪口却对准了躺在地上的另一个伪军。这抄枪上膛的动作之熟练，分明是一个久经战阵的军人。

“天哪！要走火！”躺在地上的伪军大声喊着。拿着烟袋的伪军则两眼大瞪，惊得说不出话来。这时让他们更加惊讶的是，“哑巴”说话了，而且是那种犹如打雷的声音：“你们两个听好了，老子是沁源县二区民兵轮战队队长郭维成。你们听过老子的名头没有？要没有，以后给老子长点儿记性。现在你们听我的话，把枪留下，赶紧给老子滚回据点去。要是不听话，告诉你们，老子一枪一个马上结果你们的小命。”

两个伪军一看这架势，早就吓蒙了，一听说让滚，放下武器，掉头就跑。正好迎面碰见按照事前约定前来接应郭维成的作坪村民兵队长张树旺等几个人。二人赶忙跪地求饶，倒把张树旺他们给吓了一跳。

郭维成则和战友们一道，赶着上百头大牲口，哼着喜气洋洋的沁源小调，行走在回往山头战斗庄的路上。

郭维成乔装哑巴，从交口据点赶回成群牛驴骡马，为乡亲们解决了春耕生产牲口紧缺的问题。这件事极大地鼓舞了艰苦奋战在各个山头上的沁源人民，也给了日军沉重的教训。从此之后，郭维成这个名字算是让交口据点的日军记住了。他们张贴告示，扬言抓住郭维成赏大洋 1000 元，举报郭维成赏大洋 500 元。人们都为老郭的安全担忧，郭维成自己却乐呵呵地和战友们说："嘿嘿，这日本人够意思，从现在起，我郭维成就是老财一个，走哪咱都带着 1000 大洋，哪个老财能有我阔气？"只是郭维成想不到，仅仅几个月后，他的身价就又涨了一大截。这又是怎么回事呢？

六月天，正是沁河岸边小麦成熟的季节。麦浪滚滚，引得山头上的人们一个个摩拳擦掌，准备从日军的眼皮子底下把自己的劳动果实抢回来。可是，这一天，在交口据点对面花豹岭上观察敌情的民兵向郭维成报告了一个令人有些诧异的消息：从沁县方向开过来的汽车居然在交口据点卸下好几百个老百姓模样的人，而且这些人并不带武器，却让人人带着一把镰刀，同时也卸下来一批绳索之类的杂物。老郭心想，难不成这日军也要抢收小麦？

这个问题很快就得到县围困指挥部的回复：根据情报，日军确实是计划以重兵掩护来抢收小麦了。原因是日军自入住沁源以来，他们的运输线隔三岔五就要遭到八路和民兵的袭击。尤其是 1943 年初的州西岭一战，决死队三十八团一营和沁源县一区民兵轮战队全歼从临汾往沁源运送物资的日军一个小队伪军一个中队，还缴获了大批军需物资。这也使得原本和沁源日军并非一个系统的临汾日军以派不出兵力为由，断绝了这条运输线路。这样一来，沁源的日军就只能依靠从沁县到沁源这一条二沁大道来作为其生命线了。而在二沁大道上日军又面临着沁源民兵和八路军时常的打击威胁。为了解决沁源日军和伪军差不多共 1500 人的吃饭问题，长治的日军司令部给沁源日军下达了"就地征粮"的命令。到哪里征粮？就在眼下即将成熟的麦田里。

所以这一次长治日军不仅为沁源日军运来了大批的镰刀绳索，还特意从临近的武乡和沁县两地重金征招了上千的民夫来为他们抢收小麦。

好算盘！怎么才能粉碎敌人的阴谋，让他们的算盘落空呢？晚饭后，带着满腹心事的郭维成和几个战友来到沁河边上，听着沁河滩上此起彼伏的青蛙鸣唱，突然计上心来。当天晚上，他就带着作坪村的民兵干了一件旷古未有的兵家奇事。他们把沁河滩上正在以歌声求爱的青蛙和蟾蜍（这两样东西在沁源人看来是同一物种，所以都叫“蛤蟆”）一只只捉起了，往每只青蛙或者蟾蜍嘴里塞上一颗胡椒，再放到框子里，趁着夜色把这一框框“蛤蟆”给弄到交口据点下面的河滩上去，然后便神不知鬼不觉地回到村子里，准备第二天一早的麦收去了。

再说交口据点的日军，突然涌进来几百个帮助抢收小麦的民夫，这原本宽敞的空间突然就显得狭窄起来了，在伊藤中队长眼里，本来这些民夫如何睡觉，睡不睡觉都不在他的考虑范围，可是为了第二天的麦收，还是不得已把一个中队的日军都调到炮楼上来休息，把下面的房屋让给那些民夫临时挤一挤。可是谁能料到，一个中队的日本兵好不容易安排妥当，刚要休息，就听得不远处什么东西“咕咕咕咕”“呱呱呱呱”此起彼伏，声声刺耳。不到十几分钟，就听得人耳朵里面起了波澜，连带着五脏六腑都在翻江倒海。不用任何人报告，伊藤中队长就知道这一定是土八路在捣乱。这些青蛙和蟾蜍一定是土八路给弄到日军脚底下来的。可是面对这庞杂的多声部大合唱，他又没有什么可以让这些家伙停下来的办法。因为这暗夜本来就是八路和土八路的天下，就算他能让日军下到河滩上去捉青蛙，可那些青蛙、蟾蜍万一下面还连着个地雷什么的也不是没有可能的。于是，伊藤俊命令机枪射手照着河滩上声音最响亮的地方开始扫射。果然，“哒哒哒哒”，机枪一响，蛤蟆们的叫声立即停了下来，日军好不容易再次就要进入梦乡，那青蛙和蟾蜍的声音却再次响了起来。而且这些家伙们似乎还有着强烈的报复本能，那叫声是一浪更比一浪高。真可谓是变本加厉，弄得全炮楼上的人没有一个能够勉强入睡的。伊藤无奈，只好命令机枪再次扫射，青蛙和蟾蜍也再次短暂休息，等到机枪一停，还不到五分钟，那满河滩的青蛙和蟾蜍就再次掀起了新一轮的多声部大合唱。这时，别说射击，就是让伊藤中队长说话的力气都没有了。就这样，一炮楼的人没有一个在这个晚上有过真正的休息，当东方泛起一抹鱼肚白的时候，包括伊藤在内，所有的日本兵这才沉沉入睡。直到中午将近时，伊藤俊自己先醒了，站起身来，端着望远镜站在中心炮楼顶上向沁河滩望去，只见原先都在日军机枪射程之内的小麦已经被收割得一干二净。麦田里，只有一群半大小子在弯腰寻找着什么。伊藤猜想，这一定是土八路的儿童团在捡拾麦穗吧。伊藤明白，错过了最为关键的一天，就算接下来明天日军可以去抢收小麦了，那狡猾的土八路就不会使出什么更加“歹毒”的诡计来吗？事实也正是这样，伊藤和他的高参们为了保证第二天的行动想尽了办法，包括为每个士兵配发一对可以大大减轻噪音干扰的棉质耳塞，而且这东西也确实立竿见影，收到了效果。可是，当太阳再次升起，伊藤俊和他的抢收队伍准备走出据点的时候，这才发现，仅仅一个晚上，交口据点周边就布满了地雷。不用说，这又是那个土八路郭维成的杰作。一气之下，伊藤下了新的命令：“无论军民人等，凡活捉郭维成者，赏大洋2000元整，举报郭维成属实者，赏大洋1000元整。”于是，对于郭维成来说，他这个地主老财又有了值得炫耀的资本了。

任彦——“不死”的英雄

1943年1月17日，中共中央机关报《解放日报》在其《向沁源军民致敬》的社论中提到了一位战斗英雄的名字，他就是任彦。社论写道：“在围困敌人的战斗中，沁源产生了无数民兵英雄，其中如任燕（彦），他在一年中亲手格毙敌兵三十七名，他自己受敌刺伤52处。

据太岳区领导者薄一波同志来电告本报说，此人现仍在养伤，他说，‘我的伤不久就可痊愈，我还要去杀敌人’。”

今天，我们就来认识一下这位足够传奇的英雄。1908年，任彦出生于沁源县河西村一户还算殷实的家庭。要说，这河西村在沁源那是自然条件比较好的地方。这个村子的人又普遍重视文化教育。所以，任彦顺利读完小学后又以优异成绩考上了县民高（高小）。可是，人有旦夕祸福，高小刚读一年，他的父亲突然病故了，家里失去了顶梁柱，只剩下母亲带着任彦和两个妹妹。虽然只有15岁，却已经高高大大的任彦毅然决然地退了学，在村子里靠着种地和做木匠活来养活全家。就在这时，一件意外之事为任彦后来成为杀敌英雄做好了铺垫。

那个时候，山西临近几个省都在闹灾荒，不是河南水灾，就是山东旱灾，再加上军阀混战，流民与灾民四起，进而闹起了土匪。一开始，沁源人还只是把土匪当传说，直到有一天，与河西村一河之隔的孔家坡村首富郭天喜家里闯进了土匪，把郭家给洗劫一空。这才使河西村的富户们真正感觉到土匪问题的严重。怎么办？村里的大户人家以首富任伦元为首，在村长同意的情况下从县里买回了19支正儿八经的汉阳造。枪是买回来了，由谁扛枪又成了问题。毕竟河西村人们以读书为荣，历史上也曾经出过进士、举人，秀才更是一抓一大把。但靠扛枪打仗出名的还真没有。于是村里立了规矩，凡志愿参加护村夜间循礼门队者，由村里统一给予补贴。即使这样，也还是应者寥寥。而任彦呢，按说他年纪尚小，虽然长得高大，可毕竟才15岁。然而，一者巡逻队人数没有枪支多，二者难得这次有人真正是志愿，于是15岁的任彦成了巡逻队里年纪最小，身高最高的队员。进而也成为这群人中射术最好的神枪手。最终，土匪到底没有来过河西村，但任彦自己却练就了一手过硬的枪法。

1935年，任彦成为一名共产党员，并且出色地完成了保卫从省城回到沁源开展工作的领导同志的任务。与此同时，他也成为党内情报站站长。

1942 年秋，日军占领沁源县城之后，任彦又成为一区民兵轮战队的队长之一，与一区另一位同样名声远播的神枪手李学孟成为一南一北两位卡脖子专家——专卡日军从沁县到沁源运输线脖子的专家。

由于河西村正处沁县通往沁源交通要道的最后一个卡点，而距离河西村只有五里地的石佛栈又是地势险要、森林茂密的绝佳伏击场所，所以任彦就和弟兄们专门选择这里为战场，埋地雷，挖陷阱，巧布连环阵，几乎每一次伏击都有战果。尤其任彦那杆枪，总能点杀日军军官。这又使得从沁县往沁源运送物资的日军格外心惊胆战。当时在沁县日伪军中就流传着这样一个“魔咒”：“今天又得跑沁源，不知哪三个上西天。”什么意思？就是说日伪军已经总结出一个规律：每次运输，都要交出三个日军或伪军的性命。正是在任彦的带领下，一区民兵轮战队成为和二区官军村的民兵一样的“二沁路上的拦路虎”，仅仅 1942 年 10 月到 1943 年 11 月一年时间，光任彦亲手击毙日军就达 37 人，任彦也成为和李德昌、郭维成、李学孟一样被日军高价悬赏的特级“富人”，而赏他的金额是“五万金币”。

1943 年冬的一天，任彦从县围困指挥部接到一个特殊任务，将一封机密信件亲手送到 30 里之外的太岳一地委。这信中有围困斗争的诸多机密，当然要选一个可靠的人来送，而且必须保证人在信在，人不在信也在。为了尽量缩小目标，任彦化装成一个普通难民，把民兵工作安排一下就沿小路出发。可是，被我军和民兵给打得学精了的日军这一次偏偏就在这条小路上设下了埋伏。任彦刚走到东山李家庄，就与上百的日军和汉奸相遇了。当此危急关头，任彦首先想到的是信件的安全，他看着几百米外向自己跑来的日军，假装要逃，迅疾将信件埋在一棵树下的腐叶与湿土中，然后又装作被吓坏了的样子向日军来的方向低头跑去。

任彦被日伪军活捉了，一同被抓的还有几十个百姓。本来，这些日本兵是不认识任彦的，也不知道价值五万金币的赏金就在眼前。可事有凑巧，这些汉奸中间偏偏有一人在河西村做过买卖，认识身高马大的任彦。这一次，当他见到任彦的时候，先是两腿打颤，而后就向日军举报，索要那笔五万元的奖金。

听说竟然抓住了任彦，驻沁源日军司令鹿野大佐喜出望外，也不再提给汉奸奖金的事情，当下突审任彦，希望从他身上获得一些重要情报。然而，面对日军的威胁利诱，任彦硬是软硬不吃，直把鹿野大佐急得忍不住便拿刀向任彦捅了过来。也正是由他开始，几个日军用战刀和刺刀一连向任彦捅了 52 刀，然后将他扔在一处废墟之上。

然而，任彦的生命非常顽强，日军走了，而到阎王殿上走了一圈的任彦又被阎王给赶了回来。傍晚的时候，寒风将昏死中的任彦吹醒了。他低沉的呻吟也引来了老乡的关注。任彦没死，任彦还活着！消息很快传遍了河西村，传到了围困指挥部，传到了太岳一地委和整个太岳区。英雄在我二十五团野战医院医护人员的精心护理下，52 处伤口，一处处痊愈，曾经以为已经连不在一起的两只胳膊两条腿又活动了起来。任彦的伤势也引起了远在延安的党中央领导的重视，而任彦没有辜负这一切，经过一年的养伤，当 1945 年的春天来到的时候，任彦大队长又出现在沁源军民总攻沁源县城的围困大军之中。1945 年 4 月 11 日，任彦和他的战友们终于在一片欢呼声中将胜利的红旗高高悬挂在日军坚固炮楼的最顶层。

任彦，英雄不死！①

赵正中——共产党人一楷模

今天我们沿着 241 国道从沁源县城出发，向北走 20 公里，可以看到一个背靠大山，面临沁河的美丽村庄，这便是正中村。但是，在

① 沁源县史志办编:《沁源抗战实录》第五卷，方志出版社 2005 年版，第 154—172 页。

抗日战争之前，这个村子的名字并不叫正中，而有一个颇有深意的村名——作坪村。

作坪的真正含义是什么？字面解释，就是耕作的原野。而你来到这里，也会感受到这个村名的科学与合理。因为，作坪村土地之广，对于到今天也只有778名户籍人口的村子来说，可谓地广人稀，而且土地质量好，又紧邻沁河，便于浇灌，随时都可以将大片的肥田沃土变为水浇地。所以，自古以来，这个村子都是农家乐园。那么，今日的作坪村又为什么改名为正中村了呢？这是因为，在沁源围困战中，这里曾经走出了一位其浩气足以感天动地的英雄人物——赵正中。

赵正中，又名赵选则，生于1919年，本村小学毕业，读书虽仅四年，却也粗通文墨，这也为他之后做好党的工作，提供了有利条件。赵正中从小胆大心细，做事认真，急公好义，是同伴们、乡亲们公认靠得住的好伙伴、好后生。

1939年，在抗日烽火中，赵正中成为一名共产党员，并担任村青救会主任。组织青年参军参战，为八路军决死队征粮送草，当好后勤。由于工作出色，当年就成为中共沁源县二区区分委委员，村武委会主任，与作坪村的另一位抗战名人——二区民兵轮战队队长战斗英雄郭维成等人一道将作坪村的民兵打造成和著名的抗日模范村官军村民兵一样具有超强战斗力的民兵队伍。

由于赵正中的积极组织和模范带头，作坪村民兵轮战队始终保持着生龙活虎的精神风貌和战斗作风。仅仅1942年冬到1943年冬春两季，就对敌作战十多次，郭维成独闯交口据点，赶回了被敌人圈起来的大牲口上百头，当敌人发现不妙，从交口据点赶来追击的时候，又是赵正中带领接应队伍让敌人在半路踩响了民兵布下的地雷阵。正是这样，交口据点的日本人也将作坪村民兵的领头人郭维成和赵正中视作眼中钉肉中刺，不仅对郭维成开出了高价悬赏，也对赵正中开出了仅次于郭维成的500大洋赏金。

1943年6月，赵正中带领本村民众在决死队和民兵轮战队的掩护下在敌人眼皮子底下给本村土地全部种上了庄稼，他的心里也略微轻松一些。6月7日，白天干了一整天的农活，傍晚又开了会的赵正中终于有了一点难得的休息机会，按照轮战队的规矩，第二天就要进入正常战备值班状态了，当天无论如何应该好好睡一觉。赵正中来到自己在村后磨子沟早就打好的一孔土窑洞附近，看看周围无人，轻轻拉开堵在窑洞口上的玉米秆和圪针伪装，钻了进去，倒头便睡。可是，他没有想到，就在他刚刚来到磨子沟的时候，已经有特务汉奸用望远镜远远地盯上了他。不得不说日军为了捉拿赵正中也是下了血本，竟然搞来了前两年赵正中在县城群英会上登台领奖时的照片，专门放大了，让特务们对照着进行追踪。现在，赵正中入睡了，那个家伙却拼命跑到交口据点邀功去了。不到半小时，赵正中还在朦胧之中，就听得外面一阵杂沓之声，暗叫一声不好，也许他曾想过应该抽枪迎战，可是轮战队的规矩，这十天赵正中是负责组织民众生产的，明天才轮到他进入战斗状态，到那时他才能扛起他心爱的大枪。然而，敌人并不知道赵正中没有带枪，他们吃这些土八路的亏吃得太多了，先是向窑洞一阵扫射，见没有回音，又将一包冒着烟的瓦斯给扔进了窑洞。等赵正中清醒过来的时候，已经被关在了交口据点的牢房里面。

抓获赵正中，交口据点日军中队长斋藤俊高兴至极。共产党的区分委委员，这么大的干部，他一定有许多重要情报。于是，软硬兼施，先以高官厚禄引诱赵正中，让他说出区委其他干部和八路军伤病员的所在地。赵正中一笑置之："你要的这些我都知道，但我就是不告诉你！"

斋藤又说："'皇军'可以请你当警备队长，甚至到县里做更大的官。"

赵正中说："你就给我个县长我也不当！你们日本人的官儿，老子不稀罕。"

软的不行，来硬的，严刑拷打，皮鞭、夹棍，直打得皮开肉绽。赵正中都挺过来了。斋藤恼羞成怒，让抓来的民夫在炮楼前面挖了一个大坑，然后把赵正中推进坑里，一边往头上扔土，一边让汉奸特务问赵正中：“赵委员，赵主任，你现在答应也不迟。”

没等敌人说完，赵正中就对着站在坑边的上百名群众喊道：“乡亲们，日本人的日子长不了，只要咱们中国人团结起来和他们打，就一定能打败日本人！”

乡亲们眼中流泪，有人嘤嘤哭泣，日军害怕了，怒喝赵正中：“不许胡说，再说，现在就劈了你。”

赵正中大笑一声，用尽平生力气高声呼喊：“打倒日本帝国主义！中国共产党万岁！”

日本人真的害怕极了，赵正中口中最后两字刚刚出口，两把铁锹闪着寒光，从半空中划过两道闪电，齐齐劈向赵正中的头颅。这个时候的日军，他们已经忘记原本要对赵正中施之以更加残酷的活埋之刑。

赵正中牺牲了，牺牲于沁源围困战最为艰苦的1943年6月10日。赵正中的牺牲，是作坪村的重大损失，也是中共沁源县二区区委的重大损失。

1945年，抗战胜利之后，沁源县人民政府为了缅怀赵正中烈士，将作坪村正式改名为正中村。这就是今天正中村村名的来历。①

药炎明——一根“木棍”镇凶顽

1941年农历正月十五，太岳军区召开表彰杀敌英雄的大会。在众多的英雄人物中，有一个身材不是很高却显得特别结实的年轻人尤其令人瞩目。因为此人不仅获得了太岳军区命名的“孤胆英雄”称号，

① 郭天印：《英雄的人民》，山西人民出版社2022年版，第59—64页。

还从军区首长手中接过了一份特别的奖品——一支崭新的手枪和一支八成新的中正式步枪。这个接受如此重奖的人，就是药炎明。

药炎明，沁源县绵上村人，家境贫寒，从小给地主放羊。抗战开始以后，药炎明成为绵上村的民兵队长，1939 年又加入了中国共产党，带领民兵造地雷，挖陷阱，机动灵活，取得了一系列的战果。绵上村的民兵也成为日军“扫荡”的目标之一。就在这年秋天，一个大雨滂沱的夜晚，药炎明和村里几个支部委员、民兵干部正在民兵郭海民家开会，突然，“嘭”的一声，紧闭的屋门被踹开了，两个日本兵端着明晃晃的刺刀闯了进来。然而，蓦然看见这一屋子的人，不仅屋里的人吃了一惊，两个日本兵也一时不知所措，只是端着枪来回看。当此千钧一发之际，药炎明顺手掏出前几天上一次战斗中刚刚缴获的手枪“啪啪”两声，一个日本兵仰面朝天当下死了，另外一个扭头便跑，钻入了屋外茫茫夜雨中。与此同时，屋外也传来了一阵紧似一阵的枪声。显然，大队的日军正在围了过来。药炎明也不惊慌，指挥大家趁着夜雨迅速撤退，而他自己则连着向东面和西面各自开了两枪。然后便在泥泞之中滚出十多丈后，钻入一片树林走了。而在他的身后，东西两面的日军和伪军相互射击，直把躲在村外山岗上的药炎明和他的战友们笑个不停，连一身的泥水都忘了是冷是热。

1940 年深秋，日军对沁源进行了又一次大“扫荡”。由于我军民事先进行了空室清野，敌人在村子里折腾一气，除了烧房子之外，并无大的收获。恼羞成怒的日军开始搜山，这一次，他们不到半天就在绵上附近抓走了上百群众，又杀了好几十个人。药炎明看在眼里，急在心上，组织群众进行第二次转移。由于前几天战斗与敌人遭遇频繁，民兵们的子弹都已经打光，枪支在手反倒成了累赘。所以，药炎明先把枪支存放起来，手中只有一根木棍——一根打谷场上打谷子用的连枷把儿。为什么是木棍，而不是别的随身武器呢？这是因为药炎明深知，太岳山中多毒蛇，人们对付毒蛇的办法就是在草密林茂的地方先弄出动静，让蛇知道有人来到。这样蛇一般都会主动避让的。而要弄出动静，现在日军来了，你又不便吆喝，那就只能用棍子弄点儿声响给“山大王”报信了。

药炎明将第一批群众安顿好，返身回去接应第二批妇女儿童。不料刚转过一个山岗，迎面就碰上三个日本人。此时此刻，真应了那句话“两军相逢勇者胜”。近在咫尺，根本不可能回避，在药炎明和日军都没有任何准备的情况下，药炎明手中的棍子反而成为最趁手的武器，他连想都没想，抡起棍子照着离自己最近的日本兵头上就是一下，只听得“嘭”的一声，那个日本兵倒下了。另外一个日兵手疾眼快，挺着刺刀直冲药炎明而来，药炎明毫不回避，将枣木棍子抡圆了向那日本兵手中的枪砸去，“咔嚓”一声，木棍断成两截，日本兵手中的大枪也掉在了地下。两人都顾不得再去捡拾武器，同时抡拳向对方挥了过去。只是，一向骄横，确实也单兵技术过硬的日本兵怎么也不会想到，一个土八路，而且是一个不带枪的土八路，真打起来竟然在日军面前丝毫不落下风。只是，药炎明以一敌二，敌人又并非等闲之辈，他显然面临一个非常不利的局面。

药炎明清楚，对方是两人，如不能速战速决，只要自己把后背露给其中一个，那就凶多吉少。所以，也不知哪来的力气，药炎明也不管日本兵是否能够打到自己，只顾向着那家伙头上一拳猛砸过去，日本兵一闪，半截身子是躲过去了，却把一只右眼留给药炎明的拳头，只听“啊哇！”一声惨叫，日本兵疼得一蹦三尺高，眼睛连带着一汪鲜血凸显了出来，受此重伤的日本兵转身就跑，倒把另外一个始终在“看热闹”的日本兵给一下撞了个趔趄。就在这个空当，药炎明捡起日军掉在地上的那支三八大盖子，顺手给刚要站起来的日本兵再来一枪，这个“看热闹”的倒霉蛋哼都没来得及哼上一声便停止了挣扎。只有那个捂着右眼的家伙跑得快，跑到几十米之外，“呜哩哇啦”地呼叫同伙去了。药炎明赶紧将两只三八大盖子背在身上，又将日本兵身上的子弹带都解下来，浑身披挂停当，这才向着深山而去。

药炎明“一根木棍镇凶顽”的故事以各种方式和很快的速度传遍了全太岳区，也传遍了“扫荡”沁源的日军。从此之后，日军再到沁源，尤其是绵上一带“扫荡”时便再也不敢三人以下出去行动了。我根据地军民则为药炎明“孤胆英雄”的革命英雄主义所鼓舞，在对敌斗争中涌现出一个又一个形形色色的“药炎明”。

1941 年正月十五，药炎明光荣出席了太岳军区召开的英模表彰大会。时任太岳军区党委书记安子文同志在《太岳日报》上亲自撰文号召全区军民学习药炎明一往无前，有我无敌的战斗精神，药炎明，也由此成为沁源众多抗日英雄当中风采独特的“孤胆英雄”。①

宋宝富——真假手榴弹一出戏

真假手榴弹的故事是由一个团体创造的，这个团体叫作“绿茵剧团”。

要说绿茵剧团，在太岳区可算大名鼎鼎。这个剧团成型于 1937 年全民族抗战开始的时候。当初的目的，就是为了宣传抗日，发动群众。由牺盟会将县里一些热爱文艺活动的青年积极分子组织起来的。到了 1942 年 10 月，日军对沁源发动了空前规模的大“扫荡”，沁源围困战由此拉开序幕。在中国共产党和全县各级抗日组织的带领下，沁源县城和周边十公里之内将近两万群众从县城和村子里撤出来，到深山老林里去建设战斗新村，给敌人留下一座空城。在艰苦的条件下如何不断鼓舞人民群众的士气，使大家能够坚持下去，战斗下去就成了一个巨大的问题。而解决这个问题的好方法之一就是充分利用这个业余剧团，将它改造成为鼓舞沁源人民坚持围困，战胜敌人的强大精

① 本故事引自沁源县史志办编：《沁源抗战实录》第五卷，方志出版社 2005 年版，第 154—172 页。

神动力源。为此，时任中共沁源县委书记刘开基同志亲自上阵，挑选在城关一带已经很有名气的战斗英雄也是具有童子功的武生名角宋宝富为团长，又将剧团正式命名为绿茵剧团。

为什么叫绿茵剧团呢？刘开基同志说：“我们的剧团就像田野上的小草，野火烧不尽，春风吹又生。这意味着我们的剧团来自人民群众，服务于人民群众。我们所唱的就是人民群众喜欢听的，我们所演的，就是人民群众所喜欢看的。”

正如刘开基所说，绿茵剧团在草创时期可谓一穷二白，没有鼓板用量面的升子代替，没有铜锣用洗脸盆代替，甚至二胡、板胡都是三合一、四合一、七拼八凑组成的。然而，主要的演员都在，剧团的主体都在，大家的热情不减，带着对日军无比的仇恨，排练起节目来扎扎实实，毫不含糊。就是在这样的条件下，仅仅一个月，绿茵剧团就推出了自编自导自演的沁源秧歌剧《山沟生活》，以最快的速度，最真实的生活，最激昂的感情在简陋的舞台上再现了沁源人民宁死不屈、誓死抗日的战斗决心和钢铁意志。其中一段歌词更是深入人心，一时间在山山岭岭之间广为传唱。歌词如下：

沁源人民硬骨头，誓死不当亡国奴。
不维持来不受骗，铁血抗日写春秋。

半个月后，这个剧团又以活报剧的形式，排练了两个反映八路军决死队英勇作战打胜仗的节目，并把这台节目送到决死队三十八团和二十五团这两个子弟兵团的驻地去演出，受到了官兵们一致的好评和热烈欢迎。部队同志看到剧团的演出服装过于简陋，马上将一批缴获的日军军服和汉奸服装赠送给剧团，这样一来，就使得绿茵剧团的“行头”顿时“阔气”了起来。

绿茵剧团越办越好，不仅在沁源人民中间，在子弟兵中间广受欢迎，剧团的许多演员还成了走到哪里都受人追捧的小明星。而且，这个剧团的影响力还越过日军据点的铁丝网和高高的炮楼，在日伪军中广为流传。尤其是1943年下半年之后，沁源围困战越来越呈现出敌退我进的局势，在太岳军区敌工部的参与下，沁源绿茵剧团结合实际，排练出了一系列反映现实生活的文艺作品。而在接下来的斗争中，绿茵剧团更是配合敌工部，由著名的日本反战同盟战士小林清二做翻译，排练出了一组以驻沁源日军为攻心对象的日本北海道民谣，其中有这样几段：

我的家乡北海道，大地葱茏雪山高。
父辈勇敢娘手巧，姑娘就像含羞草。

自从离开北海道，而在海外漂呀漂。
三年不见爹娘面，五日便把尸骨烧。

自从离开北海道，儿的灵魂无处逃。
昨夜姑娘梦中泪，如今犹在心中烧。

在八路军决死队的掩护下，绿茵剧团的歌手们抵近日军炮楼，用喇叭将这些歌谣传进了据点里每一个北海道人和并非北海道人却有着和北海道人一样心路历程的日军官兵耳中和心中，在他们中间引起了巨大的震撼。沁源县城和交口据点两地的日军指挥官为此大为恼怒，命令士兵向着这歌声传出来的地方开枪开炮。可是，一种现象出现了，也不知是有意还是无意，一向以射术精准而著称的日军，这一次似乎都统一调高了标尺，似乎都“枪口抬高一寸”，反正是枪声挺热闹，只在空中飘。听见“锣鼓”响，不见“贵人”来。这枪声于是乎也就差不多成了绿茵剧团歌手们的另一种伴奏。

当然，这件事也使得日军指挥官对绿茵剧团恨之入骨，必欲将这帮用嗓子打仗的人们置之死地而后快。于是，有特务专门开始盯梢绿茵剧团的演出行动轨迹，以便寻机一网打尽。

要说，绿茵剧团虽是一个文艺团体，但是团长宋宝富却是一个久经战阵的老战士。宋宝富的特点是胆大心细，遇事不慌，鬼点子忒多。所以，在宋宝富的要求下，绿茵剧团不仅自力更生，还得到部队援助，装备了全套的抗战演出服和道具，譬如高度仿真的三八大盖子，就像西瓜一样的日式手雷，还有当真可以刺破牛皮的仿真刺刀。这些都是剧团演出时必不可少的装备。与此同时，宋宝富还将上级奖励给自己（也是他在民兵轮战队时缴获的）一支三八大盖子带到了剧团，并向上级申请为剧团配备了几支真枪。

1944 年秋的一天，宋宝富带领剧团的一支小分队到畅村、蔚村为子弟兵三十八团慰问演出，演出结束时已是半夜时分，为了不给部队增加麻烦，宋宝富坚持连夜带队赶回崔庄驻地。部队首长好说歹说，宋宝富还是拒绝了部队派人护送的要求，十几个人，挑着行头，揣着干粮，边走边吃边拉话。这时，夜色阑珊，清风拂面，正是赶路的好时候。可是，走着走着，宋宝富突然一个挥手，让大家先停下来，就地卧倒。然后，他自己却噌噌两下爬到一棵树上，借着淡淡的月光向四处张望。亏得宋宝富战斗经验丰富，也亏得这时的轻风乃是微微北风，对于宋宝富他们来说那是逆风，所以对面的人们听不到他们的声音，而对面山上轻轻的响动却让宋宝富提高了警惕。宋宝富瞪大眼睛往前面看着，淡淡月光下，几处不明光源的闪烁让这个老战士判断出来那是刺刀和钢盔的光亮。

怎么办？往前走？敌情不明，但敌人绝不止三个五个，而自己这边十几个人满打满算只有三只真枪，十颗真手榴弹。何况这十几个人中间还有一半女同志。真打起来，危险极大。可是不往前走，返回畅村、蔚村？宋宝富又觉得不能把这股“祸水”引到毫无准备的部队驻地去！再仔细想想，自己这边不明敌情，但敌人同样也应该不明我这支队伍的情况。何况还是夜间，混战之中，只要我方不恋战，加之熟路，一个冲锋突破山口，再往前走就是大林区，而那里是我们的天下。日军、汉奸，没一个中队是不敢贸然闯入的。想到此，宋宝富压低声音发出了命令："大家听着，现在把各自挑着的行头全部放在这棵大树下面，没有真枪的，每人一支道具枪，必须像真枪一样端在手中，另外就是咱们的道具手榴弹，全部带上，我喊一声打，把我手中的第一颗真手榴弹扔出去，你们就可着劲把这些假手榴弹都给扔出去。然后跟着金生和五安往前跑。拿真枪真手榴弹的，三管、计中、四毛子，你们三个看我的，我说扔出去，你们再扔，我不下命令，任何人不得乱扔手榴弹。"

大家轻轻应了一声，然后在宋宝富的指挥下悄悄往前走，将要来到山口时，对面的敌人发现了这支正在运动的部队，有汉奸用中国话喊道："什么人？是八路，快开枪！"

声音未落，就听宋宝富大喝一声："打！"一颗手榴弹同时扔了出去。"轰"的一声，伴随着几声撕心裂肺的嚎叫。宋宝富不愧是唱武生的，臂力大得惊人，那颗手榴弹显然是直接扔进了敌人堆里。也就在这爆炸声中，蒙蒙夜色里，一大批黑乎乎的东西照着日军和汉奸们所在的山梁飞了过去，直吓得日军和汉奸一个个趴在地上不敢乱动。可是怪了，这一群手榴弹明明一颗颗飞了过来，却就是半晌不见有个动静。有的日军和伪军反应过来了，看来这些人正是那批能说能唱不能打仗的土八路。他们扔过来的充其量也就是几颗假手榴弹或石头之类。于是，日军的机枪步枪一齐招呼起来，"哒哒哒哒"一阵乱打之后，有人开始喊话："山下的土八路，戏子们，你们投降吧，过这边来给'皇军'唱戏，'皇军'给你们好多钱。"见没有人搭理，有人进一步站起来，端着大枪往下走。宋宝富瞅准了，再次大喊一声："扔出去！打！"这一次，扔出去的手榴弹其实不多，满打满算也就九颗，可是它们产生的威力和效果却大得惊人。因为，虽然明明看见土八路唱戏的扔过来一批手榴弹，但日军和汉奸伪军都以为这一次扔过来的应该还是假手榴弹。

从此之后，宋宝富和绿茵剧团用真假手榴弹巧胜敌顽的故事就传遍了太岳山，绿茵剧团以他们的实际行动上演了一出精彩绝伦的抗日好戏。①

朱秀芝——副指挥巧夺中峪店

朱秀芝——一个看起来有些女性化的名字，其实是一条铁塔般钢打铁铸的英雄汉。在抗日战争时期的太岳山区，朱秀芝这个名字可谓声震山河。

1899 年，朱秀芝出生在一个贫困农民家庭，从小就练就了一副壮实的身板，养就了一身行侠仗义的胆魄。1927 年 7 月，28 岁的朱秀芝在中共地下党组织的策动下，带领群众冲击国民党县党部，并一怒之下砸烂了这个县党部。从此朱秀芝成为沁源城南一带众望所归的农民领袖。而在这个过程中，朱秀芝最看重也最信服的一个人正是中共地下党员，后来成为中共沁源县委书记的刘开基。同样是在刘开基的帮助和引荐下，1937 年，鲁莽的农民领袖朱秀芝成为了一名光荣的中国共产党党员，并于 1938 年初在刘开基的帮助下，组建了沁源县第一支属于沁源人民自己的部队——洪元游击队。当八路军决死队来到沁源之后，这支部队的绝大多数人都参加了决死队，而朱秀芝则在县委书记刘开基同志的动员下，留下来组建了沁源县游击大队。这也就是在两年半的围困斗争中令日寇闻风丧胆的沁源民兵的“航空母舰”。

要说起来，在沁源围困战斗中，作为围困指挥部副总指挥的朱秀芝那是故事多多，功勋多多，一时半会儿讲不完的。不说别的，单

① 本故事引自沁源县史志办编：《沁源抗战实录》第六卷，方志出版社 2005 年版，第 211—218 页。

说他和他手下那些战功卓著的各路英雄之间的故事，就会让人无限感慨。譬如朱秀芝与战斗英雄一区轮战队队长李学孟的亦师亦友；譬如朱秀芝对青年民兵英雄太岳区地雷大王李德昌的关爱有加；譬如朱秀芝与老牌杀敌英雄二区轮战队队长郭维成的“脾胃相投”；又譬如朱秀芝与神枪手贺逢光的“难分高下”……当然，要论真正的“铁哥们”，那还得说是围困指挥部政委县委书记刘开基与这位副总指挥之间的换命交情。这些我们都不说，单说一件发生在朱秀芝身上的小小故事。

1943 年春，二月的一天，身在乌木沟战斗新村的朱秀芝一大早就接到总指挥蔡爱卿的命令，把手下几个中队都派出去执行任务去了。他的身边只剩下不到一个排的人。偏偏就在这时，有侦察员来报：一股敌人从西南中峪店方向一路“扫荡”过来了，而另外一股从县城来的敌人则是分东和北两个方向向乌木沟包抄过来。

三面包围，说不准还有从南面霍登据点来的四面包围。看来敌人就是瞅准了乌木沟的县大队来的。这说明两个问题，一是敌人已经知道我县大队具体驻地，二是说明这几个方向的敌人那是联系好了协同作战的，不达目的决不罢休。只是，从敌人这架势上看，似乎并不知道现在的乌木沟其实只有这二三十号人，根本用不着这么兴师动众。好在，这段时间，县围困指挥部根据内线情报，已经将原先驻扎在乌木沟的上千群众转移到更加安全的地方去了，正常的情况，乌木沟最多也就只有二三百人。

“副总指挥，怎么办？我们如何应对？”有人提问。

朱秀芝并不急于回答，而是掏出旱烟袋，点上一锅旱烟，眯起了眼睛，狠狠抽了一口，这才一边吐着烟雾，一边说：“中峪店的日本人来了多少？”

侦察员回答：“看样子不少，至少有一百来人。连日本人带警备队，还有他们的两条狼狗。”

老朱突然笑了："好啊，连狼狗都来了，中峪店的日本人加上伪军总共也就百十来人，这下差不多全来了。好事啊！"

有人急了："副总指挥，这怎么就好了？人家把咱都给包围了，咱是打是走，你得拿个主意啊！"

这时，朱秀芝把烟锅在鞋底上磕了磕，斩钉截铁地说："打啊，为什么不打？日本人这是端咱的老窝来了，咱就不能端他们老窝去？"

"啊，端日本人的老窝？"这几十个民兵，尽管都是跟着老朱摔打出来的老战士，可听说要端日军的老窝去，还是不由都吃了一惊。朱秀芝却不慌不忙道："你们听我的，老胡，你带你的人，在咱的路口、门前多埋几颗连环雷。其余人，现在跟我走，咱哪儿也不去，拐个弯儿，从往南绕道再往西，直接到中峪店日本人的炮楼去发一笔洋财。"

为什么朱秀芝要到日本人的据点去呢？这就不能不佩服这位农民军事家的超人胆魄和精准预判。刚才他一听说日军分三路包围过来，就知道敌人今天是横下一条心要和县大队在乌木沟大战一场了。对中峪店据点的敌人而言，那百十号人基本也就是他的全部了。再加上县城的敌人，或许还有从南面霍登据点来的敌人，日伪军少说也得有五六百人。真要和这些家伙面对面打一仗，那无异于以卵击石，太不划算。可反过来想，日军都来乌木沟了，那中峪店的日伪军不就把他的老巢给空出来了？即使留下几个人，那也绝不会想到有人敢去端他的窝。这就叫出其不意，攻其无备。而且。日军马上就会把乌木沟围个水泄不通，到那时，你就想走也走不了的，可日军计算再精妙，包围圈再大，他也不会想到土八路敢去端他的炮楼，摸他的老巢。

果不其然，当朱秀芝一行几十个人悄无声息地来到中峪店敌人的炮楼下时，那炮楼上竟然连一个站岗的都没有。老朱他们径直就上了炮楼，直到这时，才有三个留在家里养伤的日本兵慌忙拿枪负隅顽抗，但也就抵抗了不到几分钟三人便结伴化作一阵轻风上了回那东洋海岛的路上。整个战斗，前后不到十分钟，击毙日军三人，俘虏伪军五人，所有留守敌军无一漏网。

与此同时，在乌木沟，吃了游击队的地雷却找不到一个游击队员的四五百日伪军正排成几排，要在乌木沟掘地三尺寻找朱秀芝和他的县大队呢。

这一次奇袭中峪店，是整个沁源围困战中我军民第一次完整地断掉日军的一个炮楼的战斗。不久之后，这个中峪店据点也就正式“寿终正寝”了。①

刘胡兰——生的伟大　死的光荣

1932 年 10 月 8 日，刘胡兰出生在山西省文水县云周西村一个贫苦农民家庭。父亲刘景谦为人忠厚老实，母亲王变卿身体多病，两个人都不怎么爱说话，家里的事情反而是奶奶做主多些，就连刘胡兰的名字也是奶奶给起的。不过一开始的时候可不是叫刘胡兰，而是叫作“刘富兰”，意思是希望这个女孩儿可以给家里转转风水，能够使这个贫穷的家庭富裕起来。然而，事实上“富兰”的名字并没有给这个家庭带来什么富贵，多病的母亲缺医少药，还是在刘富兰 4 岁那年就病逝了。而为了给母亲看病，父亲曾经和地主村长石庭璞借了 3 袋“驴打滚”的高粱债，这一笔债务，在相当长的时间里都压得刘家喘不过气来。也使小小年纪的刘胡兰深深地懂得了什么叫作“剥削”，什么叫作富人要喝穷人的血。

全民族抗日战争爆发，共产党八路军来到吕梁山上，也来到了云周西村。1938 年，文水县里成立了抗日民主政府。民主政府实行减租减息，帮助刘胡兰家一样的穷苦百姓过上了好日子。村里还有了党的小组，和刘胡兰一样的许多青少年都投身于火热的抗日救亡运动之

① 本故事引自沁源县史志办编:《沁源抗战实录》第五卷，方志出版社 2005 年版，第 1—15 页。

中。1940年，勤劳善良的胡文秀成为了刘胡兰的继母。这位继母不仅积极参加抗日工作，而且对刘胡兰姐妹视如己出，也使少年刘胡兰再次感受到母爱的幸福和温暖。1941年，9岁的刘胡兰走进了抗日政府开办的冬学。开学那一天，胡文秀在她用废纸钉成的小本子上工工整整写上了“刘胡兰”三个字，这也是刘富兰第一次成为“刘胡兰”。一字之改，象征着一对母女的深情厚谊。

1942年，刘胡兰成为了村里的儿童团团长，这可是一个认真负责的小干部，一个像妈妈胡文秀一样热心于抗日事业的优秀少年干部。从此，她带领伙伴们为八路军站岗放哨，掩护抗日干部。她也在战斗中目睹或听说了许多自己熟悉的共产党人、八路军战士为着中国人民的解放事业献出了自己的生命。15岁的通讯员王士信、武占魁为掩护区长突围，壮烈牺牲的事迹，更使她永生难忘。

终于，日本投降了。1945年秋，云周西村获得了解放，当年10月19日，13岁的刘胡兰参加了县里举办的妇女训练班，这次集训，使她懂得了更多的革命道理，也认识了更多的字。回到村里，刘胡兰就担任了村里的妇女救国会秘书。从此更是一天到晚带领全村妇女纺线线、做军鞋、看护伤员、运缴军粮。

1946年6月，只有14岁的刘胡兰经文水县妇救会主任吕雪梅同志介绍，光荣地加入了中国共产党，成为一名候补党员。

这年秋天，阎锡山的军队卷土重来，“扫荡”晋中平川，形势骤然恶化。为了减少不必要的牺牲，中共文水县委决定只留少数干部组织武工队，坚持敌后斗争。其余干部转移上山。刘胡兰也接到上级通知，让她转移上山。可刘胡兰说：“我人熟，地熟，还是让我留下来坚持工作吧。”由于她态度坚决，年龄也小，县委最终批准了刘胡兰的要求。在这一段时间里，刘胡兰经常冒着生命危险，把标语、传单、文件秘密地传送到组织指定的地方，也配合武工队多次给敌人予有力打击。

1947年1月11日，根据形势，上级决定让刘胡兰立即转移到西山。这天天快黑的时候，区长带着几个武工队的同志来到刘胡兰家里，要接她上山。而刘胡兰则因为还有一些机密文件需要烧毁，请求第二天再走。区长再三叮嘱："胡兰子，咱村的工作一直走在前面，敌人已经注意上了。大象镇的敌人离这里只有五里路，你一定要提高警惕，把工作安顿好马上就走。我们在北齐村等你。"

这天夜里，刘胡兰忙活了一整夜，烧文件，开小会，安排工作。等到一切就绪，天就要亮了。刘胡兰正准备马上转移，却不料盘踞在大象镇的敌人已经包围了云周西村，封锁了所有路口，并强令全村人都集中到观音庙去。

由于叛徒的出卖，刘胡兰和其他六名同志被敌人抓了起来。晋军七十二师二一五团一营特派员大胡子张全宝看着刘胡兰年纪小，想从她身上打开缺口。满脸络腮胡子的张全宝把刘胡兰单独带到观音庙西厢房，先是威逼，再是利诱，想让刘胡兰说出村子里谁是共产党，谁是村干部。刘胡兰干干脆脆只有三个字："不知道！"

张全宝又欺骗刘胡兰："看你年纪轻轻，怪可怜的。这样吧，你只要把你知道情况说出来，我就不为难你，还给你家地种，给你钱花。"

刘胡兰一字一颗钉子似的咬牙而说："你就是给我一个金娃娃，也别想让我告诉你！"

张全宝一招不行，再来一招："这样吧，一会儿开大会，你只要在乡亲们面前认个错，说你参加共产党就是受骗就行了。"

刘胡兰"呸！"得一声说道："办不到！"这下，张全宝彻底怒了，喝令匪兵："带出去！"

这时的广场上，张全宝已经命令部下残忍地将石三槐、石六儿、陈树荣、石进辉、张成年和刘树山六名共产党员和民兵用铡刀铡死。张全宝再次走到刘胡兰面前，问道："你才15岁，难道你就不怕死？"

刘胡兰高昂头颅回答："怕死不当共产党！"

乡亲们互相看着，向前涌动着，要从敌人的刀下抢回他们的好女儿胡兰子。敌人害怕了，大胡子张全宝大声喊道："机枪，准备射击！"

刘胡兰挺身向前，同样大声喊道："要杀要砍我顶着，别向乡亲们开枪。"说完，15 岁的女共产党员刘胡兰从容地躺在那尚在滴血的铡刀下，英勇就义。

1947 年 2 月，中共晋绥分局主办的《晋绥日报》连续刊登了刘胡兰的英雄事迹。3 月 26 日。毛泽东在看到刘胡兰的英雄事迹后，亲笔题词："生的伟大，死的光荣。"

1947 年 8 月 1 日，中共晋绥分局追认刘胡兰为中国共产党正式党员。

六、巩固老区　支援新区

全民族抗战开始，八路军三个主力师挺进山西，从此便与山西结下了不解之缘。从全国来看，八路军三个师之中有两个半是以山西为依托与日本侵略军展开了殊死搏杀的。一二九师以晋东南为核心根据地，进而扩展成为将山河四省连成一片的晋冀鲁豫抗日根据地，他们取得了歼灭日伪军最多的辉煌战绩。一二〇师背靠吕梁山，触角延伸到大青山脉，以最具柔性与刚性的铁血防卫，拱卫着黄河对岸的陕北，为党中央和陕甘宁边区提供了最好的后勤保障，将千里黄河变成了金城汤池，使日本侵略者整整八年时间没有一步能够跨越黄河。一一五师一部在聂荣臻带领下，以五台山为出发点，创建了模范的晋察冀根据地。而一一五师的另外一部分则由山西出发，在山东开创了一片新天地。这期间，1937 年由陕西开赴山西的八路军从四万余人发展到了近百万人，抗日根据地也从无到有，由弱到强，山西作为拥有最早最多敌后抗日根据地的省份为着中华民族的自由和解放作出了自己应有的贡献，也成为各抗日根据地通向陕北，通向党中央的最牢固的桥梁。

1945 年 8 月，中国人民的抗日战争终于迎来了最后的胜利。身处抗日最前线的山西军民无不载歌载舞，欢庆胜利。然而，全民族抗战期间龟缩于晋西南一隅养精蓄锐的阎锡山却趁着解放区军民毫无防备的时机，从晋西南的山地里窜了出来，一路向东，向着以长治为中心的我晋冀鲁豫解放区核心地上党地区奔袭而来。很短的时间内，阎锡山所部十九军、六十一军等部便抢占我太行、太岳两根据地之襄垣、潞城、长子、壶关、屯留等县城和我军民刚刚从日本侵略军手中夺回来的长治古城。

一时间，上党盆地战云密布。而几乎就在同时，远在重庆的蒋介石却摆出一副伪善的面孔，一再邀请中共中央主席毛泽东同志和中共代表团前往“陪都”重庆进行“和平谈判”。

如何应对蒋介石、阎锡山的两面手法，保卫根据地军民浴血奋战得来的抗战胜利果实？ 8 月 31 日，中共中央军委电文指示晋冀鲁豫军区刘邓首长：“阎部一万六千兵占长治周围六城，乃心腹之患，必须坚决彻底全部消灭之。惟诸城堡坚垒密，须有充分准备，切不可草率，进攻时宜选择一两个城，各个击破，不宜六城同时攻击。如攻而不克，可围城打援。”①

这是抗战胜利以后，国民党军与八路军新四军间由友军变为敌军，公开撕破脸面的第一仗。其意义之巨大，示范全国，不言而喻。所以党中央中央军委和毛泽东同志对此寄予了特别的重视。为了落实党中央的决策和战略部署，刘伯承、邓小平两位首长下决心集中太岳军区、太行军区、冀南军区各组成一个野战纵队，合计 3.1 万多人，

① 中国人民解放军历史资料丛书编审委员会编：《解放战争过渡阶段军事斗争》，解放军出版社 2000 年版，第 610 页。

在5万民兵的配合下，组织上党战役。具体的作战方针是，由北而南，逐个夺取长治外围各城，以此吸引长治守敌出城增援，然后在运动中歼敌，并相机消灭有可能从太原平遥两个方向前来增援的敌军。

9月10日，上党战役正式拉开帷幕，在刘邓首长的指挥下，晋冀鲁豫野战军著名的“三陈”——陈赓、陈锡联、陈再道龙腾虎跃，各展其能，在上党盆地书写了一幅幅壮丽的战争画卷。战役的开始，由太行纵队在陈锡联指挥下攻打屯留县城，太岳纵队与冀南纵队中途设伏打援。长治守敌史泽波派6000人增援屯留，结果，刚刚与打援部队稍一接触便缩了回去。12日，太行纵队攻克屯留。

◆ 上党战役遗址。　王莲摄

13日，我太岳纵队攻打城防更加坚固，守敌也更强悍的长子县城。太行与冀南纵队打援，但是这一次长治守敌那是铁了心闭门不出。才不管你长子如何呼叫，太原如何急电，反正史泽波就是老虎不出洞。在此情况下，刘邓首长敌变我变，立即改变围城打援的作战方法，三大纵队同时对长治外围各城展开攻击。至19日，仅仅不到一周的时间，长治外围屯留、长子、襄垣、潞城、壶关各县皆为我攻克，共歼敌7000余人，人民抗战得来的果实，终于又回到人民手中。

在此情况下，1945年9月20日，我晋冀鲁豫野战军开始围攻长治。

上党告急，阎锡山当然知道此战系关重大，不仅是阎老西自己抢地盘成败在此一举，而且在重庆那边，蒋介石也急需阎锡山打赢这一仗。

在此之前，8月28日，毛泽东、周恩来已率中共代表团飞抵重庆。然而，真正的谈判刚一开始就陷入了僵局。因为蒋介石从来都没有准备和中共认真谈一下的。在谈判桌之外，事实上国共双方都清楚，战场上的成败得失将对于谈判本身产生不可估量的影响。

所以，阎锡山不惜血本，急派第七集团军副总司令彭毓斌率第二十三、八十三军和省防军等部共两万余人配以美制榴弹炮等重型武器，由祁县出发，急匆匆向长治杀奔而来，以解长治之围，并“剿灭”活跃于上党地区的共军。为此，阎锡山亲电史泽波：“上党必争，长治必守，援军必到，叛军必灭。”

9月28日，刘邓根据敌情变化，对兵力进行了新的部署。以太岳、太行野战纵队北上打援，以冀南纵队及部分地方武装继续佯攻长治，力争在襄垣一带围歼敌之援军彭毓斌集团。

10月2日，我打援部队与彭毓斌集团在屯留西北之王家渠一带遭遇，我太岳部队迅疾以三八六旅为主力将其压缩并包围于襄垣老爷山地区。陈赓司令员亲自抵达老爷山前线，实行抵近指挥。

老爷山海拔1264米，在上党盆地相对平缓的地形来说，这里占据了绝对居高临下的位置。彭毓斌以一个加强师控制山头，我军多次攻击均未能奏效，且伤亡较大。再加上9月以来，上党地区阴雨连绵，道路泥泞不堪，也对部队攻击造成了相当大的困难。陈赓司令员在仔细观察前线地形后，又征求了二十团团长楚大明的意见，决定由楚大明亲率一个营从老爷山东侧迂回到北侧，利用雨水冲击造成的沟壕，攀登到敌之背后，夺取老爷山主峰东北高地，切断敌之水源和补给。

楚大明，这位还不到 30 岁的年轻团长，陈赓司令员视之为叶成焕之后最优秀的团长之一。事实上在抗战胜利后的一系列战斗行动中，陈赓都是把楚大明当作一把劈山开路的利斧来使用的，楚大明也总是能够完成那些不可能完成的任务。这一次，楚大明再次以出敌不意的速度和克服一切困难的决心和意志完成了任务，胜利攻取老爷山主峰东北之高地，切断了敌人的水源和后勤补给。至此，彭毓斌已经成为我太岳部队的瓮中之鳖。

10 月 5 日，老爷山之敌为了摆脱困境，拼命向三八六旅二十团阵地发起猛烈炮击和集团冲锋。但在关家垴战斗后已经十分重视阵地构筑的太岳部队所修筑的坚固阵地面前，敌人的所有进攻都无功而返。眼看攻攻不上，守又守不住，彭毓斌在一阵佯攻，打光所有随身携带的炮弹之后下决心不管不顾长治城里的史泽波，而要自己开溜了。然而，敌人要跑的意图当下就被陈赓识破。事不宜迟，陈赓司令员当机立断，在通讯受阻，无法与刘邓首长取得联系的情况下，抓战机，勇担责，命令三八六旅七七二团、二十团，决一旅三十八团、二十五团迅速出击，一定要以最快的速度超过敌人，赶到敌人的前面，将其拦截下来，形成合围，务求全歼！我二十团在楚大明的带领下，抄山路飞奔，硬是赶到了敌人的前面，于当夜 23 时赶到了襄垣县的虒亭镇附近，在漳河西岸的土落村一带构筑工事，与公路对面之七七二团、二十五团以及士敏独立团形成了交叉火力，彭毓斌插翅难逃了。

10 月 6 日拂晓，彭毓斌与他所统帅的两万官兵全部进入陈赓所设的口袋阵。一场大决战由此展开，至上午 9 时许，战斗胜利结束。是役歼敌共两万余人，生俘将领有炮兵司令胡三余、八十三军四十九师师长张宏、六十六师师长李佩膺、二十三军四十六师师长郭榕等。彭毓斌负伤后在卫士拼死护卫下逃到沁县，目睹随身卫士仅剩寥寥的惨况，羞愤自杀。

对于我军当时的后勤补给来说，这一战还有更重要的收获，这便是缴获了各式子弹一百几十万发。这也意味着至少可以再打两个上党战役。

下午2时，太岳纵队与总部的电话终于接通，陈赓直到这时才得以向刘邓首长汇报老爷山、土落村战况。

援军被歼，史泽波的十九军成为瓮中之鳖，在哀叹一番“困守孤城，难以持久”后，于10月8日夜间趁着滂沱大雨，率所部一万一千余人弃城而逃，妄图沿8月中大摇大摆横穿我太岳区的路线一样再次穿越太岳区回窜临汾。陈赓司令员当即把这一情况汇报刘邓首长，刘邓急令太岳纵队火速出击，不顾疲劳，一定要抢在敌人之前截断他的归路。饥饿，困乏，阴雨连绵，道路泥泞，但是太岳纵队官兵在胜利精神的鼓舞下，战胜了一切困难，10月10日傍晚，七七二团先期在将军岭与阎军接火，大大压迫了敌军的行动速度，至10月12日凌晨，太岳纵队其余几个团也全部到达战场，经过三个小时的战斗，史泽波所部十九军除二千余人向襄陵方向逃脱外，全部被我歼灭。史泽波与暂七师师长杨文彩、六十九师师长郭天章悉数当了俘虏。

上党战役的胜利，充分显示了人民力量的强大。这一胜利犹如晴空霹雳，惊醒了蒋介石妄图一举抢占华北、消灭共军的美梦。就连美国主子也斥责了他未待准备充分便匆匆发动战争的鲁莽。这次战役直接配合了中国共产党同国民党在重庆的谈判，遏制了国民党军队对解放区的进攻，加强了中国共产党在重庆谈判中的地位。

毛泽东主席曾经高度评价上党战役对于历史进程的作用：“太行山、太岳山、中条山的中间，有一个脚盆，就是上党区。在那个脚盆里，有鱼有肉，阎锡山派了十三个师去抢。我们的方针也是老早定了的，就是针锋相对，寸土必争。这一回，我们‘对’了，‘争’了，而且‘对’得很好，‘争’得很好。就是说，把他们的十三个师全部消灭。他们进攻的军队共计三万八千人，我们出动三万一千人。他们的三万八千被消灭了三万五千，逃掉两千，散掉一千。这样的仗，还要打下去。”①

在上党战役中，晋冀鲁豫野战军出动子弟兵 3.1 万人，但更重要的是太行太岳老区还出动了多达 5 万余人的民兵以及数目更多的民众支前队伍。这就使得我军走到哪里，人民群众的后勤保障就能跟到哪里，无论多么恶劣的自然环境，无论多么危险的战争状态，经历了全民族抗战，与子弟兵早已凝为一体的太行太岳老区人民视八路如子侄，而我们的军队则视人民为父母，这种乳血相融的密切关系是任何敌人所无法想象的。所以，兵法有言：“十则围之，五则攻之，倍则分之，敌则能战之，少则能逃之，不若则能避之。故小敌之坚，大敌之擒也。”刘伯承堪称当代兵法大家，陈赓乃是黄埔三杰之首，这些简单不过的兵法理论岂能不知？但是，刘伯承与陈赓就是敢于打破这些兵家理论，以 3.1 万对 3.8 万，不仅敢于围攻强敌所占据的任何一座城市，而且敢于以少击多，在我解放区的任意一块土地上为敌人设下“口袋”，围而歼之。这是为什么？就因为我们所进行的是一场正义的战争，就因为我们的党，我们的军队代表了广大人民群众的利益，解放区的人民群众把正在进行的战争当作是自己的战争，他们的口号是“保卫胜利果实！”我们的党，我们的军队与人民群众心连心，这就使得敌人即使装备再精良，兵源再充足，战术再高妙，在人民战争的汪洋大海中，那也只能是一艘千疮百孔的破船。事实的真相就是敌人走到那里，就有无数双眼睛盯着他们，使他们无密可保。一举一动都在人民群众的监视之下，也就等同于暴露在我军的监视之下。就像一

① 《毛泽东选集》第 4 卷，人民出版社 1991 年版，第 1157 页。

群不穿衣服的光棍，尽管招摇四处，其实早已把一切暴露在光天化日之下，焉有不败之理？

上党战役之后，刘邓首长带领晋冀鲁豫野战军主力东出太行，连续打了平汉战役，陇海路战役等一系列大胜仗，为人民解放战争的开篇掀开了宏伟的篇章。与此同时，陈赓司令员率领的第四纵队（太岳纵队）则留在山西作战，仅仅在1945年的12月下旬就横扫晋南五座县城，将大片富庶的晋南平原扩展为解放区。这也为即将到来的国共双方按照“双十协定”签订的停战协定于1946年1月13日24时生效之前奠定了一个进可攻，退可守，相持可以持久的有利态势。

然而，停战，和平，在蒋介石来说，本来就是权宜之计。所谓“停战”只不过停了不到半年时间，从1946年6月26日30万国民党军大举进攻我中原解放区开始，当蒋介石把一切都准备好了之后，便开始发动了规模空前的内战。几乎就在中原开战的同时，拥有清一色美械装备的蒋介石嫡系主力胡宗南部六个旅以及炮兵特种兵由陕西经风陵渡、茅津渡向着我晋南解放区开了过来。并扬言将于三个月内配合阎锡山所部第六十一军等，打通同蒲路，然后还要会攻上党，以策应平汉路方向蒋军的大举进攻，切断刘邓的后路。

不能不说，蒋介石、阎锡山、胡宗南他们想得确实很美妙。在他们看来，胡宗南这位蒋某人最得意的弟子也确实有这个实力。更何况，此时他们的对手仅有陈赓太岳部队的第四纵队区区不到两万人而已，胡宗南加阎锡山，仅在晋南就云集了十万大军，拿下陈赓，“扫荡”太岳，会攻上党，还不是轻而易举的事情？

面对新形势，陈赓先是于闻喜夏县一带组织了闻夏战役，一举全歼胡部三十一旅。而后更是决定一改我军往昔先打弱敌，后打强敌的传统战法，而是于百万军丛中取上将首级，围歼胡宗南和蒋介石最为看重，实力也最为强悍的“天下第一旅”，也就是国民党军第一军第一师第一旅。当然，这个“天下第一旅”之所以敢称第一，那可不仅仅就是因为番号排列第一，更重要的是因为这个部队的老底子乃是蒋介石的警卫部队，而胡宗南本人又是这个旅的首任旅长。

1946年9月22日，我侦察部队首先发现，胡部第一旅一个团（第二团）正在沿临（汾）浮（山）公路向东活动，而该敌显然并不认为兵力少、火力弱的太岳部队敢于在他们这座“泰山”头上动土。所以，前出几十公里，却与友军没有实质性的联系。战机来了，陈赓司令员当机立断，命令李成芳第十一旅在官雀村一带迅速对该敌形成合围，并命令陈康第十三旅一个团和太岳军区地方部队在临汾和浮山之敌可能增援的路上分别待命阻击。9月22日夜间，我第十一旅对官雀被围之敌展开强攻，战至天明，歼敌约一个营，但敌人的战斗意志和战斗实力显然强于一般之敌。其少将团长王亚武甚至一边向中将旅长黄正诚拼命喊话，请求支援，一边大言不惭地宣称：自己将以官雀为磁场之核，吸引陈赓所部，但等国军主力来援，里应外合，全歼陈赓共军。

另一方面，第一旅旅长黄正诚却是又急又恨又怒。急，他的第二团被围，朝夕不保；恨，陈赓这个黄埔的老大哥出手太狠；怒，尽管一再呼唤，但是除了他自己带领原本计划“老虎不出洞”的第一旅旅部和第一团拼命增援王亚武之外，其他部队，例如一六七旅、二十七旅等部显然都是出工不出力，根本不把他的第二团生死当作回事。然而，黄正诚不知道的是，其实，一六七旅和二十七旅在胡宗南的斥责之下还真是使劲要增援王亚武的，但是，他们所遇到的阻击也很猛烈，不得已才止步不前。因为谁都不好说，万一诡计多端的陈赓把他们又突然包围起来呢？

黄正诚的日子更不好过，他和他的第一团趁夜疾行，刚刚赶到官雀以西不到十里的陈堰村，就连自己也陷入了陈赓早已在此部下的一枚重型棋子——第四纵队第十旅的重重包围。至此，胡宗南“天下第一旅”的全部两个团和其旅部一个不落地落入陈赓部队的合围之中。

更重要的是，战至23日午夜，第十一旅旅长李成芳打来电话，王亚武之第二团已被全歼，少将团长王亚武毙命疆场。陈赓紧张的心情顿时松弛下来，他当即告诉李成芳，马上集结部队，时刻准备投入新的战斗。同时颇有些得意地告诉十旅旅长周希汉："这下好了，我们又有预备队了。"不出陈赓所料，王亚武的覆灭，也给坚守陈堰的第一团以精神意志上惨痛的打击，战至24日天明，"天下第一旅"中将旅长黄正诚以及两个少将副旅长，一个少将团长等全部放下武器。这次全歼"天下第一旅"，史称"临浮战役"，不仅全歼胡宗南最强主力第一旅，而且重创其二十七旅、一六七旅两部。共计毙俘敌人5000之多。这也是在整个解放战争中，我军首次全歼成旅建制的国民党军王牌部队。连同此前进行的闻夏、洪赵战役，在1946年的七、八、九三个月，陈赓之太岳第四纵队三战三捷，取得全歼国民党军主力25000多人的辉煌战绩，这一辉煌战果，占了整个中共军队在全面内战爆发后头三个月歼灭敌人总数的五分之一。而整个太岳部队的总数在全军之比例不过几十分之一而已。为此，延安《解放日报》发表了《向太岳部队致敬》的社论，号召全军向太岳部队看齐。晋冀鲁豫野战军司令员刘伯承也很高兴地在边区干部会议上传达说："党中央毛主席都夸奖同蒲方面打得很好，说是出乎意料之外。"①

1947年3月，面对国民党军34个旅，合计25万人的重点进攻，中共中央决定主动撤离延安。把一座空城留给胡宗南背上，而我党中央和仅有两万人的西北野战军则在陕北的沟沟壑壑之间与敌人兜圈子。与此同时，为了有效地应对敌人的重点进攻，中共中央决定：由叶剑英、杨尚昆同志率领中共中央和中央军委机关工作人员共3200多人（最多时达5500人）东渡黄河，进驻山西临县。3月29日，党中央在陕北清涧县枣林沟召开会议，决定将中央机关分为前委与工委

---

① 胥佩兰、郑鹏飞：《陈赓将军传》，解放军出版社1988年版，第372页。

两个部分，由毛泽东、周恩来、任弼时同志等组成中央前方委员会（简称“中央前委并代表党中央”）留在陕北，指挥全国的解放战争；由刘少奇、朱德等组成中央工作委员会（简称“中央工委”），向华北转移，负责中央委托的工作。十多天后，4月11日，党中央又再次做出决策，组成中共中央后方工作委员会（简称“中央后委”），由叶剑英、杨尚昆等同志负责。从此中央机关一分为三，而中央后委的驻地为山西临县。

中央后委为什么要以临县为驻地，又是如何在这一特殊历史时期发挥其无可替代的作用呢？山西临县，早在1926年就有了中国共产党的组织，1937年，一二〇师挺进吕梁山，建立晋绥抗日根据地，临县更是成为晋绥根据地的腹心地区之一。这片被红色浸染的黄土地从此也充满了红色的气息，流淌着红色的血脉。将中央后委驻扎在这样一个地方，当然是考虑到了诸多方面的因素，而政治环境的稳定无疑是第一位的。另外，临县与陕北仅一河之隔，从抗战以来到解放战争时期都是全国各根据地解放区通往延安的交通要道。作为陕甘宁晋绥联防体系中的重要一环，在地理位置上也处于一个特别突出的位置。

中央后委的组成，包括了庞大的机构。也就是说，在当时，中央机关所有不适宜于随野战军统一行动的部门，几乎全部归纳到了后委的范畴。这其中包括军委总参谋部一二三局的大部，中央机要处、秘书处与中央办公厅；还有中央法律委员会、中央城工部、情报部、军委总卫生部、外事组、交际处、供给部、医院、托儿所等等。此外还有部分烈士家属，交际处的客人以及军委蓝家坪托儿所的孩子们。

中央后委的组织机构如下：

书记：叶剑英

后方支队司令：杨尚昆

常委：李维汉、李克农、邓颖超

委员：李涛、戴镜元、王诤、帅孟奇

秘书长：杨尚昆

中央后委4月11日正式成立，当天，叶剑英、杨尚昆就进入工作状态。当时的时局确实也是时间不等人。就在当天，叶剑英、杨尚昆便亲自临第一线，对已经转移到河东的中央机关、军委机关及工作人员做出安排，各项工作也随着战争的进行马不停蹄地开展起来。

为了方便中央各机关密切联系，叶剑英决定以三交镇为中心，取15华里为半径，将中央和军委各机关配置在圆周以内。三交镇附近窑洞甚多，且距离黄河渡口碛口咫尺之遥，因此后委以及西北局、陕甘宁晋绥联防军司令部等转移到河东的机关工作人员多驻扎在湫水河沿岸的80个村庄里。其中，叶剑英、杨尚昆住在双塔村；谢觉哉、王明、陈瑾昆住在后甘泉村；李维汉住圪垛村；李克农住刘王沟村等。

中央后委的主要工作自然承担着中央参谋部和后勤保障部的任务。后委，就是要为前委排忧解难，为党中央、中央军委在陕北转战期间指挥全国解放战争提供有力的保障。

后委有力地协助了留在陕北的毛泽东、周恩来、任弼时对全国各解放区、各野战军的得力指挥，既是中央的参谋部，又是中央前委、工委和各解放区、各野战军与党中央中央军委的联络中心。在当时，军委90%以上的电台集中在三交镇，集中在叶剑英划定的那个圆周之内。后委地处前委和工委之间，客观上也起到了为中央和前委提供物资的中转作用。为了支援全国的解放战争，中央后委还在吕梁地区征召了大量的新兵，其中仅临县一个县一次征召的新兵就达到6000余人。1947年6月，后委还从临县选拔1300余人充实到陕北前线，这其中便有600余人直接补充到中央警卫部队。当年9月，后委又向前委运送棉衣800余套，土布1036丈，以及大批的其他物资与医疗器械。还组织民工4000余人，运往河西粮食5410石，被褥上万套，有力地支援了西北的解放战争。

后委同时承担着繁重的对外宣传和出版任务。1947年5月1日，叶剑英根据中央指示，将军委外事组正式更名为中共中央外事组。外事组驻地为临县三交镇。外事组主任由后委书记叶剑英同志亲自兼任，副主任为王炳南，顾问为马海德。此外，中共中央外事组下设机构：

研究处：处长柯柏年，副处长张香山；

编译处：处长徐大年，副处长章文晋；

新闻处：处长董越千。

从这封名单中，我们也不难看出，此时的中共中央外事组，正是两年半后中华人民共和国外交部和中共中央对外联络部的前身，山西临县三交镇也有幸成为新中国外交事业的伟大起点。

1948 年 3 月，根据中国人民解放战争的胜利进展，中共中央决定，前委主要领导毛泽东、周恩来、任弼时离开陕北，渡过黄河，由晋绥前往晋察冀解放区，中央机关也将由此实现三委合并。同月，叶剑英带领后委机关部分人员离开双塔村，向晋察冀解放区进发，杨尚昆则留下来等待毛主席的到来。

1948 年 3 月 23 日，毛泽东同志顺利东渡黄河，24 日来到后委驻地双塔村。25 日下午，召开了中央前委和中央后委全体同志参加的行军动员大会。26 日上午 10 时许，毛泽东、周恩来、任弼时各乘一辆吉普车，其余领导同志合坐一辆吉普，电台工作人员和警卫人员则分乘几辆卡车离开双塔村，浩浩荡荡经临县城，白文镇，到傍晚时分抵达中共晋绥分局和晋绥军区司令部所在地兴县蔡家崖。

1948 年 5 月，中央前委、中央后委与中央工委在河北省平山县胜利汇合，中央后委也胜利完成了其伟大的历史使命。

就在中央后委驻扎临县期间，中共中央西北局与陕甘宁晋绥联防军司令部也由陕北东渡黄河，转移到山西临县，并在此完成了支援西北解放战争的重要使命。

1947 年 7 月 21 日至 23 日，中共中央在陕北靖边县的小河村召开了具有历史意义的政治局扩大会议。这次会议确定了陈赓的太岳纵队不来陕北，而是突破黄河天险，出击豫西，与刘邓大军共同经略中原。从战略上配合西北野战军，从而对解放战争由战略防御转为战略进攻提供了伟大的战略决策。通常而言，我们所说的“大转折”正是由此奠定。同时，这次会议还决定晋绥军区重新并入陕甘宁晋绥联防军，由贺龙任司令员，习仲勋任政治委员，使晋绥解放区进一步成为陕甘宁边区的后方基地。

同年 8 月，为了迷惑敌人，也因为陕北战场的形势严峻，为了掩护西北野战军在榆林、米脂间的必要休整，贺龙、习仲勋遵照中央军委指示，率领中共中央西北局与陕甘宁晋绥联防军司令部以及陕甘宁边区政府机关东渡黄河，于 8 月 18 日转移到山西临县。贺龙率陕甘宁晋绥联防军司令部驻扎于临县林家坪镇沙垣村，习仲勋率中共中央西北局驻林家坪镇南圪垛村。两村相距只有几里地，工作联系非常方便。

关于西北局与陕甘宁晋绥联防军司令部东渡黄河，说来还真有一段颇具意味的故事。渡河那日，风狂雨密，渡口一带以及延伸西去的河岸上，人多马杂，颇似混乱。这也使得身在延安的胡宗南从他那些“不辞辛苦”的侦察人员和飞机的侦察中得到了一个“确切”的具有战略价值的“情报”，那就是，毛泽东与中共中央在河西确实是待不住了，正在向河东“仓皇逃窜”。这也就使得胡宗南将目光死死地盯在黄河岸边，而对于我正在榆林一带休整的西北野战军则“无暇”旁顾。

然而，在当时，西北战场的形势确实还是容不得我党我军稍有半分轻松的。

8 月 18 日，东渡黄河的贺龙刚刚住下，就接到毛泽东主席的急电：请你们迅速分赴各县大力动员粮食，只要有 7000 石至 10000 石粮食，即可保障作战计划之完成[①]。

8月27日，中央军委再发急电：野战军已南下，已无粮携带。着从速令绥（德）延（安）两地区，沿途筹粮[②]。

粮食！粮食！能否保证粮食供应，已成为西北战场能否胜利的关键。在当时，西北野战军共有人数约6万，中共中央，陕甘宁边区各机关、学校、医院等又是2万人。这8万人每月需用粮食至少应在1.6万石左右。这还不包括已经渡河身在河东地区的晋绥军区部队和众多中央后委工作人员所必需的食粮。

为了真正彻底解决这一迫在眉睫的问题，贺龙、习仲勋与林伯渠、王维舟、贾拓夫等中共中央西北局和边区人民政府的领导人一起，迅速实行晋绥与陕甘宁两区的财经统一。由贺龙亲自担任西北财经办事处主任，将两区的银行、贸易公司合并，成立了统一的西北农民银行和西北贸易公司。贺龙又主持了联防军的后勤工作会议，在军队供给上实行统筹统支。财务部门和供销部门合并，做到财经统一。与此同时，贺龙还指示各地成立兵站，由地区专员和县长兼任站长，以负责筹粮，筹款，运输，供给，使野战军走到哪里，后勤供给就保障到哪里。

1995年，由中央文献出版社出版的《习仲勋文选》《彭总在西北战场》一文中这样写道："特别是晋绥军区，在贺总领导下，做出了不可磨灭的贡献。那时不仅陕甘宁的学校、机关、干部家属和兵工厂等等都搬到了晋绥，而且在兵源、物资、粮食、弹药方面，从晋绥源源不断地向陕甘宁边区输送，可以说，当时没有晋绥边区的支援，就没有西北战场的胜利。"[③]

---

① 中共临县县委宣传部、中共临县县委党史研究室编：《中国共产党临县革命简史》，2021年印行，第63—64页。

② 中共临县县委宣传部、中共临县县委党史研究室编：《中国共产党临县革命简史》，2021年印行，第64页。

③《习仲勋文选》，中央文献出版社1995年版，第342页。

1947 年 5 月 1 日对于中国革命来说，是一个普通的日子，也是一个具有特殊意义的日子。就在这一天，刘邓率领的晋冀鲁豫野战军主力经过一个月鏖战的豫北战役胜利结束，我军攻克国民党军精心构筑的“环状堡垒”工事，一举解放豫北重镇汤阴。这一仗全歼守敌 4.5 万人，其中俘虏 2.3 万人。从而有力地支援了处于国民党军重点“围剿”之不利局面的华东野战军，也有力地吸引了重兵云集于西北战场的胡宗南集团，使其不得不分兵东援救急。更重要的是，这一战也为我晋冀鲁豫野战军主力得以趁机休整，喘一口气，为下一步挺进大别山扭转整个战争局势做好思想上物质上的积极准备提供了可能。

同是在这一天，娘子关前，太行山上的晋东大地上也发生了一件当时看起来并不惊天动地，但在后来的时局进程中却越来越显示出其重要价值的大事：一座即将由中国共产党人亲手打造创建的重要城市，也即当时已经是能源重镇的阳泉获得解放。

对于 20 世纪 40 年代末期国共双方大博弈的整个战局来说，在中共中央中央军委的高瞻远瞩和晋察冀军区聂荣臻司令员的正确指挥下进行的正太路战役和阳泉解放以及随之而来的阳泉建市这一直接成果就是我党和毛泽东同志在解放战争第二年所下出的一招妙棋。

1947 年春，国民党军集中兵力重点进攻我山东解放区和党中央所在地延安，其他战场则相对处于守势。其北平行辕为了确保华北战略要地，维护交通线的畅通与东北国民党军的联系，将其兵力大部收缩于北平、天津、保定及几条铁路沿线。而在石家庄至太原之正太铁路沿线则只有第三军两个师、第四十一军一个师以及相当数量的保安团。在此情况下，我晋察冀军区司令员聂荣臻遵照中央军委大踏步前进，完全主动作战，先打弱敌，后打强敌的指示精神，针对正太路东西两端分属国民党之北平行辕与太原绥靖公署管辖，因而导致其互不统属，难以协同作战的特点，果断决定发起正太路战役。4 月 9 日凌晨，战役开始，我军先在石家庄外围发起攻击，并夺取正定、栾城等多达 90 余个敌占城镇。这一下，北平行辕慌了，忙将原先聚集在正太路沿线的军队回调平津张一线。而我军则在东线取得明显优势的情况下，又对正太路西线发起强大攻势。这当然也是此次战役的真正目的所在。至 4 月 25 日。我晋察冀野战军兵临阳泉平定。这时，身在太原的阎锡山发现了我军的真正意图，阎锡山统治山西多年，对于阳泉平定煤炭资源的重要自有心得。他曾经亲耳听过孙中山对山西煤炭的评价：“以平定煤铸太行铁，可操全国实业界之牛耳。”他也深知，日本人对山西的煤炭资源垂涎甚久，他们侵占山西，主要目的之一正是掠夺山西的资源，以资岛国工业军工诸项生产。不仅如此，阎锡山在以山西表里山河为依托而精心构想的建省方针中，最仰仗的诸多理由中，有一条也正是丰富的煤铁资源。这一次，聂荣臻从太行山外一个回马枪杀将回来，显然是要将平定阳泉彻底改天换地，也就意味着阎锡山将失去阳泉平定这一块丰富的煤铁资源，意味着他将从此被共产党人和人民解放军给关在娘子关内，成为笼中之鸟，瓮中之鳖。阎锡山还清楚，阳泉虽小，前程远大，而且此地正处晋冀两省交界之处，拿下阳泉，那就既锁住了山西的东大门，也闭上了河北的西大门。更重要的，阳泉平定又是共产党经营多年之晋冀鲁豫与晋察冀两大战略区的交汇之点，早在抗战时期，刘邓的晋冀鲁豫与聂荣臻的晋察冀就密切配合，实现了战略上的互动与相互之间的无私援助。现在阳泉一旦易手，那也就意味着共产党这两大战略区实现了无缝衔接，融为一体。在华北的大地上，将出现一个山西、山东、河北、河南四省纵横相连的红色区域。到了那个时候，恐怕也就距离阎锡山苦心经营的表里山河土崩瓦解不远了。所以，不管蒋介石管不管，不问北平行辕怎么看，阎锡山匆忙之间将驻守榆次、寿阳、祁县一带的晋军三十三军七十一师，暂编四十一师等部火速东援阳泉平定，而阳泉守敌更是用重金收买本已成为俘虏的侵华日军原驻守阳泉部队第四旅团一个大队 500 多人作为敢死队来替他们镇守战略要地狮脑山要塞。也就在这个时候，蒋介石大约也感觉到了阎锡山战略眼光的正确，开始派出大批空军为阎老西助阵。

然而，任凭蒋阎两位老朋友兼老对手如何统一意志，如何绞尽脑汁，但螳臂当车，只能一任雨打风吹去。5 月 1 日，我晋察冀军区部队解放马首和上湖两地，阳泉守敌被彻底孤立。阎锡山见大势已去，不得不忍痛命令尚未被全歼的七十一、四十一师残部赶忙收缩，回归榆次寿阳，至于阳泉平定，那就只能听天由命了。

5 月 2 日，阳泉解放，两天以后，一个完全由中国共产党人自己组建的现代城市，一座集能源重化工为一体的新型城市出现在晋冀相交的东方大地上。一个即将为日新月异的人民解放战争提供源源不断强大能源的动力源昂然挺立在了太行山上。

阳泉的解放与建市，是处于那个时代国共双方高手博弈中中国共产党人所施展出的一招妙棋，一招胜负手。阳泉建市，不仅使晋冀鲁豫与晋察冀两大战略区无缝连接，融为一体，而且也使得正在全国解放的战场上浴血奋战的人民军队有了一块稳定而可靠的军工与能源保障基地。

阳泉的煤铁，供应了地域辽阔的解放区各地，也保障了近在咫尺的河北省平山县西柏坡。这使中央机关从此不用再为冬天的取暖，夏天的柴火发愁。阳泉的钢铁，更为人民解放战争提供了充足的武器弹药。仅在 1947 年夏季到 1949 年秋季两年时间内，阳泉就生产了手榴弹壳 380 多万个，成品地雷 350 多万颗，各式炮弹 450 多吨，各式子弹不计其数。阳泉不仅生产大量的军火，还为人民军队供应了必需的军需物资。同是在这段时间内，阳泉一地便为人民军队供应了铁锅、铁壶、铁锹、车马铁镫、刺刀、匕首、铁路道钉等等共 1.5 万多吨。阳泉的解放更使正太铁路成为山西老解放区通向东北战场、华东战场、华中战场和全国各战场永不停顿的大动脉。而在此其中，阳泉既是这条动脉的始发点之一，又是这条动脉的加压站中枢。

阳泉兴起于煤炭，振兴于煤炭，阳泉建市，更加速了这块宝贵资源聚集地的开采。仅在1950年，阳泉煤矿的优质无烟煤产量就达到了100万吨。而这一年，全国的煤炭总产量也不过4300万吨。这100万吨无烟煤，几乎是全国除山西之外无烟煤总产量之和的几倍。更是阳泉建市前无烟煤产量的二十倍之多。阳泉在中国共产党人的建设下，管理下，正以不可思议的速度飞速成长为一座现代化的新型工业城市。

有感于阳泉在全国解放战争中所发挥的特殊作用，时任华北人民政府主席的董必武同志曾经饱含深情地感叹："阳泉市虽然不大，支援解放战争的贡献不小。"①

◆ 中共创建第一城旧址。 廖高会摄

阳泉建市，不同于以往我党对任何一座城市的接收与管理。它的出现，它的存在，它的发展，都是中国共产党人第一次在一个地区集镇有计划、有组织、有步骤地成功建设起一座城市。这一切，正如2007年6月16日由阳泉市委、市政府与山西史志院共同主办的《中共创建第一城——阳泉》专家论证会的结论并取得中共中央党史学会签章认可："阳泉非常荣幸地成为历史的选择，成为中国共产党亲手创

① 李红光:《红色基因育新机》,《经济日报》2021年2月18日。

建的第一座人民城市。”[①]

与发生在1947年5月的阳泉建市不同，临汾攻坚，同样是解放战争期间三晋大地上一件具有决定意义的大事。

1947年底，重返晋冀鲁豫的徐向前出任晋冀鲁豫军区第一副司令员。这时的晋冀鲁豫可比不了一年前的晋冀鲁豫，那时的晋冀鲁豫，在全国各大野战军中无疑是战斗力最强，战果也最突出的。也正因如此，为了打破国民党军对我山东和陕北的重点“围剿”，在中央军委的决策下，晋冀鲁豫野战军主力在刘邓首长率领下，以明知山有虎，偏向虎山行，一往无前，决战决胜的决心和破釜沉舟的勇气突破黄河天险，挺进大别山，在蒋介石的“卧榻之侧”横着插进一刀，一夜之间，将整个战局来了个彻底的扭转。当然，刘邓所承担的是整个野战军在抗战以来从未有过的无后方，无依托作战。在这样的环境下，能够坚持下来，将这颗钉子牢牢地插在大别山上就已经是了不起的胜利。与此同时，为了配合刘邓主力的突破，晋冀鲁豫野战军中的另一部分，即以陈赓所率之太岳第四纵队为主体组建的陈赓兵团以8万人突破黄河天险，挺进豫西，在中原大地上给蒋介石的千里防线再插上重重的一刀。这也就是在中国革命史上有名的大转折之三军突破，呈品字形战略格局中的两军。可以说，整个晋冀鲁豫和晋冀鲁豫野战军为了全局的胜利，已经倾其所有，将抗战以来培育的精华倾囊而出。当徐向前时隔5年再次回到晋冀鲁豫的时候，他手头所拥有的唯一可以算得上“主力”的部队只有王新亭带领的太岳八纵，其余如太行十三纵等都是刚刚由地方部队升级而新组建的野战部队。

1948年初，随着山西解放战争形势的发展，徐向前决心发起临汾战役。其所属部队除八纵、十三纵和太岳军区的地方部队之外，还有晋绥军区部队两个旅，总数将近8万余人。为了统一指挥各个部队，

① 中共阳泉市委党史研究室:《中国共产党阳泉历史》第一卷（1926—1949），山西人民出版社2022年版，第216页。

中共中央军委批准，由徐向前为司令员，周士第为副司令员，胡耀邦为政治部主任，统一指挥攻城部队。

这时的临汾城内，替阎锡山镇守一方的是号称其“十三太保”之一和阎锡山死党所谓“铁军组织”28人之一的第六集团军副总司令晋南地区总指挥梁培璜。对于八路军，此人一向并不怎么看重。尤其上党战役史泽波、彭毓斌接连大败，更使他从内心深处奠定了要和八路军在临汾城下决一雄雌的决心。当然，决战临汾，对于梁培璜来说还有一点也是不能不说的，那就是他所具有的在地理地形和保障给养方面的绝对优势。

临汾，千年名城，自古以来，英雄辈出，且说一点，中华五千年，最著名之战将莫过于卫青、霍去病二人，而此二人便皆为临汾人氏。中华始祖尧舜禹更是以河东大地为主要活动区域，在此留下了让我们雄视世界的灿烂文化。临汾重要，兵家必争，所以，临汾城在历久弥长的历史进程中被打造成了金城汤池，城墙之高，足足15米以上，地基之厚，竟达60米之深，城墙上面可以并排行驶两辆卡车。临汾城西倚黄河天险，东临同蒲铁路。而城北城南则是一望无际的开阔地带。其易守难攻自古而然。不仅如此，日军也曾在临汾城池内外修筑了钢筋混凝土的坚固工事，再加上阎锡山亲自关照为这座卧牛城新增加的四道防线，27个地堡群落，其火力交叉，使整个城墙内外无任何死角。全城处处皆为上中下三层立体交叉火力所顾及的永久防线。就兵力而言，梁培璜不仅有阎锡山自己的六十六师，还有胡宗南系的整编三十师两个满员足编的正规王牌部队，另外就是以还乡团为骨干的晋南地区各县保安团共六个整团，总数为2.5万人以上。

然而临汾城外的徐向前对此早已了如指掌。为了早日拿下这座巍然不动的“卧牛城”，早日解放全晋南，以期尽早挥兵北上，兵锋直指阎锡山的老巢太原城。徐向前在战前动员会上向全军团以上干部亲自动员部署，并明确指出了我军所具有的三大优势：首先，这一战我军是以多打少，兵力上有绝对优势，这在以往的战斗中是很少有过的。其次，临汾固是坚城，却又是一座孤岛，敌军在我四面包围之下，除了空投之外，所有的补给通道都已断绝。一开始的时候，敌军或许尚可支撑，但时日一长，空投只是杯水车薪，弹尽粮绝只是迟早之事。而无论阎锡山还是胡宗南，都自顾不暇，除了发个电报鼓鼓气之外，不会给其予任何实质性的援助。最后，就是我军已经先行一步，提前打掉了尧庙的飞机场，并击毁飞机两架，顺便打破了胡宗南妄图将其嫡系三十旅空运西安的计划。这也必然使得这个三十旅官兵与梁培璜不能齐心协力，而这种裂隙到一定时候则可以为我所用。

与战略上对敌人的藐视相适应的，是在战术上对敌人的重视。针对临汾城高墙厚的特点，徐向前司令员决定不再延续之前我军在攻打城池时候炮火轰击，云梯蹬城的老办法，因为几十米厚的城墙，以我军当时的炮火，要把它打开一个缺口并不现实，更不要说处处开花。而十五米以上的城墙，要想攀援而上，那又要付出多少战士的生命。针对这些情况，徐向前司令员决定以坑道作业的方式，用地道来接近城墙。而为了做到尽量隐蔽，不让敌人发现我军真实目的，还需要大量的掩护物。光门板一项就需要十万块之多。无疑，这是一个巨大的数字，但是，太岳区的党委政府，太岳区的人民群众为了人民战争的胜利，是舍得奉献一切的。在太岳行署副主任裴丽生等同志的组织下，仅用七天时间，就组织了十二万块门板。而这些门板，绝大部分是从老百姓自己家里摘下来的，有的还是青年男女将自己准备结婚的新房门上摘下来的。太岳人民正像这些年来支持子弟兵打日军，打胡宗南一样来支援子弟兵解放临汾。

在门板集结的同时，由城外向城墙的地道挖掘也进展顺利，不到十天的时间，我军就将两条坑道挖到了外城城墙下面。然而，梁培璜眼看我军围而不打，而城外每到夜间便有不明响动。梁培璜先是利用探照灯扫射观察，接着就在城中往下挖十几米的大坑，将大瓮埋下，以此侦听地下动静，更进一步则干脆在城内也挖地道，利用他的地道将我军的地道截断。可以说，围绕着地道的挖掘与反挖掘，敌我双方展开了无数次的生死肉搏。阎锡山嫡系六十六师师长身背马枪手提马鞭赤膊督战，双方刺刀见红，各不相让，每每都要拼个你死我活。

临汾攻坚战是一场旷日持久的持久战，也是一场此消彼长的士气消耗战，更是双方后勤补给的实力比拼战。在没有空军，没有重火力的背景下，精通谋略，善于在任何不利情况下谋取胜利的徐向前司令员以自身的坚韧和信心，带给了前方官兵一往无前的勇气和自信，也带给了战前还仅仅是由地方部队升级而来的各部队以决战决胜，有我无敌的必胜信念。同时，临汾攻坚战也时刻关联着党中央、毛主席、朱总司令的挂念与关心。在战况最为焦灼的 1948 年 5 月，我军的粮弹都感到了紧缺。将近 60 天的围攻，已经到了双方都难以为继的困境之中。这时，有人发生了动摇，认为围攻不下，何不强攻？而徐向前司令员则认为，我军有着广阔的战略回旋余地，尚且自感供给不足，城内敌军的日子那就可想而知。充其量也就是困兽犹斗，他们坚持下去的时间不会太久了。事实正是如此，困守孤城，梁培璜黔驴技穷，东关的丢失，更使他感受到末日将临。为了最后的挣扎，梁培璜竟下达了所谓“八杀令”：奉令进攻而迟缓不进者杀！奉

◆ 临汾解放纪念大门徐向前塑像。 廖高会摄

令赴援而延迟不动者杀！未奉令而放弃守地者杀！邻近阵地被攻有力而不援者杀！邻近阵地被陷而不坚守本阵地者杀！滥行射击、虚报弹药、阵前无敌尸者杀！谎报军情企图卸责者杀！主官伤亡次级不挺身而代行职务者杀！这也说明梁培璜深知国军内部早已弥漫的各种致命风气，也深知粮弹缺乏，后继无援，临汾城事实上已经面临绝境。而他确实是幻想在这绝境之中以万分之一的希望去创造一种奇迹。

从 1948 年 3 月 7 日至 5 月 17 日，我晋冀鲁豫野战军临汾前线部队在晋绥军区部队一部的配合下，经过 72 昼夜的奋战，最终将两条地道挖到临汾城下，并在地道内装填了 6200 公斤黑色炸药和 2500 公斤 TNT 炸药，一切准备就绪之后，1948 年 5 月 17 日下午 3 时整，两声惊天动地的巨响，将所谓坚不可摧的临汾城墙炸开两个分别为 27 米和 57 米的巨大缺口。随着这爆炸声音，在嘹亮的冲锋号声中，攻城部队一拥而入，胜利的红旗插上了临汾城头。这一战，我军最终以伤亡 1.5 万人的代价，全歼守敌 2.7 万人，机关算尽的梁培璜在逃跑中成为俘虏。这位中将司令官也真正见识到了人民解放军的实力所在，见识到了人民军队与人民群众鱼水深情，而他所效力的国民党阎锡山即便拥有再好的装备，再优势的地利，再优良的将领，也只能是螳臂当车，徒作笑柄而已。

临汾战役，对于整个解放战争来说，具有特殊重要的意义。当年 5 月 19 日，中共中央电贺临汾前委："庆祝你们解放临汾，全歼阎、胡守敌的伟大胜利！"

毛泽东主席在为 1949 年新年献词《将革命进行到底》一文中把临汾战役作为学会攻坚的战例[①]。而率先冲进临汾城中的太岳第八纵队二十三旅则被中央军委授予"临汾旅"的光荣称号。75 年过去，这支部队至今依然保留着这个光荣与骄傲的称号。

---

① 《毛泽东选集》第 4 卷，人民出版社 1991 年版，第 1373 页。

山西是革命老区，八年全民族抗战，从 1937 年 7 月到 1949 年 9 月，山西送出了 75 万儿女成为八路军、解放军。在山西的一些革命老区，诸如沁源、武乡、左权、安泽、榆社、阳城、沁水、霍县、浮山、临县、五台、原平、岚县等等，那都是真正的家家都是“军烈属”，村村都有“基干连”。八年的全民族抗日战争，三年的解放战争，又为山西培养了一批又一批的红色干部。这期间，山西先后为支援全国抗战和全国的人民解放战争而将自己精心培养成熟的基层干部无私地输送到党和人民需要的地方。

抗战胜利后，党中央就提出了:“向北发展，向南防御”的战略方针[①]。为了控制东北，建立战略地位极其重要的东北根据地，中共中央和中央军委在 1945 年 8 月 20 日之后连续发出指示，要求各根据地迅速派出组建 100 个团所需要的干部及主力部队陆续进入东北。

据此，晋绥分局书记林枫，军区司令员吕正操率领晋绥部队三个团和可以组建十团的连以上干部 400 多人开赴东北。太岳军区则抽调精兵强将 1200 名干部组成太岳区东北支队，迅疾开赴东北。

1947 年，人民解放战争之所以能够由战略防御转为战略进攻，源于党中央、毛主席的英明决策，实行战略意义上的中央突破，三箭齐发。这其中，刘邓大军的千里跃进大别山，陈谢集团的突破黄河天险，挺进豫西，他们所依托的前进基地和后勤保障是山西；他们所带领的弟子，大多都也是从山西这块红色热土上走出去的三晋儿女。几乎与此同时，张宗逊的晋绥军区第一纵队、王震的晋绥军区第二纵队和许光达的晋绥军区第三纵队也纷纷从山西西渡黄河，开赴陕北参加了保卫延安，保卫陕甘宁，解放大西北的伟大战略进程。

还以薄一波、安子文、陈赓等人一手打造的太岳区为例，在整个解放战争期间，这个仅有 400 万人口的根据地，就先后走出了所向无

---

① 《刘少奇选集》（上卷），人民出版社 1981 年版，第 372 页。

敌的晋冀鲁豫第四纵队（亦即人民解放军十三军、十四军的前身），第八纵队（六十军的前身）和十五纵队（六十二军前身）还有十九军的前身四纵十二旅（陕南十二旅）总共多达5个野战军。而八纵、十五纵无一例外都是在主力部队四纵离开太岳区，到外线作战之后，由地方武装县大队、军分区独立团等升级为野战部队的。而最后又恰恰是这些由地方武装升级的部队（太岳八纵、十五纵为主）在徐向前的率领下百炼成钢，以5万地方武装打败了阎锡山30万装备精良又有坚城可据的晋绥军，将一个完整的山西奉献给新生的人民共和国。

随着解放战争的胜利进行，山西的干部援外也在不断推进。从1948年11月到1949年6月，山西一省先后成建制援外干部超过2万名，连同随军西进南下的地方干部2万多名在内，总共援外干部人数达到4万之多，仅太行区在此期间外调干部就有7998人。

1948年10月28日，中共中央作出《关于准备夺取全国政权所需的全部干部的决议》，指出：估计在解放战争的第三、第四两年内（1948年7月至1950年6月）人民解放军可能夺取的国民党统治区域，包含有1.6亿左右的人口，500个左右的县及许多中等的和大的城市，并在这些新的区域建立政权。为此，需要准备5.3万人左右的从中央局到县区委一级的各级干部。为了具体落实这一目标，中央要求各解放区把这项工作当作一项迫切的战略任务来实现。

就在党中央《关于准备夺取全国政权所需要的全部干部的决议》发出第二天，10月29日，中共中央华北局发出《关于外调一万七千干部及补足干部缺额的决定》要求所属各区党委必须坚决按照中央决定精神，保质保量完成中央分配给本区外调一万七千名干部的任务。在这份华北局的文件中，又做出了十分具体的安排。其中最重要的一点，就是决定由太行和太岳两大革命老区共同组成一个区党委（省级）及全区范围所需干部队伍，包括省委、地委、县委和区委以及相应之地方政府所需干部的全部配套班子。

太行区在整个敌后抗日根据地中是成立最早的一个，也是成就最大的一个。当年，一首人人耳熟能详的《在太行山上》已经唱出了这块抗日圣土在人民心中和整个抗日战争中的地位。到了解放战争期间，太行人民更是为了解放全中国而作出了难以言尽的贡献。以武乡县为例，这个仅有 13 万人口的县，在解放战争头三年，有 9 万人参加了八路军、解放军和民兵，妇救会、儿童团，先后有 2 万人英勇牺牲。

太岳区，抗战以来，和太行区一样，太岳区只有 200 万人多一点，却已经先后从这里走出了调往延安保卫党中央的王牌三八六旅七七一 团、十六团，在解放战争期间又先后走出了纵横天下，能攻善守的第四纵队，跟随徐向前以 5 万兵力横扫阎锡山 30 万之众的主力太岳第八纵队以及组建于 1947 年的第十五纵队。只是在中国人民解放军的野战军行列中，太岳区就输送了足足一个半兵团的子弟。

太行太岳野战军走出去的多，太行太岳培养干部底子同样厚。尤其解放战争以来，无论在东北，在西北，在中原，在华北，可以说到处都有大量太行太岳输送的干部。然而，饶是如此，到了 1948 年年底、1949 年年初的时候，太行太岳自身也都出现了干部紧缺的状况。

然而，困难时时有，从来难不住。这才是太行太岳两大老区的传统和作风。当党和人民需要的时候，只要中央一声令下，老区人民老区的党员干部就一定会无条件服从党的需要，党把方向指向哪里，太行太岳的干部就一定能够冲杀到哪里。正是面临这崭新的考验，太行太岳的干部和他们的亲人给我们留下了无数读之催人泪下的故事。

故事的主人公名叫王孝忠。1949 年正月十四这天，本在离家不远的平顺县二区担任区长的孝忠父亲王义科回家来了。这令刚刚进入 12 岁这个年龄的半大小子王孝忠兴奋不已，因为一般情况下，父亲即使是过年也极少回家的。就算回来了，也是来去匆匆，住上一夜天不明就走了。今年偏偏不一样，大年初一那天，父亲就和孝忠以及他的三个弟弟妹妹痛痛快快玩过一天了。那一天，在王孝忠的记忆里从来没有抱过自己的父亲竟然紧紧地把这个已经 12 岁的儿子抱了一次。那一时刻，孝忠似乎很不适应，等他回过味来想再认真享受一下这难得的亲情时，父亲已经把小妹紧紧地抱在怀里。应该说，春节那天，孝忠还是过足了和父亲在一起的亲情瘾。当时他想，没有三五月是不会再见到父亲的了。可是怪了，这还没过正月十五，父亲就又回来了，不仅回来，而且还史无前例地给孝忠和弟弟妹妹们每人买了一件难得的礼物。弟弟妹妹们的礼物孝忠是不关心的，什么小布老虎啊，花花的小手绢啊，红色的蝴蝶结啊，让孝忠特别开心的是父亲给自己这个已经在村里小学将要毕业却从来没有过正经书包的大儿子买了一个像父亲一样背在身上的挎包那样却又不是挎包而是正经书包的礼物。然而，与家里孩子们欢天喜地的气氛极然不同，孝忠发现，母亲的脸上不仅没有一丝高兴，反而充满了哀怨与忧愁。

就在正月十五的晚上，当弟弟妹妹们都睡着以后，父亲和母亲把孝忠叫到院子里，孝忠马上就感到了寒气逼人，孝忠不由打了一个冷颤，而父亲则在这个正月里第二次紧紧地抱住了孝忠。再然后，父亲深情地对大儿子说："孝忠啊，今年你也十三（虚岁）了，像你这个年龄，可不是要爹给你挡风寒的时候，而是应该你为弟弟妹妹，为你娘遮风挡雨的时候了。"

父亲显然在借题发挥，孝忠也有点明白父母亲把自己叫到这寒冷的院子里来大概是有什么事情不愿让弟弟妹妹们知道而必须和自己谈的了。

果然，不等孝忠说话，父亲接着说："爹像你这个年纪已经是下地干活的全把式了。在咱这里，十三岁的男人也是要当家的，你觉得你能当得起这个家吗？"

孝忠不经思考便毫不犹豫地回答："爹，我能！肯定能！"

母亲默然流泪了，父亲从衣兜里掏出一块什么东西，轻轻地递给了母亲，而后抚摸着孝忠的前额，同样轻声地说："孝忠啊，现在爹必须告诉你，爹明天一早就要离开家，离开咱们平顺，到很远很远的地方去了，这一走，也许要三年五年才能回来。"

后来已是八十高龄的王孝忠回忆这往事时，说："说实话，直到父亲说他要出远门了，我都没有搞清楚这究竟是怎么一回事。要是真的知道父亲这一走可能就是永别，那我死活都不会让他离开我们的。"

而王孝忠全然没有把父亲将要离开当回事，他只是很认真地向父亲表态："爹，我一定可以替你撑起这个家来。"当娘问爹天明之后怎么从这冰天雪地连个公路也不通的大山里走到长治时，孝忠自告奋勇："娘，我送爹去。咱家的大黑驴最听我的话了。"娘之所以问爹，是因为这一次爹从县上集训回来是区里的通讯员赶着骡子送回来的，而到长治的路程却没有牲口。再加上大雪封山，慢不说这天气没有人赶脚，即便有也都因这冰雪而停下来了。

一大早，王孝忠赶着大黑驴，驴背上驮着父亲的简单行囊和母亲带给父亲的干粮还有两双新鞋子。一路冰雪，天将要黑的时候，孝忠和爹才赶到长治市内的太行南下干部集中地。人们给孝忠安排了住房，父亲则直接就到队伍里集中去了。第二天一早，天还不亮，就听得一声军号响起，孝忠赶紧披上衣服隔着窗户往外看，只见父亲和许多人一样换上了崭新的灰色军装，精神抖擞地集合起来，然后便悄然消失在晨光之中。这个时候，孝忠突然意识到这次长治之行对自己和自己那个家意味着什么了。而留在营房的一位炊事员老大爷则塞给孝忠一袋雪白的馒头，然后告诉他："孩子，你爹交代了，赶紧走吧，骑上你的大黑驴，天黑前一定要回到家里。你爹一到目的地就会给家里写信的。"

孝忠接过馒头，呆呆地看着那远去的队伍，直到再也看不见一点点影子了，这才放开嗓子嗷嗷大哭起来。那声音，一点都不比大黑驴叫的声音好听。这声音也引来几个人的注意，他们问孝忠是不是丢什么东西了，孝忠却什么都没有听见，是的，他只知道，自己把爹给丢了。曾经，太行人民“父送子，妻送郎，兄弟相争上战场”，而今，他们又在延续着儿子送爹去前方的故事。

事实上，发生在王义科与王孝忠父子身上的故事在当时又何止几十上百？在太行太岳，在整个山西老解放区，先后离开自己家乡的热土南下西进东进的山西籍干部哪一个不是抛妻别子，亲人离散？他们当中，哪一个不是这块土地培养出来的铁血精英？然而，当党需要，人民需要，新生的共和国需要的时候，老根据地人民还是义无反顾地将自己最优秀的儿女交给了党，交给了共和国。这些人，这些经历了战火考验，已经成长起来的优秀分子，伴随着人民解放军不可阻挡的钢铁洪流横扫国民党军和旧时代所遗留下来的一切，在“打倒蒋介石，解放全中国”的伟大进军中，在新生的人民政权建立与成长的过程中发挥了无可替代的中流砥柱的作用。

让我们以一首在太行太岳老区从20世纪四五十年代流传至今的《酒歌》来结束对于这段历史的回味吧。《酒歌》如下：

一挺机枪两条腿呀，八路军打败日本鬼。
三个弟兄去参战呀，四季里都有捷报飞。
五月里英雄回家转，六月里成亲喜上喜。
七月里大军南征去，八碗酒壮壮英雄气。
九月九里酒中酒呀，十全大美咱升国旗。
这碗好酒该谁喝呀，我呀我呀你呀你。

第三部分　沧桑巨变

1949年5月2日，随着红旗插上晋北重镇大同城头，山西全域获得解放。从此，在中国共产党的领导下，一代又一代山西人开始了为着建设锦绣山西，擘画美好幸福的明天而进行持续不断的探索。

1978年12月，党的十一届三中全会召开，拉开了改革开放和开创中国特色社会主义的大幕，也真正开始了由贫穷落后走向富裕丰盈小康社会的伟大转折。1985年山西省委、省政府印发《关于帮助贫困地区改变面貌的实施方案》，1988年更进一步提出了由“输血”转换为“造血”的扶贫理念。在省委、省政府的领导下，山西省人民经过多年的艰苦奋战，到2000年，全省累计59个县（市、区）1657.4万人口达到了小康，占全省农村总人口的70%。

党的十八大以来，习近平总书记站在全面建成小康社会、实现中华民族伟大复兴中国梦的战略高度，把脱贫攻坚摆在治国理政突出位置，提出了一系列新思想新观点新理念，作出了一系列新决策新部署。中共山西省委、山西省政府深入贯彻落实习近平总书记考察调研山西重要指示精神，以习近平新时代中国特色社会主义思想为指导，以全面建成小康社会为目标任务，全方位地推进山西转型跨越发展，经济发展质量效益显著提升，人民生活质量不断提高，生态环境得到了显著改善。

在中国共产党的领导下，三晋儿女深入学习和切实践行习近平新时代中国特色社会主义思想，继承中华优秀文化传统，传承红色基因，弘扬太行精神、吕梁精神、右玉精神，为全面建成小康社会以及不断增进民生福祉前仆后继、百折不挠，战胜了一个又一个艰难险阻，创造了一个又一个发展奇迹，树立了一座又一座历史丰碑。用鲜血与汗水、勤劳与智慧谱写了战天斗地的豪迈乐章，书写了感人肺腑的恢弘史诗。

一、继往开来　再铸丰碑

太行山上的丰碑

位于山西省长治市平顺县的西沟村，曾经是一个贫瘠荒凉的穷山沟，“山连山，沟套沟，山是光头山，沟是乱石沟，冬季雪花卷风沙，夏天洪水如猛兽”。如今，这里已经成为遍山青翠、果实累累，森林覆盖率高达 90% 以上的社会主义新农村。说到西沟村翻天覆地的变化，就不得不提我国第一代劳模李顺达。

说起李顺达，有一系列响亮的名头和称号。他带头建立的“李顺达互助组”，是太行山区的第一个农业生产组织。他领头倡议在全国范围发起爱国丰产竞赛，因此获得了爱国丰产金星奖章，这是全国爱国丰产运动的最高奖。抗美援朝时期，他号召全省农民捐献“爱国丰产号”和“新中国农民号”两架飞机。他为探索新中国农村发展道路作出卓越贡献，为探索贫困山区新农村建设找到了发展方向，在西沟村树立了新中国农业战线的一面旗帜。他身上体现出的自力更生、艰苦奋斗、开拓进取、勇往直前的精神，热爱劳动、憨厚朴实的劳模本色，艰苦朴素、廉洁奉公的农民本色，为新时代西沟乡村振兴提供了丰厚的精神养料。

1930 年，年仅 15 岁的李顺达从河南林县东山底村逃荒来到山西省平顺县西沟村，并在这里度过了一段艰难困苦的日子。1938 年，中国共产党领导的八路军来到太行山区，在这里建立了抗日根据地政府，李顺达第一次看到了人生的希望。在和地主开展“减租减息”的斗争中，他带领当地劳苦大众取得了胜利。这一年，平顺县第一个秘密基层党组织在西沟成立，而李顺达也成为了一名共产党员。1941

年到 1943 年，抗日战争进入到极端困难的时期。当时，日本侵略者疯狂“扫荡”、国民党顽固派降日反共，又恰逢连年自然灾害，太行区受灾人口占到总人口的一半以上，抗日军民只能靠采树叶、挖野菜、吞草根、食咸土充饥度日。为了支援前线，确保当地农业生产，1941 年，西沟村成立了农会、青救会、妇救会、武委会等各种抗日救国群众团体。李顺达不惧风险、勇于担责，先后负责了村农民救国会、民兵大队和党支部的工作。一方面，他带领村民发展生产；另一方面，他组织民兵配合人民军队抗击侵华日军的“扫荡”。大家白天劳动、晚上练武，在生产自救的同时，还为前线送去大量粮食。在李顺达的精心组织下，西沟村的田间劳动和对敌斗争都取得了良好的效果。村子里的农业生产持续发展，村民都安然渡过了灾荒。而且，村子里的参军、参战和支前工作都没有耽误。1942 年，晋冀鲁豫边区政府授予西沟村“劳武结合模范村”称号，李顺达也被平顺县抗日政府授予“劳武结合英雄”称号，奖品是一支步枪和两颗手榴弹。最让李顺达感到光荣的，是经过党组织批准，他终于公开了自己共产党员的身份。

1943 年春节后，李顺达响应党中央“组织起来，发展生产”的号召，带领六户贫农组织起全国第一个农业劳动互助组，掀开了西沟发展的新篇章。不久，参与农户就扩大为 16 户。这年春天，互助组共开荒 120 亩，全部种上了蔬菜，到了夏季成熟时节，蔬菜吃都吃不完。当年，西沟村收获粮食 220 石，户均达到 11 石。互助组的核心就是互相帮助：你帮我家种地，我帮你家种地，你用我家牛，我用你家车，以工换工，以工具换工具，互相取长补短，达到共赢。这样，敌人来时集中打仗、敌人走后集中劳动生产，打仗生产两不误。同时，还可以帮助烈士、军属等缺少劳动力的家庭种地生产，使大家的地都能种好。1944 年，西沟全村 20 户里有 19 户都参加了互助组，粮食持续增产达到 350 石，户均 17 石。同年 11 月，李顺达以互助组带头人的身份出席了太行区第一届群英会，被授予“生产互助一等英雄”称号。晋冀鲁豫边区政府奖给他一头大黄牛，还有一面锦旗，上面绣着“边区农民的方向”字样。从此，这面锦旗就高高地飘扬在太行山上。在李顺达互助组的带动下，晋冀豫抗日根据地各村的互助组陆续有声有色地建立起来。到 1945 年，西沟村收获粮食 400 石，户均 20 石。1946 年，收获粮食 557 石，户均 27.85 石，全村实现了“耕二余一”。

西沟村自然条件恶劣，曾经被称作“荒山秃岭乱石沟，庄稼十年九不收”。边区政府曾在 1946 年发出号召，鼓励山区群众植树造林。刚开始，大家的积极性不是很高。李顺达自己出钱购买了山桃、核桃、山杏等树苗种在山坡和沟里，以此带动群众。那时候，为了实现“土不出沟”的目标，全村人带着干粮一大早便上山种树，一干就是一整天。任由刮风下雨，西沟人从不停歇。刚开始，300 亩树苗种下去，成活率却不太高。面对这样的现实，大家心里不禁打起了鼓。面对村民的担心，李顺达却始终坚定地认为，哪怕只活一棵树，也证明山上能种树，能种一棵就能有一坡。此后，他走遍山、流透汗，边走边宣传。西沟村走出了富有典型意义的发展生产之路，中共太行区委和太行行署在 1948 年表彰其为“翻身农民的道路”。申纪兰在 90 岁高龄时，依然对那段奋斗岁月记忆犹新。她称赞李顺达是一名优秀的党员，他始终坚信困难再大也没有穷苦人改天换地的力量大。正是在他的号召下，全村男女老少齐心协力，一路攻坚克难。

1949 年，刚刚成立的新中国急需要恢复经济、发展生产。1950 年，李顺达出席了全国战斗英雄代表会议和全国工农兵劳动模范代表会议，得到毛泽东主席的鼓励。带着主席的嘱托，李顺达返乡后带领西沟村民更加努力地发展生产。

◆ 李顺达（右一）带领西沟村党总支实地考察。 山西画报社供图

1951年春天，李顺达互助组向全国各地互助组发出倡议，号召开展爱国丰产竞赛活动。全国各地的劳模纷纷响应，一场农业战线的爱国丰产竞赛活动在全国展开。这次竞赛将生产与思想结合起来，不仅把改革农业技术、发展农副业和使用新式农具列为竞赛计划，还增加了提高思想政治教育、加强爱国主义教育和调动农民生产积极性、创造性的内容。中央农业部奖励了李顺达互助组500万（旧币）奖金，以及一面毛主席亲笔书写的“生产战线上的模范”爱国丰产奖状。

1951年冬天，李顺达在互助组基础上，带领26户农民创办了初级农业合作社，定名为“西沟农林牧生产合作社”。他当选为社长，申纪兰担任副社长。第二年，扩展为48户。合作社实行土地入股、等价交换、集体劳动，在分配制度上按劳动、土地、农具、耕畜入股份额进行管理。在调查实际情况后，合作社决定大力挖掘农业、林业和畜牧业等三方面的潜力，拿出了三年规划，决心全面发展农林牧副多种经济。为了解决劳动力、财力和物力方面短缺等难题，李顺达还在实践中摸索出几种办法：首先是加强劳动管理。合作社实行分工分业，组建了四个基本单位，分别是田间生产队、林业、畜牧、农田基本建设和财务；实行合理的劳动报酬制度，尤其是支持申纪兰带领妇女参加集体生产劳动。这种男女同工同酬的做法，在当时的中国是比较罕见的；减少非生产性劳动的浪费行为；组织劳动竞赛。其次是充分发扬艰苦奋斗、自力更生和因陋就简、勤劳节俭的精神。此后，李顺达带领西沟人几十年如一日，贯彻山、沟、滩、田、林、路综合治理的方针，坚持不懈地向荒山、荒沟、干河滩开战，最终实现了“山上松柏核桃树，河沟两岸种杨柳，梯田发展经济树，西沟发展农林牧”的奋斗目标，使西沟村成为全国农业战线的一面旗帜。

1952 年，中央人民政府农业部颁发爱国丰产金星奖章给李顺达、郭玉恩、任国栋、吴春安等四人，这代表着爱国丰产运动的最高荣誉。这个奖项是自新中国成立至今唯一的一次，且只有四枚。山西省委、省政府于 1954 年在太原召开隆重的授奖大会，李顺达在会上把爱国丰产金星奖章挂在了胸前。由此可见，当时中央、省委对农业、农村工作的重视程度以及李顺达开展爱国丰产竞赛活动的重大意义。

1954 年，合作社扩大到 246 户，改名为西沟金星农林牧生产合作社，实现了农业合作化由初级向高级的过渡。同年 2 月 17 日，《山西农民报》登载了李顺达的文章《在总路线照耀下不断前进》，他在文中这样诠释合作化路子：“我们要发展互助合作，把一家一户的小生产，一步一步变成集体的大生产，把农民私有制变成集体农民公有制”，“咱们的农业生产，一定要适应工业建设的需要，努力把互助合作搞好，大量增产，支援国家工业，使工业发展起来，好用新技术支援农业生产”。实践证明，农村合作化西沟模式合理配置了生产力的要素，按劳分配、男女同工同酬的分配方式有利于充分调动各方面的积极性。从 1952 年到 1955 年，全社的公共积累从 120 元增加到 1911 元；如果把全社的总收入折合成粮食，达到 431383 公斤，人均 442

公斤。超过社外农民收入的23.3%，也比互助组时期增加了25%。生产搞上去了，社员的物质和文化生活也得到了明显的改善。

从互助组到合作社，李顺达带领村民植树造林、打坝造地20多年不停歇。到1972年，先后植树造林15000亩，改造梯田900亩，河滩造地500亩，共治理了大沟7条、支沟28条，闸谷坊800余座，修蓄水池5个、水库4个。几十年间，李顺达带领群众克服各种困难，积极发展生产，开展多种经营，硬是把一个荒山秃岭的穷山沟，建成了“农、林、牧、工、商”全面发展的新农村。全村粮食总产量由合作社时期的15万公斤增长到75万公斤，同时发展松林15万亩、苹果园300多亩，零星栽植各种树木10万多株。

◆ 西沟展览馆外景。　山西画报社供图

西沟的每一寸土地都留下了李顺达的足迹，每一片树荫都洒有李顺达的汗水。他就这样带领着西沟人战胜一个又一个困难，他的精神永远鼓舞和激励着西沟人奋勇向前。

李顺达说，“我们当干部的，只能吃苦在前，不能享受在前。不该享受的你享受了，就是多吃多占，就得处分你。”[①] 他还说，“咱当干部要是做不到，就不要要求群众。”[②]

村民们说，虽然老李名声大、荣誉高，但他一生都心不离群众、手不离劳动。1983 年 7 月 1 日，因心脏病突发，李顺达不幸逝世，终年 68 岁。

2018 年担任西沟村党总支书记的郭雪岗曾总结说，李顺达留给后人的精神密码，就是始终听党话、跟党走的坚定信念，自力更生、艰苦奋斗、开拓进取、勇往直前的精神，热爱劳动、憨厚朴实的劳模本色，艰苦朴素、廉洁奉公的农民本色。

质朴的肺腑之言就是李顺达在西沟人心中树立的丰碑。

2009 年 5 月 25 日，习近平同志在西沟视察时指出：“西沟 60 多年的发展，是社会主义革命、建设和改革开放的缩影，特别是李顺达、申纪兰的劳模精神，需要好好总结和发扬”[③]。如今，更好地传承劳模精神、进一步推动乡村振兴就是对李顺达最好的铭记！

战天斗地铁姑娘

夕阳的余晖洒满小小院落，一位老人家正静坐在门前的长椅上，不时地和过往的村民交谈几句，柔声细语。她就是我们这个故事的主人公——宋立英。

宋立英的标签不少：大寨村第一个女党员、第一任妇女主任、山西省劳模、在任时间最长的村干部。这位看似柔弱的老人，有着钢铁一般的意志，这注定了其人生的不平凡。

---

① 马明主编：《太行劲松——全国著名劳动模范李顺达》，山西人民出版社 2002 年版，第 63 页。

② 申纪兰：《太行山上的一座丰碑——深切怀念李顺达同志》，《山西日报》2013 年 7 月 11 日。

③ 任仲文编：《我是共产党员——人民的好支书》，人民日报出版社 2022 年版，第 5 页。

◆ 90 岁的劳模宋立英。　杨杰英摄

1930 年农历十一月二十八，四十多岁的宋光俭正蹲在大寨村一孔破旧窑洞外使劲地挠着头，屋子里不时传出女人尖厉的叫喊声。宋家在大寨村属于单门独户，他们是从昔阳县城附近的一个村逃难到大寨这个地方落户的。之所以记不清那个村叫啥名儿，是因为从山东来到山西这一路上已经迁了无数个村子。宋光俭之前有过四个孩子，三男一女，不幸的是，都没有长大成人。就这样，宋立英成了这个家第五个孩子。

更让宋立英难过的是，因为家里是逃难来的，根本无力养活她和妹妹，就在宋立英不满十岁时，父亲把她送到了村里的富户“三掌柜”家当了使唤丫头。端屎倒尿、刷锅洗碗、滚碾推磨，什么活儿都干。

1943 年宋立英 13 岁时，由东家作主，出面给了宋家一石玉茭子，把她许配给33岁的长工贾进才。贾进才此时虽说已经在“三掌柜”家当了20年的长工，却是房无一间，地无一垄，就连这一石玉茭也拿不出来，只能先由东家垫上，将来从工钱里扣。刚过完年的农历二月，贾进才就去了宋家，他跟人借了一斗黄米和一个烙馍算是聘礼。他再穷，也是让新媳妇坐着四人抬的轿子体体面面过门的，尽管他已经没有父母了。

后来，当宋立英把这段故事讲给孩子们听时，大家都笑着说妈妈上了东家的当了。因为东家此举讨了大便宜，不仅在村里落下了好名声，还拴住了这个长工的心，好让他死心塌地为自己干活、卖命。

后来新中国有了提倡恋爱自由的《婚姻法》，有人也怂恿她这个贾进才的“童养媳”重新考虑自己的婚姻。因为夫妻二人年龄过于悬殊，宋立英也想过离婚。不过她后来慢慢改变了这种想法，也逐渐接受和认可了贾进才，特别是当她看着老贾为了改变大寨，无论多累多苦都永远默默地拼命劳作的时候，她更心疼、佩服老贾了！两人和好如初，家庭和和睦睦，后来大寨村给她家门口墙上挂了一个模范家庭的牌子。其实夫妻二人还是志向相投的，丈夫贾进才也是大寨“四大名人”之一，是大寨村的第一任党支部书记，后来他主动让贤，推荐陈永贵担任大寨村的党支部书记，自己担任党支部副书记。

说起入党，之前宋立英对党组织并没有概念，当她知道“共产党是为穷人打天下的，是打坏人、解放穷人的”的时候，又联想到小时候听说过不少游击队的事儿，也明白不少道理，一听共产党是救穷人的，就很坚定地回答说：“我愿意加入！”那年她还不到18岁，是在极为秘密的情况下进行的，这个保密级别就连丈夫贾进才都不知道。直到第一次参加组织活动时，彼此才发现已经是战友，而丈夫早已把生命交给了党。用宋立英自己的话说：“心里一直觉得好笑，但同时也有一种神圣的感觉，这不就是党的组织纪律吗？自己入党不是也没告诉他吗？”

别看她年纪小，入党后不久，宋立英就担任了村妇救会主任。她不顾个人安危，积极投身到革命事业中。她一方面鼓励妇女同胞动员丈夫、儿子上前线；一方面组织大家下地参加生产劳动，填补村里劳力的不足，还号召大家做军鞋、送公粮，支援前线作战。

她积极提倡“男人要分担家务”，在宋立英的带领下，大寨村的妇女们逐渐解放了思想，从锅台、磨台、炕台前离开，走到劳动第一线。此外，村里还办起了托儿所，让年纪大一些的妇女负责将大家的孩子集中起来照顾，以此解决年轻妇女们的后顾之忧。这些举措使大寨妇女成为治山治水的生力军。因为全村的有效劳动力都被动员起来了，才有了向“穷山恶水”要田要地的勇气。作为曾经的大寨“铁姑娘”队队员，宋立英总结道：“白天填沟造田，晚上回来修房。”

大寨不缺地，经过祖祖辈辈的辛勤开垦，到宋立英记事的时候，大寨村民们拥有了 700 亩土地。但是这些地不聚堆儿，地势非常不好，东一小块，西一小块，七零八落，分成 4700 多块散布在一面坡上，正所谓“七沟八梁一面坡”。这样恶劣的地形不仅让大寨人在农业上难有作为，甚至时常担心温饱。大寨地处黄土高原，十年九旱。平日里，人畜用水紧张，可一旦赶上雨季连天暴雨，山洪暴发，全村顷刻之间就可沦为汪洋一片，老百姓苦不堪言。

1953 年，大寨响应中央号召，开始实行农业集体化。在毛泽东思想的指引下，大寨人战天斗地，治山治水，他们想治沟平地、改良土壤、修渠储水，除了扁担、锄头、铁锤等最基本的劳动工具，拥有的只有一双双布满茧的手。为这个在一般人看来的“白日梦”，大寨人大干苦干，一干就是十年。十年后在七沟八梁一面坡上建设了层层梯田，并通过艰巨劳动引水浇地，改变了靠天吃饭的局面，亩产从 200 斤猛增至 700 多斤。

解放后，宋立英担任大寨乡副乡长，乡里派她到离家 5 里远的留庄下乡。为了不耽误工作，她毅然把嗷嗷待哺的孩子请别人照看，不久孩子不幸夭折。她强忍着悲痛，依然忙完地里忙家里，忙罢家里忙开会，被群众称为“常不闲”，从来没有因为家务耽误过一点儿工作。1956 年她被评为山西省农村社会主义建设积极分子。她说自己也有过软弱的时候，1957 年和同村的妇女们赶会，其间拿出粗面干粮吃饭，邻村妇女笑话她们：“都是模范社的社员进城，连烧饼也买不起。”她觉得脸上挂不住，没赶会就败兴而归。一回来便受到了组织的批评：“在村里个个都像小老虎，出去了就像小老鼠，几句闲话就受不了了？”宋立英这次冷静下来，这话说得在理，让她一辈子牢牢记住了。

1963 年夏天，漫山的作物长势喜人，根据往常的经验，等待村民们的将是一场大丰收。哪知天有不测风云，8 月初一场百年不遇的特大暴雨不期而至，天像下漏了一样，七天七夜不停歇。虎头山的七条山沟浊浪滔滔，村民们眼睁睁地看着洪水摧垮道路和堤坝，马上就可收割的作物一片片地倒下了。

全村的 800 多亩土地中，有 139 亩梯田被冲为平地，41 亩庄稼被沙土掩埋，其余 620 亩也几近于绝收。洪水还毁掉了村民们的家。全村 270 间窑洞和房屋，塌了 190 间，63 间成了危房，能住人的只剩下 17 间。80 户人家，78 户无家可归。真是到了地毁房塌、叫天不应叫地不灵的地步！大家伙儿挤在会议室，只剩下抹眼泪了。但大寨人没有屈服，而是迅速组织行动起来，与洪灾作斗争。宋立英带着妇女们和男人们一起战斗在抢险救灾第一线。洪水来的那几天陈永贵正在县城参加会议，想给村里打电话，洪水把电杆冲倒了；想回村里，松溪河暴涨过不去。直到 8 号才绕山回到村里。他对大家说：“这么大的灾咱们没死一个人，就是最大的胜利！土地刮了，我们重新修起来，窑塌了，我们盖起来。”

县里专门拨出 1000 元救济款给大寨，陈永贵安排退回。村里很多人不理解他的做法，对他议论纷纷。宋立英说自己当时也不理解，现在理解了，他就是要锻炼大寨人自力更生、艰苦奋斗的精神。经过两个多月的生产自救，灾后留下的550多亩秋庄稼长势喜人，40多间危房危窑全部进行了修补，还新建成40间瓦房和20孔石窑洞。特别是新建的那个地下排水涵洞，现在还在用它排洪，这真是一个百年大计的事情。

1964年春，宋立英铡草时，突然发现有一块夹在草里的石头卷进铡草机，情急之下，用手将夹着石头的草从正在运转的机器里拽出来，集体的财产保住了，她却被切掉了两个手指头。大家争着要抬她去医院，她却强忍着疼痛说："手铡了，脚又不疼，别送了！"那时候村里还没有通车，她按住汩汩往外冒的血，硬是走了十里路赶到县医院，疼得直掉眼泪。可是没过多久，手还没好利索，就又担着箩筐干活儿去了。

从17岁到63岁，宋立英见证并参与了大寨村的建设和发展，往事历历在目。后来郭凤莲接任党支部书记，宋立英依旧积极配合工作，能做什么就做什么，生怕大寨的事业落下。

20世纪80年代，大寨村也开始施行土地按人口承包给个人，而此时，贾进才已经年过古稀，由于长期疾病缠身，早已失去了劳动能力。宋立英也已经50岁，孩子们也都不在身边。因此，家里分的责任田只能靠宋立英经营，尽管如此，她也非常认真地对待这片庄稼地，能自己干的绝不麻烦别人。后来村里人发现了这一状况，纷纷伸出援手。逢年过节，县政府领导都会来村里看他们，还为他们申请了生活补助。1992年以后，宋立英不再担任领导职务，但她依然心系村里的工作，积极为大寨的经济发展出谋划策。她不管自己年老体弱，随郭凤莲南下北上考察，寻求大寨发展的新思路。

◆ 宋立英的土特产店。　廖高会摄

旅游之风吹到了大寨，这里也成为了红色旅游打卡胜地。老来无事，在2000年，她在村里开了一家以自己名字命名的纪念品商店——宋立英书屋（后改名为“宋立英土特产店”），七十多岁的她第一次学会了写自己的名字，为买书的游客认真签名。她还是村里的义务讲解员，给远道而来的客人讲述曾经在这里发生的故事，继续发挥余热。

煤炭战线上的一枝花

我们是石屹节的煤矿工
日夜奋斗在煤海中
为国为民做贡献
一片丹心火样红
叫他三晋沃土
头顶太行群峰
勤俭建设矿山
树立一代好矿风

这首《石圪节煤矿之歌》唱出了石圪节煤矿工人艰苦奋斗、勇于奉献的豪迈气概。石圪节煤矿位于太行山上党盆地长治市郊区，是山西五大煤炭企业集团之一的潞安集团下属企业。石圪节具有悠久的挖煤历史，到了清代，所产煤炭不仅供给本地，还远销外地。1926年，地主李金榜成立了裕丰公司，为了获取高额利润，严酷压榨工人。1934年6月，不堪忍受剥削的石圪节矿工开始了有组织的罢工反抗，经过半个月的艰辛斗争获得了煤矿史上第一次罢工的成功。1937年11月，八路军进入晋东南，开辟了晋冀鲁豫抗日民主根据地，共产党人康克清等亲自到石圪节传播革命火种。1938年5月，中国共产党秘密领导石圪节相继成立了石圪节煤矿工人抗日救国会和裕丰煤矿抗日游击队。1943年1月，日军占领了石圪节煤矿，为了实现“以战养战”，多出煤炭，日军在石圪节实行严酷野蛮的统治，建立了“万人坑”和“杀人场”。1945年8月，抗日战争取得胜利，但石圪节日军与国民党勾结，仍负隅顽抗，试图彻底炸毁矿井。前线指挥部的八路军获取消息后，便决定发动矿工随即便举行武装起义。8月17日，八路军与矿工里应外合，经过一夜激战，夺取了矿山，解放了石圪节煤矿。随后，石圪节煤矿被中共晋冀鲁豫边区政府接管，成为了共产党接管的第一座红色煤矿。

石圪节矿工们在获得解放后，迅速组织和恢复了生产，以此积极支援解放战争，并提出“一吨煤炭，一发炮弹”“多产煤炭，支援前线”的口号。1949年新中国成立后，石圪节改为国营煤矿。为了支援祖国建设，石屹节人又提出了“以矿为家，以煤为业，勤俭持家，艰苦创业”的口号，他们不等、不靠、不要，自力更生，修旧利废，开始了新中国成立后矿山历史上的第一次创业。

石圪节人体谅国家困难，时时处处都以节约为本。办公纸张双面写；劳保手套磨破了，由后勤回收补好后再发放；以精简机构的形式节约人力，30多种机构最后精简到16种……总之，节约之风渗透到了煤矿的方方面面。广大职工把这种节约品质总结为“节约一滴水、

◆ 解放初期石圪节煤矿矿山外景。 山西画报社供图

一滴油、一度电、一张纸、一团棉纱、一颗道钉、一个网沟、一个雷管、一张铁锹、一根坑木”的精神①。勤俭节约最典型的代表是三代“节约迷”。第一代中的王志良下井时常带着补风筒的针线；第二代中的胡计龙，他的钢锨焊了五次还舍不得换；第三代中的何发，每天工作时都会留心各种零配件，捡起后上交仓库，被大家赞为“配件司令”。这种节约风气成为了石圪节人的传家宝，到了20世纪80年代初，矿里要建个公园，便派了两位老工人去买动物，结果他们只花了一只猴的价钱，买了只怀孕母猴回来下崽。孔雀太贵就买了孔雀蛋，回来用老母鸡孵。公园也是由老工人自己设计、矿工自己因地制宜建起来的。

石圪节人把勤俭节约和艰苦奋斗紧密结合起来，形成了石圪节矿风。艰苦奋斗方面典型代表便是三代“矿山铁人”。第一代老工人郝晓明，三十七年如一日战斗在采煤一线，从没缺勤过。即便是十个手指甲先后被砸掉九个，即便是妻子几次生孩子，他都没有请过一次

① 于玉林主编:《无形资产管理全书》，中国时代经济出版社2003年版，第210—211页。

假。1979 年国务院授予他“全国劳动英雄”的光荣称号。第二代采煤工人屈天富在一次井下意外事故中被炮崩破了肚子，肠子流出来一堆，工人们用饭盒捂住伤口将他抬上井，送往医院抢救才得以脱险。医生诊断他已属于“半残废”，绝不能下井干活，但他伤势好转后，毅然重返采煤第一线。后来他又做过三次大手术，每次做完手术后，仍忍痛下井继续工作。屈天富带着伤痛一干就是 15 年，被评为全国煤炭战线的劳动模范。第三代采煤工人阎来明，在井下受伤，大肠被钢丝绳扎破 7 个洞，切去一尺多，伤好后随即重返井下，没向组织提出任何照顾条件。另外还有几十年如一日准时上班的三代“标准钟”和坚持不懈投身技术革新的三代“革新迷”。一代又一代的石圪节人，在勤俭节约、艰苦奋斗的精神指引下，前赴后继地为煤炭生产效率提升作出了极大的贡献。

除了厉行节约之外，便是不断进行技术革新，提升煤炭生产能力。石圪节的第一次创业是在五次技术革命中完成的。第一次大规模技术改造主要针对通风、运输、提升、排水、供电等环节，以提高生产效能。两年后，其年生产能力由原来的 5 万吨提高到 15 万吨。但具有强烈主人翁意识的石圪节人没有满足现状，他们于 1958 年又开始了第二轮技术改造。在此期间，干部工人们昼夜连轴转，白天上班，晚上到十里外的河滩筛砂子，发扬苦干实干巧干的革命精神，克服了人力不足和材料短缺的困难，最终将单罐笼提升升级为双罐笼提升，年产量提高到 30 万吨。1963 年 6 月，石圪节矿以连续多年在全国煤炭战线效率最高、成本最低、质量最好、机构最精简的突出成绩被树为全国工交战线勤俭办企业的红旗单位，成为当时五面红旗之一[①]。7 月 2 日，周恩来在中南海接见了矿长许川珩，并帮其将名字改为“许传珩”，周恩来亲切地说：“川珩同志，你这个川字的意思不太

---

① 《中国煤炭工业年鉴》编审委员会编：《中国煤炭工业年鉴 1991》，煤炭工业出版社 1991 年版，第 107 页。

好，把它改成传家宝的传吧，让勤俭矿风代代传下去嘛。”[①] 从此以后，石圪节煤矿干部职工始终牢记周总理的嘱托，一代代传扬勤俭节约、艰苦奋斗的矿风。

1965 年起，开始了第三次技术改造，重点改进煤炭的提升技术，技术人员通过多次试验，解决了技术难题，矿井提升能力提高 50%，原煤年产量提高至 45 万吨[②]。1970 年石圪节在三个工人中抽出一人搞扩建，继续高扬艰苦奋斗的精神，建成了斜井提升系统，完成了第四次技术改造，年产量达到 62 万吨；1974 年进行了第五次技术改造，实现了井上下的皮带运输，提高了矿井的综合生产能力，产量达到 92 万吨。至此，石圪节完成了“由小变大”的第一次创业[③]。1974 年《人民日报》先后发表《石圪节矿风放光彩》《朝着远大目标迅跑》的长篇通讯，详细介绍了石圪节艰苦奋斗，多快好省地发展煤炭生产的事迹。在解决了矿井提升和井下运输机械化后，1979 年到 1981 年石圪节人又攻克了中下层普机采煤的难关，使采煤机械化水平由 30%—40% 发展到 100%，原煤产量达到 110 万吨[④]。

1983 年，煤炭部准备在全国范围内建设一批现代化样板矿，但石屹节不在名单之列，原因是其基础差、底子薄。石圪节便主动到北京向煤炭部请战，表示只需半套综采设备就能完成任务。部领导被石圪节人的积极进取精神打动，破例将其列入了全国首批建设的现代化样板清单之中。但在当时，搞现代化矿井谈何容易，石圪节人首先面对的便是井筒断面小、巷道狭窄，综采设备都下不去的难题。但退却

① 中共中国统配煤矿总公司党组、中共山西省委员会主编:《石圪节精神永放光芒 学习石圪节文件资料选编》，煤炭工业出版社 1990 年版，第 249 页。

② 王玉娟:《永不褪色的一面旗帜 煤炭行业的精神标杆——石圪节精神》,《文史月刊》2019 年第 11 期。

③ 韩健、郭艳霞:《石圪节精神的旗帜永远高扬——潞安集团石圪节煤矿关闭纪实》,《先锋队》2016 年第 32 期。

④ 王玉娟:《永不褪色的一面旗帜 煤炭行业的精神标杆——石圪节精神》,《文史月刊》2019 年第 11 期。

服输不是石圪节人的性格，他们打出了“用艰苦奋斗的精神建设现代化”的标语，以昭示石圪节人奔向现代化的信心、决心与勇气。他们将综采支架在地面分解，顺利解决了设备入井的问题。随后又自行设计了现代化的生产调度室。如果请人设计，需要花上百万的经费，而自己设计仅用了 18 万元。综采设备属进口货，其技术含量高，操作难度大，工人及技术人员全靠自学，最终都能熟练地操控洋机器了。1986 年底，石圪节通过验收考核，成为了全国首批建成的 6 个现代化样板矿之一，全年原煤产量达 150 万吨，同时被誉为“中国煤矿一枝花”，完成了“由土到洋”第二次创业。

20 世纪 90 年代初期，全国工交战线掀起了学习石圪节的高潮，1991 年，中共中央总书记江泽民和国务院总理李鹏在人民大会堂亲切接见了石圪节矿风报告团，江泽民还亲笔题词：“艰苦奋斗，勤俭办矿，开拓进取，再立新功。”①

20 世纪末，石圪节煤矿走向了资源枯竭的晚秋。但石圪节人没有消极等待，而是审时度势，决心以“凤凰涅槃、浴火重生”的昂扬姿态迎接第三次创业。一方面通过改进技术最大限度挖掘资源，一方面积极着手转型发展新型绿色石圪节。石圪节人勤奋钻研，最后掌握了轻放支架开采残采区技术，这不仅使矿井寿命延长了 8 年，而且创造了最高日产 4000 吨，工作面最高月产 6 万吨的全国同行业轻放开采的先进水平，为国家节约了大量资源。但石圪节人并没有就此停止前进的步伐，他们又将眼光投向下组煤的探索上，下组煤是煤变油的重要原料，其开采对璐安集团建设煤油循环经济具有特殊的意义。石圪节人冒着失败的风险，用了 47 个月进行艰苦卓绝的探索，最终获得了成功。这不仅再次延长了旧矿的寿命，而且为全国下组煤的开采提供了技术经验。

---

① 徐进等主编：《中华人民共和国大事记 1989—1994》，科学技术文献出版社 1995 年版，第 296 页。

在绿色转型发展方面，石圪节积极进行产业结构调整，探索转型发展之路。2003 年 4 月在璐安集团公司的支持下，石圪节开始建设接替矿井司马矿。石圪节人在建设司马矿时采用了全新的理念，一改过去点滴节约的做法，而是采用全新的现代化绿色开采理念，花大价钱购买基本设备，建设基础设施，并对矿区进行绿化、美化和香化。短短 21 个月时间便建成了年产 300 万吨的现代化矿井，创造了令人叹服的“司马速度”。2003 年，石圪节人将老矿区规划为高新技术健康产业基地，研发出瑞福莱、益康酒、纳米乳胶漆以及果膜包衣等产品，形成了多元化绿色产业结构。为了推进绿色产业发展，石圪节依托其特有的地理、资源等优势，建成了集苗木花卉培育、生产、研发为一体的占地 1000 多亩的生态农业基地。到 2006 年，石圪节最终建成了洁净能源基地、高新技术基地、生态农业基地，完成了“由黑变绿”的转化，完成了第三次创业。

◆ 潞安矿务局石圪节矿今日风采。　山西画报社供图

2016 年 10 月 20 日，拥有 90 年建矿史的石圪节煤矿初步通过山西省长治市政府组织的煤矿关闭验收，这座曾荣获过 300 多项省部级以上荣誉，被外界人士誉为“中国煤矿的西柏坡”的英雄煤矿，完成了其作为能源基地的使命。而屹立在石圪节文化广场上的纪念碑及其

上面的题词，仍然述说着这座煤矿在中国共产党的革命事业中的辉煌历史。

明代民族英雄于谦曾任山西巡抚，在巡视山西长治的时候，看到石圪节的煤炭后写下了永载诗词史册的《咏煤炭》，其中最后两句为“但愿苍生俱饱暖，不辞辛苦出山林”，这是石屹节人无私奉献的真实写照。

右玉传奇——怒放的生命

“哥哥你走西口，小妹妹我实在难留。拉起我那哥哥的手，送你送到大门口……”只要说到走西口，耳边就会想起这段悲凉哀怨的歌声，那是背井离乡的无奈和忧伤。历史上晋商涉足的西口，主要指杀虎口一带，此地是明清晋商兴盛之地，晋商北出山西的最后一关，再往北就是茫茫塞外了。遥想当年，这里商铺云集，人声鼎沸。我们下面要说的这个地方，它地处晋西北边陲，以古关杀虎口为“咽喉之地”——这就是“昔日不毛之地黄沙飞，今日塞上绿洲远名扬”的右玉。可是，右玉这片地方，真是很难让人留下来，不可思议的漫天黄沙，把所有生存的想法都遮蔽了，似乎只剩下逃离这最后一条路。

那么这个曾经的不毛之地是如何变成今日的塞上绿洲的呢？

右玉解放前，当地流传着这样的民谣：“一年一场风，从春刮到冬。白天点油灯，黑夜土堵门。山岭和尚头，十年九不收。男人走口外，女人挖苦菜。”风沙大到甚至把羊群刮没了，一年到头伴随人们生活的，永远是遮天蔽日的风沙。当年一位曾到这里考察过的德国专家断言右玉不适合人类居住，建议举县搬迁。

由于地处胡汉交界之地，扼边关要塞，自秦汉以来，这片土地就金戈铁马狼烟四起，连年战火不断，明王朝为了防御草原游牧民族，从洪武年间到大明结束的二百多年里，每年到了秋天，驻防长城沿线的军队便放火烧荒。也就是从那时候开始，树木植被遭到了毁灭性的

◆ 右玉老县城3丈6尺高城墙被风沙掩埋。 山西画报社供图

破坏。风沙让这片土地变得萧瑟与贫瘠，让这里的数万百姓欲哭无泪。天昏地暗——是老乡们对故乡最深刻的记忆！人们就在这漫漫黄沙中，艰难地活着。活不下去就往北走，穿过杀虎口，走口外逃荒谋生；留下的人，只能一次又一次登上古城西北的崇岗山上去拜风神，虔诚地祈祷风神能止住风沙，放大家一条生路。可是一年又一年，风神台的香火不断，肆虐的风沙却从未停止，真真到了叫天不应、叫地不灵的地步。能救百姓的神明到底在哪里？

转眼来到了1949年，全国农民迎来了自己的春天，撕毁了地契，分得了田地。然而对于右玉的老百姓来说，这种喜悦很快就被另一种担忧所代替，严重沙化的土质让庄稼很难下种，种到地里的种子常常一夜之间就被风刮跑，正如当地谚语所云“春种一坡，秋收一瓮，除过籽种，够吃一顿。”面对成片的土地，却吃不饱肚子！

右玉的传奇，是从一个刚刚走出枪林弹雨的汉子开始的。

1949年初夏的一天，两个外地模样的年轻人，急匆匆地行走在通往右玉县的羊肠小路上，他们就是即将上任的中共右玉县委第一任书记张荣怀和他的通讯员王玉明。这个刚刚三十五岁的年轻人还在部队就接到去右玉上任的命令，右玉对于张荣怀来说并不陌生，在抗日战争和解放战争时期，他就在这里打过游击战。就是这个不陌生的地方，却在上任的第一天给了这个刚从枪林弹雨走出来的汉子一个下马威，铺天盖地的黄风裹挟着狂沙给了他一份特殊的“见面礼”，让他领教了右玉风沙的威力。

怎么改变这种恶劣的自然环境？怎么让老百姓生存下来？是摆在首届县委、县政府面前的一个难题。面对困难，张荣怀没有退缩，上任第二天就和时任县长江永济背上水壶，带上军用地图，开始了近四个月的徒步考察。王玉明因为字写得好，所以在张荣怀身边做刻印员，张荣怀下乡考察常会带上这个聪明勤快的年轻人。一路上王玉明经常能感觉到张荣怀的焦虑，到底怎么改变右玉，张荣怀一时找不到答案。他们走遍了右玉的沟沟坎坎、梁梁卯卯，边考察边寻找答案。

功夫不负有心人！谁能想到，一条不知名的山沟让右玉的命运发生了重大的改变。因为就是在这个山沟，张荣怀看到了之前在其他地方都从来没有见过的景象，沟口一片郁郁葱葱，而沟里是没有被风沙掩埋的长势很好的土豆。张荣怀看到一个年轻人正在那里种树，此人正是 50 多年后第一个获得山西省政府授予的造林功臣牌匾的右玉人——曹国权。

年轻的曹国权在新中国成立初期就开始种树了，年纪不大，志气不小，因为从小就穷怕了，就想着要改变家乡的山河面貌。曹国权此时并不知道，眼前这个对他种的土豆产生浓厚兴趣的人竟然就是新上任的县委书记。后来二人聊了起来，他告诉张荣怀，土地改革时，他本来分到了几十亩平川好地，可是年年风沙刮跑种子，收成特别差，快 30 岁了一直娶不上媳妇儿。后来他用十二亩好地换了别人家的这处山沟，沟口山坡种树，沟里种土豆、莜麦，收成竟然比别人家高出一倍，家里还存下了余粮。就因为这几瓮余粮，终于有姑娘愿意嫁给他了。曹国权的话让张荣怀的眼前慢慢展开一片光亮，树可以防风固沙，如果右玉的每一条山沟都用这样的方式改造，那右玉的整个生存环境一定就会好转的，粮食产量也会提高，右玉百姓的生活不就好起来了吗！当晚，就在曹国权的窑洞里，张荣怀和他聊了一晚上种树的话题。曹国权怎么也不会想到，就是当年自己随意的聊天竟然会让县委书记做出了一个改变右玉山河面貌的决定。

1949 年的深秋，张荣怀结束了对全县的考察，在简陋的办公室里挥笔写下了这样一行字：人要在右玉生存，树就得在右玉扎根。至此张荣怀到任后做的第一个“梦”、定的第一个决策、打的第一场战役都是种树。

1949 年 10 月 24 日，张荣怀在一次县委工作会议上面对全县干部提出了一个响亮且非常接地气的口号：右玉要想富，就得风沙住；要想风沙住，就得多栽树；要想家家富，每人十棵树。这次大会开完之后他带着全县干部冒着风沙来到苍头河畔每人种下了十棵树。右玉人认准了一条路，人要活下去，就得先让树活下去。可是想在右玉种活树绝非易事，正所谓“一年活不算活，三年活才算活。”天不帮忙，人就得加倍拼命，县委书记冲锋在前。没有水，就肩挑手提，想尽办法运水上山，浇一次水不行，那就一次又一次；天寒地冻，就用草毡给树苗保温；种一次活不了，就种三次、五次。

当年张荣怀带头栽下第一棵树的苍头河畔如今两岸郁郁葱葱，自然环境优美，已经成为晋北地区少有的省级湿地保护区和令人赏心悦目的休闲胜地。张荣怀不是右玉人，虽然他在右玉只工作了三年，却拉开了右玉人 70 年坚持不懈植树绿化的序幕，一代接一代，奋斗不止。他为人民谋求长远利益的远见和为此付出的心血，因为这满眼的绿色而被人们永远铭记。

1952 年 3 月，他将接力棒交给了第二任县委书记王矩坤。31 岁的王矩坤举家来到右玉，他面临的是更干旱更缺水更艰难的条件。和张荣怀一样，在上任的路上他就感受到了右玉的风沙和贫困。也和前任一样，他认为只有植树造林才能改变右玉的生态环境，才能让老百姓过上好日子。王矩坤上任时了解到，他的前任张荣怀在两年多的时间里已经在全县组织了四次爱国造林大竞赛运动，共造大片林木 2.4 万多亩，零星种树五万多棵。但是王矩坤意识到，右玉一千九百多平方公里的绿化事业只靠县委开展运动造林是远远不够的。要想成功，还是得依靠群众、发动群众。

1952 年春，王矩坤一上任就和时任县长李文仁组织开展了植树造林万人大会战，带领全县机关单位的所有干部职工、中小学生与上万名各村群众冒着初春塞北的严寒，奋战在植树的第一线。他和县长李文仁肩扛铁锹，带着干粮，徒步深入到各林地，坚持与群众同吃、同住、同劳动，反复向民众宣传植树造林改变右玉贫困面貌的重大意义。山头上，没人分得清哪个是领导，哪个是群众，哪个是干部，哪个是百姓。如果不说话，没人认得出来王矩坤就是新来的县委书记，他和普通百姓一样，啃河里刨来的冰块，吃烤土豆，拿炒莜面当干粮。那时候的右玉，每个机关单位办公室门后都会放一把铁锹，到了植树期，干部群众、男女老少就一起加入到植树大军当中。

1953 年春天，一场罕见的春荒让大部分右玉人家里断了粮，国家下拨了四十万公斤玉米当作救灾粮。救灾粮到位了，但是王矩坤却不想就这样把粮食分发下去，他决定搞以工代赈，也就是把救灾粮划出一大部分做奖励，每种一亩树，验收合格后，就发给十七斤玉米作为村民的劳动报酬。有人担心这样做犯错误，王矩坤却说，如果犯了错误上级追究下来，他一个人担着！在发放赈灾粮的大会上，王矩坤发表了一番令人动容的讲话：

同志们，这粮食是国家白给的，但我们不能白吃。我们今年白吃了这批粮食，那我们明年就还得继续靠国家救济，或许十年二十年之后，我们还得靠国家来救灾。我们右玉人不能这么没出息！我们右玉人要靠自己的双手改变自己的命运！这些粮食我们不能当作救济粮，要当作“植树粮”，吃粮食的人，就得种树，种树的人，才有资格吃粮！

事实上，当年右玉家家户户都吃上“植树粮”。那年春天，每家每户只要能劳动的，都会扛着铁锹上山种树。很多上了年纪的人至今记得当年吃到植树粮的滋味，比现在吃的点心还香甜！以工代赈极大地调动了大家的积极性，从 1952 年 3 月到 1955 年 1 月，王矩坤任县委书记的三年里，全县共栽种大片杨树林 12.7 万亩。

1955 年 2 月，张进义接过了王矩坤的接力棒，成为右玉第三任县委书记。他在右玉工作的时间只有短短一年，但种树仍然是他最重要的一项工作。在张进义看来，坚持种树是每一位继任者理所应当的选择。此后，右玉历届县委、县政府领导班子，“一任接着一任干，一张蓝图绘到底”，换届不换方向、换人不换精神，“绿色接力棒”代代相传。大家幽默地说，“飞鸽牌”的干部做着“永久牌”的事。骐骥一跃不能十步，驽马十驾功在不舍，久久为功就是右玉人梦想成真的秘诀。

右玉人的梦是不忘初心的梦，是利在长远的梦，更是常做常新的梦。70 年来，不论是新中国成立之初百废待兴的恢复期，还是大炼钢铁、“大跃进”的冒进期；不论是以阶级斗争为纲的“文化大革命”时期，还是有水快流的改革开放初期，右玉 20 任领导班子始终从老百姓生存发展的根本利益出发，把植树造林、改善生态这项右玉最大的民生工程作为立县之本、执政之基，带领老百姓摸爬滚打在植树造林第一线，顽强执着地为右玉大地披绿增翠。

这片土地上承载了太多，走过的每一寸路都经历了千古灿烂的文化之光的沐浴，它的美丽和厚重道不尽也说不完，只要你踏上这里，你一定会爱上它，会慢慢解读它。这就是右玉，不华丽却美得古朴大方，千载万年不褪色！只要你走进右玉，一定会收获心灵的震撼和骨子里的觉悟。

◆ 今日右玉风光。 郭学斌摄

每个人都会消逝，但生命的意义不在于是否永恒，而在于给这个世界留下了什么。当年栽下的树已经融入这一片绿海之中无法找寻，但先辈播洒在右玉大地上的精神不仅长成了这一望无尽的苍翠，而且成为更加宝贵的财富。当年的风神台虽然不再香火缭绕，却见证了右玉的传奇，故事里有欢笑有泪水，有汗水有热血，或令人振奋不已，或令人感动垂泪，更令人欣慰的是，这里的故事一直在继续！

红沙岭下的“桃花源”

近年来，晋北灵丘有一处网红旅游打卡村，该村四周皆山，人们通过一隧洞走进山村，眼前便豁然开朗，其间气候温润，土地平旷，屋舍俨然，良田美池，小桥流水，桃柳交错，鸡犬之声相闻，主客笑语频传。这里便是有“塞上江南、世外桃源”之誉的花塔村。而50年前的花塔村还是一个闭塞落后的穷山村，一代代的花塔人在党的带领下筚路蓝缕、披荆斩棘，通过艰苦卓绝的奋斗迎来了现在的幸福生活。

花塔村地处晋、冀两省和灵丘、阜平、繁峙三县交界处，位于大同市最南端，隶属于灵丘县独峪乡。由于周围都是大山，自古交通不便，出门必须翻越村西北的红沙岭大山，而且走的是羊肠小道，当地流传着一首民谣："花塔花塔，出门扒擦[①]，扒擦不住，跌破肚肚"，唱的便是花塔的路难走。千百年来村民们眼睁睁地看着河谷的水流走，坡上的地旱着，因此常年缺粮少食，生活非常艰苦。但花塔人却深明大义，老一代花塔人在抗日战争、解放战争时期，参军参战，做军鞋、送军粮、打游击、设置伤病员休养所，为革命作出了较大贡献。解放后的花塔村作为革命老区，由于自然条件差，仍在贫穷中受煎熬。要致富，先修路，花塔人民渴望有一条通往山外的路。党和政府没有忘记花塔人民，决心开凿红沙岭隧洞，把花塔人彻底从大山里解放出来，1975 年 3 月 15 日这项大工程正式动工。

◆ 花塔村红沙岭隧道。　山西画报社供图

此项工程在大山的阴阳两面同时开工，除花塔村社员外，还有公社（当时叫三楼公社）其他村的社员组成的施工队。大家先期都是自带工具，住宿吃饭各回各家。后来需要更多工人，便从全公社各村调

① 扒擦：灵丘方言，指因路滑难走而跌倒或摔倒。

派来，一天两班倒，昼夜不停。为解决食宿问题，社员们从家里背粮，用石头垒墙，上山砍山椽、搭工棚、盖房顶、吃住都在工地。大家在工地上都是高粱面或玉米面就咸腌菜吃，把困难与艰苦踩在脚下。工人们夏天顶烈日酷暑、冬天冒风雪严霜，绝不让工停下来。村里自筹资金，工人们自制小平车、自炒炸药，凿山崖，清石渣。花塔村老支书韩玉章、主任韩日升带领大家，倾全村之力，发扬愚公精神，五年时间从不间断，硬是依靠人工搬走了隧洞出口处长33米、宽30米、厚度15米的沙石堆积层。

1976年初开始进入隧洞内作业，但困难接踵而至，工程举步维艰。危难之际，县委调来了年轻有为、勇于担当的徐耀到三楼公社任党委书记。徐耀上任后便与群众打成一片，除了日常工作外，便全身心投入到红沙岭隧洞工程中，亲自带领全公社机关及下属单位职工干部参加劳动。徐耀想法儿从信用社贷款三万元，维持工程日常开支，并向县里批回三万斤弥补粮，解决了工人的吃饭问题。由于公社没资金，县里穷，他带着干部们走出去向上级求援，向工矿企业求借废弃设备，修理后，为己所用。为了隧洞进展顺利，他四处求人帮忙，工程上所需的炸药、钢管、风带、空压机、翻斗车、水针木材等，都是他四处求借来的。他勤政为民，时时事事亲力亲为，带头苦干的实干精神，带动了所有的干部，感动了专业队的伙伴们，也感动了公社所有社员，大家称赞他是焦裕禄式的好干部。领导干部们毫无私心，全心全意为社员谋幸福，这极大地调动了群众的积极性，激发了他们战胜困难的勇气与决心。

隧洞打到400多米时，出现排烟困难的问题。有几次工人们在洞里打风钻及清渣，发生氨气中毒，晕倒了。面对如此严重的问题，徐耀赶紧上大同矿务局，从十二矿弄回好风袋，解决了送风、排烟问题。当隧洞打到500多米时出现了断层，泥石流不断地往下泻，洞内险情不断，在此危急关头，公社带工的韩继堂和带班的班长们，日夜把守，还组织伙伴们上山砍来山木，横架在顶上，做好支撑，苦战两个月，最终安全打通了50多米的断层。干部们树立了榜样，工人们更是苦干实干，十年的施工中涌现出一批又一批先进模范人物。红沙岭工程施工过程中，领导干部前仆后继、无私奉献的情怀，人民群众不怕苦、不怕累的精神，正是老区人民顽强奋斗精神的传承与体现。

1979年9月7日，红沙岭隧洞内一声炮响，隧洞打通了！1981年，徐耀调离了三楼公社，继任的公社党委领导，一任接着一任干，建成了拦河溢流坝和水电站。到1985年底，这个耗费了全乡人民十年时间的巨大工程终于竣工了。红沙岭隧洞全长827米，高3.5米，宽5米，洞内水路并行，不但解决了花塔村的交通问题，还提升了水位，解决了花塔村的灌溉问题。而在挖掘隧洞中展现出来的自力更生、艰苦奋斗、齐心协力、为民造福的精神也随即在全公社、全县落地生根[①]。这既是老区人民对革命精神的继承，也是中华民族自强不息精神的体现。红沙岭隧洞工程的胜利竣工，为花塔村历史翻开了新的篇章，开拓出花塔人追逐时代大潮的通衢大道。

在新时代，为了践行习近平“绿水青山就是金山银山”的发展理念，大同市把文化旅游作为转型发展的支柱产业之一，特别是把发展乡村旅游作为决胜脱贫攻坚、推进乡村振兴的重要举措，依托丰富的乡村旅游资源，按照“因地制宜、统一布局、生态循环、农旅融合”的思路，以农促旅，以旅强农。文旅产业呈现出蓬勃发展态势，出现了一批乡村旅游发展片区，叫响了灵丘花塔村、天镇李二口、阳高守口堡等民宿旅游品牌，以民宿为代表的乡村休闲旅游步入高质量发展快车道。花塔村搭乘时代的列车，领导干部继续带领群众，强特色，抢先机，在脱贫攻坚的道路上，奏响了一曲曲团结奋战的凯歌。

花塔村是大同市建档立卡的贫困村，人均耕地不足1.2亩，种地

---

① 赵洪波:《红沙岭精神永存》,《文史月刊》2020年第5期。

打不下多少粮，农民人均收入较长时间都徘徊在2500元左右，全村贫困人口占到了常住人口的二分之一，产业单一，封闭落后，即使有原生态美景，年轻人也难留下，正如民谣所言“媳妇留不住，出门跌破肚”。但自从开展脱贫攻坚工作以来，花塔村立足自然生态优势，围绕“依托休闲农业带动乡村旅游，依托乡村旅游助力脱贫攻坚”的脱贫思路，全力打造花塔景区旅游扶贫品牌，以此带动农民致富增收。

要搞好旅游产业，基础设施建设必须完善。从脱贫攻坚以来，花塔村累计投资3071万元用于景区建设，包括仿古游客接待中心、停车场和游客广场、花塔生态民宿、红纱岭教育基地、回龙湾彩虹道、青云木栈道、凉亭、景观坝、软桥、长廊等，还购置17辆观光车，铺设百草湾步行道、实施民居风貌改造、建设卫生公厕，同时提升了花塔景区的基础设施、游览环境和服务水平。

在完善基础设施的同时，花塔村积极引导群众充分发挥房屋、土地、农产品的经营属性，带动68户村民发展民宿和庭院经济。其中，日接待能力50人以上的民宿有3家，3间以下客房的农家乐有20户，农家餐馆7家。同时带动提供瓜果、蔬菜、肉蛋的45户村民的增收。村里还建成有机生态采摘园，邀请农业专家指导种植蓝莓、无花果、樱桃等稀有名贵水果200亩。通过乡村旅游带动摊位销售花椒、核桃、黑枣、柿子、桃子、李子等农副产品，带动30余户村民每年销售农产品18万元。几年来，花塔村通过旅游产业增收，直接带动了154名贫困村民稳定脱贫。对此，花塔村群众心满意足地说，“以前这里的核桃、花椒等卖不出去，现在游客上门要，价钱还高。到了果实成熟的季节，旅客入园采摘还会带来更可观的收入。”借助乡村旅游发展的契机，花塔景区成立了联合附近村庄的旅游合作社以及大美生态旅游开发有限公司，对景区进行统一运营和管理，带动周边5村190户400人贫困人口通过旅游服务、土特产销售、劳务用工获取收益，真正做到了输血与造血结合，将扶贫转化为扶志。

2019年，全村共接待游客8万多人，旅游收入350余万元，人均增收3000元，同年6月被评为全国第二批“中国传统村落”、山西省首批“AAA级乡村旅游示范村”。短短几年间，花塔村从一个封闭保守的穷山沟变成了远近闻名的明星村，获得了“生态名宿第一村”的美誉，从而摆脱了贫困，步入了乡村振兴的快车道。花塔村2021年接待了8万多游客，旅游综合收入近300万元，其中带动脱贫人口人均增收5000多元，全村人均年收入达到1.3万元。花塔村集体经济收入从2015年的两万元增加到2021年的52万元。

在外地打工的年轻人，看到村里发生了较大变化，日子越过越好了，返乡热情随之大涨。46岁的孙志强先前跑运输，在省城开过饭店，生意做得红红火火，眼见家乡最近几年发展较快，便返乡办起农家客栈。32岁的韩福虎在外养大车，回村把老房子拆掉盖起了一座独具都市特色的二层楼，搞起了餐饮住宿客栈。在北京当大厨的41岁村民韩润利放弃了高工资，回乡给韩福虎的客栈掌厨。

◆ 大同灵丘花塔村今貌。　山西画报社供图

吃水不忘挖井人，花塔村人为了铭记那些造福花塔村而无私奉献的前辈，2010年，花塔村和附近牛邦口的民众自发在红沙岭隧洞入口处，建起了一座

纪念碑，纪念为红沙岭隧道奋战的人们，碑上写着“苦干加实干，天堑变通途”的口号标语。2021年，在建设花塔生态民宿的同时，新建了红沙岭教育基地，建设此基地的初衷，是为了提升广大游客的游览体验，壮大集体经济，增加村民的旅游收入，更重要的是传扬自力更生、艰苦奋斗、齐心协力、为民造福的精神，为花塔的青山绿水注入文化内涵。

花塔村只是灵丘县旅游产业发展的一个缩影，红沙岭正是灵丘老区革命精神的具体表现，在这种精神的引领下，灵丘正在书写一个个乡村振兴的美丽传奇故事。

二、三晋儿女　重塑风流

三晋大地的生命工程

山西是水资源短缺严重的省份，有“十年九旱”的说法。新中国成立后，党和政府领导全省人民大搞水利建设，兴修了近千座水库，一定程度上缓解了山西缺水问题。但随着社会经济的发展，加之山西是全国能源、重化工基地，高耗水工业较多，缺水更是严重。20世纪90年代初，山西全省人均水资源占有量相当于全国人均水平的17%，世界人均水资源占有量的4%，水资源的人均占有量在全国排倒数第二位。水资源的严重短缺，制约了山西经济发展，影响了山西人民生活水平的提高，同时也导致了山西省生态环境状况失调。山西解决水资源短缺问题便显得十分紧迫。

早在1958年3月中共中央召开的成都会议上，时任山西省委第一书记的陶鲁笳，便提出了引黄入晋的设想，毛泽东主席表示赞同[1]。同年10月山西省成立引黄查勘队，首次考察了引黄入晋工程线路。同时，原北京勘测设计院与山西省组成的引黄入晋规划队也正式成立，重点考察从万家寨水库引水的线路。正当各方都满怀信心推进引黄工程时，却遇上了三年经济困难。1961年，万家寨水利枢纽和引黄工程均被中止。党的十一届三中全会后，兴建万家寨水利枢纽和引黄入晋工程再次被提上议事日程。1977年，山西省委成立引黄工程领导组，组织专业人员和专家分别对北引黄（从万家寨引黄）、中引黄（从军渡引黄）和南引黄（从龙门引黄）进行较为系统的分析和研究，最终确定了北引黄的战略方针。1991年，黄河万家寨水利枢纽及引黄工程项目列入国家“八五”建设计划。1992年3月初，引黄工程和万家寨水利枢纽立项成功，功能定位为供水、发电、防洪与防凌。1993年5月22日，引黄工程举行奠基开工仪式。1994年，和引黄工程配套的万家寨水利枢纽工程主体工程正式开工。

◆ 万家寨引黄工程。　山西画报社供图

① 陶鲁笳：《毛主席教我们当省委书记》，辽宁人民出版社2017年版，第105页。

引黄工程大体分总干、南干、北干三条渠线，引水线路454.9公里，引黄入晋总引水量为12亿立方米/年。万家寨水利枢纽大坝为混凝土重力坝，全长436米，最大坝高105米；水库最高蓄水位980米，总库容8.96亿立方米；水电站设计年平均发电量27.5亿千瓦时[①]。

引黄工程是由水利部、山西省、内蒙古自治区合资建设的，属于跨省区工程，因此其中涉及到权属与各自的利益问题。其中分歧较大的是枢纽工程究竟由谁来负责兴建。山西于1988年7月表示：万家寨枢纽是引黄入晋工程的龙头，应该由山西省负责。内蒙古自治区于同年8月提出：万家寨水电站90%的淹没区在内蒙古自治区境内，水电站的建设权和经营管理权理应归属内蒙古自治区，引水工程由山西省负责建设管理。为了协调解决双方的争议，1990年9月，国务院副总理邹家华召集晋蒙两地及相关部门负责人开协调会，这次会议达成了共识：山西省水资源紧缺已经影响到国家能源重化工基地建设和城市居民的生活用水，因此要从国家建设的全局和保障民生的高度来认识这个问题，有关各方都要予以坚决支持。会后印发了纪要，确定了合作方针和各自的责任，兼顾了各方权益，消除了分歧，为万家寨水利枢纽和引黄工程顺利开工扫除了障碍，因而此次会议具有里程碑式的意义。随后，水利部、山西省和内蒙古自治区就共同签署了《关于联合建设万家寨水利枢纽和引黄入晋引水工程的意向书》，明确了投资规模、管理方式和效益分配原则[②]。并于1993年2月13日成立了枢纽建设管理局，以强化工程建设等各方面的科学管理。

但是引黄工程遭遇到的最大困难不是晋蒙两省区的分歧，而是资金的短缺问题。按设计部门提出的预算报告，引黄工程总投资112.97亿元。枢纽工程由水利部和晋、蒙三方共同集资兴建，总投资53.14

① 郭裕怀:《引黄工程的历史记忆（续篇）》,《党史文汇》2012年第4期。

② 郭裕怀:《引黄工程的历史记忆（续篇）》,《党史文汇》2012年第4期。

亿元，山西需分摊投入资本金18亿元，整个引黄工程建设山西共需投资130.97亿元，这对于经济并不发达的山西来说无疑是天文数字！[①]但钱是等不来的，必须自己想办法。山西尽管缺水但煤炭资源丰富，何不取长补短，以煤补水？于是，山西于1990年出台了吨煤、度电收取水资源补偿费的办法，并获得到了国务院的批准与支持，引黄资金初步得到解决，但缺口仍然很大。

1993年5月，山西省提出引进世界银行贷款的申请。但世界银行申请贷款具有严格的要求：对所投资项目要求必须技术上合理，经济上可行，财务上有效，环保上持续，移民上可以接受。1994年世行贷款工作启动，但由于世界银行对引黄入晋工程了解不够，所以贷款迟迟下不来。1996年4月10日，为了争取世界银行贷款，省委书记胡富国带领省五大班子的领导会见了以古纳为团长的世界银行引黄工程评估考察团。胡富国表示，如此高规格的会见是空前的，也是绝无仅有的，缘由有两个方面：一是要表明引黄工程的重要性，这是3000万老百姓的生命工程；二是出于对世界银行考察团的感激，为了引黄工程，世行多次到山西考察访问，这种热情的人道主义精神和真挚的合作诚意感动山西人民。这次会谈充分体现了山西领导层当时的诚意和急迫心情[②]。

1996年4月29日，邹家华副总理在钓鱼台国宾馆会见了世界银行驻中国代表处首席代表皮特·鲍特利和世行评估准备考察团团长古纳，其规格之高前所未见，其目的很明确，就是要向世界银行表明中国政府对引黄工程的支持态度和支持力度。邹家华副总理说："万家寨引黄工程是黄河中游的一个重要项目，中央政府非常重视。工程在山西境内，表面上看是解决山西缺水的问题，实际上山西经济在全国经

① 万家寨引黄工程管理局新闻宣传中心：《山西人民的生命工程——万家寨引黄工程》，《支部建设》1997年第5期。

② 郭裕怀：《引黄工程的历史记忆（上篇）》，《党史文汇》2009年第10期。

济发展中具有极为重要的地位。山西是中国的能源基地，是煤炭生产的集中省份，解决山西缺水的问题，使山西经济、山西煤电工业得到发展，这也是全国经济发展必须解决的一个重要问题。”[①] 这次会见后，世界银行改变了原来的态度。

自 1994 年世行贷款工作启动起，山西接待世界银行到晋考察共 6 次，组织相关大小会议 96 次，其中的艰难曲折是可想而知的。1997 年 8 月，世界银行向山西省万家寨引黄工程提供贷款 4 亿美元（后调整为 3.25 亿美元），加上意大利政府 300 万美元的出口信贷，引黄资金基本得到解决[②]。1997 年 8 月，引黄工程国际承包商陆续进场，主体工程开始施工。

从工程的立项到水资源补偿费的出台和增收，再到向世界银行贷款成功，无数次山穷水尽，无数次命悬一线，每当无路可走，无计可施之际，党和国家领导人总会力挽狂澜，使引黄工程柳暗花明，重拾希望，重回正轨。

有了资金，还需要解决技术难题。引黄工程技术难度是世界罕见的。首先引黄入晋需开凿长达 454.9 公里的引水线路，其中 209 公里为地下隧洞，41.2 公里的管道，还有渡槽 36 座，倒虹 6 座及五级扬水站 6 座，总扬程为 648 米。其次，沿线地质情况复杂，隧洞不仅线路长而且埋深大，最大埋深可达 430 米，处于地下水层以下。再次是高难度的作业带来了较多的技术难关。比如泵站的抗磨技术和转数、扬程、流量、效率等方面的先进技术指数，在国际上都还没有先例；又如各泵站之间流量匹配、大功率水泵启动关闭、复杂的水力计算和如何安全运行也是当今世界少见的科技难题。因此，引黄工程属于国内仅有、世界罕见的大型跨流域引水工程[③]。如此高难度的技术仅靠山

① 郭裕怀：《引黄工程的历史记忆（中篇）》，《党史文汇》2009 年第 11 期。
② 许冰：《万家寨引黄工程——山西人民的“生命工程”》，《山西老年》1997 年第 8 期。
③ 许冰：《万家寨引黄工程——山西人民的“生命工程”》，《山西老年》1997 年第 8 期。

西一省之力显然难以解决。因而国家相关部门在技术方面给予了大力支持。1996 年 7 月，万家寨水利枢纽管理局更名为黄河万家寨水利枢纽工程开发公司。从此，水利部便与山西和内蒙古捆绑在一起共担风险、共享利益。同年 9 月，水利部组织专家对万家寨枢纽和引黄工程工地进行了深入的调查研究，并协助山西成立了引黄入晋工程技术专家组，从而在很大程度上解决了工程技术问题。1996 年 4 月，引黄工程土建项目国际Ⅰ、Ⅱ、Ⅲ 标开标仪式在太原长河大厦隆重举行[①]。通过全球性国际招标，引黄工程便与国际接上了轨，引进了先进的技术、装备和管理。

技术的突破更是离不开亲自参与施工的“引黄人”，他们心怀对 3000 万山西人民的大爱，经历了艰苦卓绝的奋战，不断攻破了诸多技术难题，并积累了丰富的实践经验。设备上，大规模集中使用了当时世界上最先进的隧洞开挖设备，创造了日进尺 113 米，月进尺 1821.5 米的世界纪录。在设计上，通过 6 座泵站，将黄河水提升 636 米后，形成一个梯级输水泵站系统，这种高扬程、大流量的输水方式在国内引水工程中属首创。而且广泛采用新技术、新工艺产品，积累了丰富的在引水工程中运用大口径 PCCP 管的经验。其制造技术、安装质量均受到行业专家的高度评价。在管理方面，采用全线自动化控制系统，通过计算机监控系统实现全线流量平衡控制，优化了管理，降低了成本，提高了安全系数，这项技术在国内外自动化控制领域，都是领先的[②]。

1998 年万家寨首台机组实现并网发电；2000 年 12 月，6 台机组全部并网发电。2002 年 9 月，万家寨水利枢纽工程经国家验收全部竣工。建成后的万家寨水利枢纽工程，年发电 27.5 亿度、向山西、内

① 许冰：《万家寨引黄工程——山西人民的“生命工程”》，《山西老年》1997 年第 8 期。
② 古喆、苏云峰：《黄河在这里唱响——山西省万家寨引黄工程建设纪实》，《财经界》2013 年第 7 期。

蒙古调水 14 亿立方米，真正发挥了供水、发电、防洪、防凌等作用。2002 年 10 月，引黄一期工程竣工，第二年便源源不断向太原供水。引黄北干线工程 2009 年 2 月开工建设，2011 年 9 月建成并投入使用，极大地缓解了大同、朔州用水问题。至此，山西人民用上了梦寐以求的黄河水，有效缓解了水资源紧缺状况，大大加强了城市的功能和承载力，提高了山西人民群众的生活质量。与此同时，山西省委、省政府还启动实施了生态供水工程，不仅优化了引黄工程自身的供水结构、拓展了供水范围，还有效修复了受水区生态系统，为建设山清水秀“美丽山西”作出了积极贡献①。

◆ 引黄北干一号洞向桑干河实施生态补水。　山西画报社供图

引黄工程作为一项宏伟而艰巨的工程，离不开党的领导和支持。1989 年 8 月，时任省委书记李立功表示：“豁上老命也要关心支持引黄工程。”1992 年，胡富国来到山西后，对引黄工程撂下了一句响当

① 吉喆、苏云峰：《黄河在这里唱响——山西省万家寨引黄工程建设纪实》，《财经界》2013 年第 7 期。

当的话："宁可丢掉乌纱帽，不能不引黄河水！"山西是革命老区和国家能源基地，党和国家没有忘记山西为民族解放和社会主义建设作出的巨大牺牲，历届党和国家领导人都非常关心重视引黄入晋工程。江泽民、李鹏、乔石、李瑞环、万里、田纪云、陈俊生、钱正英等国家领导人都积极支持搞好引黄工程。

"引黄入晋"从设想变为现实，跨越了半个世纪，在这场没有硝烟的攻坚战中所体现出来的党群同心、精诚团结、前仆后继、坚韧不拔的精神，正是太行精神（吕梁精神）在社会主义建设时期的具体体现。正是这种精神赋予了中华儿女超人的胆略和坚强的意志，最终取得了"引黄入晋"的伟大胜利。

"愚公移山"故事新编

"人说山西好风光，地肥水美五谷香。左手一指太行山，右手一指是吕梁。站在那高处，望上一望，你看那汾河的水呀，哗啦啦啦流过我的小村旁。杏花村里开杏花，儿女正当好年华，男儿不怕千般苦，女儿能绣万种花，人有那志气永不老，你看那白发的婆婆，挺起那腰板也像十七八。"勤劳的山西人民对生于斯、长于斯的这片土地爱得格外深沉，创造了无数人间奇迹。黄土高原、汾河水畔，每一片土地都有故事在回响，今天我们要讲的这个故事发生在太原。

愚公移山最早载于《列子·汤问》。相传有太行、王屋二山，方七百里，高万仞，一位叫愚公的老者，年且九十，面山而居，他苦于山区北部的阻塞，出来进去都要绕道，就下决心带领着子孙搬走这两座大山。终于天帝被他的诚心感动，命大力神夸娥氏的两个儿子背走了那两座山，自此之后，冀州的南部直到汉水南岸，再也没有高山阻隔了。

在太原钢铁集团有限公司（简称"太钢"），就有这样一位老人，把愚公移山的传说变成了现实。老人姓李，名双良，早在20世纪50

年代，就已是闻名全国冶金行业的“工业炉渣爆破能手”。李双良在太钢工作了一辈子，经历了新旧社会两重天的变迁，对党充满感激之情。每当回忆起过往的岁月，他总是说：“我李双良在新中国躺着也比在旧社会站着高。”这还要从李双良的童年说起。12 岁时，李双良失去了父母，成了孤儿，他不仅要养活自己还要带大一个年幼的妹妹，为此他用瘦削的肩膀担起了生活的重担。为了填饱肚子，每天吃野菜就着仅有的一点点高粱面和豆饼。18 岁那年，为了报答乡亲们对他家的照顾，在日军强征一名劳工修铁路之际，他报名做了劳工，目睹了日军的残暴。一年半之后，他逃出了魔窟来到太原。1947 年，李双良进入太钢工作。新中国成立后，他平生头一次领到了黄灿灿的小米，人民政府又补偿给他阎锡山政府拖欠的工资，这一切像做梦一样。唯有努力工作，才能报答党的恩情。在退休之后，他本可以带着各种光环和荣誉颐养天年，但是渣山问题像千斤顶一样一直压在李双良的心头。

渣山是什么来头？1937 年 10 月，太钢建成投产，伴随着钢铁产量的快速增长，排渣量逐年增加，占地面积越来越大。到 20 世纪 80 年代初，形成了一座高 23 米、占地 2.3 平方公里、体积达 1000 多万立方米的大渣山。周围就是居民区，每天倒渣的时候，都要掀起滚滚烟尘。尤其到了冬天，西北风一刮，夹带着有毒物质的渣粉灰尘遮天蔽日，太原的上空总是阴沉沉的。最令人担忧的是：要生产，就要排渣，高效率的生产意味着更大量的排渣；渣排不出去，就难以生产……如此形成恶性循环。作为全国重点钢铁企业之一的太钢就有因无处排渣而瘫痪的危险，也对太原市的环境造成了严重污染。

面对这个沉重的历史难题，凭着几十年搞爆破的经验和对渣山形成原因的了解，李双良提出了“以渣养渣、以渣治渣，自我积累、自我发展，综合治理、变废为宝”的治理方案。为此，他立下军令状：不要国家一分钱，搬走这座渣山！记不清有多少个节假日，李双良父子是在渣山上度过的。爷儿俩的足迹遍布了整个渣山，计算出渣山的体积，又用平车拉出10吨废渣抽样调查，看里面究竟有多少可以利用的废钢铁等物资。

说干就干，1983年5月，退休的李双良带领大伙儿组成治渣队伍，300多辆小平车、65部手扶拖拉机进入渣场。自此，盘踞了半个世纪的渣山第一次被撼动，天天上升的渣山开始下降。李双良头戴钢盔，手提大锹，哪里有困难，他就出现在哪里。人多，任务重，出现问题在所难免，比如车辆来往有些混乱，有的地方窝工，有的地方偷工减料，甚至虚报冒领——究其原因，这里需要骨干，更需要管理者。遇到问题，解决问题，这是太钢人的传统。他心头一亮，是请离退休的老伙计们出山的时候了！厂长、书记、工段长，技师、专家、工程师……大家都来了，他们既有管理的经验，又有实干的技术，是一笔巨大的财富。李双良望着这些两鬓斑白而又精神矍铄的老同志，心头热浪翻滚，情不自禁地对大家伙儿说道："谢谢老伙计们，谢谢大家的支持。你们有丰富的管理经验和业务技术，我请你们来帮忙，来当这支搬渣队伍的头头脑脑。"对于离退休的老人来说，重新有了用武之地，无异于获得了第二次青春。

就这样，他们用七年的时间搬走了影响太钢再生产和太原空气质量的大渣山，这不能不说是一大奇迹。

与此同时，他们在渣山四周建起了长2500米、宽20米、高13米的防尘护坡墙，并在防护墙内建起了花坛、假山、鱼池、亭榭、走廊，种植花树7万多株。治渣后腾出的约2000亩土地，除建设了厂房和居民宿舍区外，还建起一所小学和一所中学，成为全国冶金战线治理钢渣、保护环境的一面旗帜，这就是如今环境优美、绿树成荫、景色宜人的"渣山公园"，它为改善环境、消除生产隐患、促进可持续发展作出了重大的贡献。

2018年12月16日，96岁的双良老人走了。他在冬天离开，却留下春的色彩！搬走沉睡半个世纪的渣山，“变”出一座风景宜人的渣山公园。时年 95 岁的李双良接受采访时曾说，改革开放 40 年他做过三件事：一是带头践行治理渣山的“承包责任制”；二是以渣场为教育基地亲身教育青少年；三是坚持为循环经济、绿色发展作贡献。其实，双良老人还有第四件事，那就是他通过一言一行铸就的直面困难、大胆探索、甘于奉献的精神，在全球最大的不锈钢企业——太钢——这片他耕耘过的土地上不断发扬光大，成为太钢永不褪色、永富感召力的旗帜，引领着太钢人向着循环绿色企业阔步前进！

双良老人的这种精神是他留给后人最宝贵的财富，不仅融入一代代太钢人的血脉、基因，还成为推动山西省高质量转型发展的动力之源、钢铁之魂。

一颗鲜枣的革命

在山西临猗县庙上乡山东庄村乡村文化展览室里，雪白的墙上有一幅奇特的“枣树画”，“画”的根部及靠近根部的主干是绘在墙上的真画，其余部分乃是固定于墙上的枣树枯枝，这是一种巧妙的艺术组合：整棵枣树枝条横斜又略向下倾，枝上花蕾待放，上面还挂着一藤编的采枣篮子，画面形象栩栩如生，蕴涵着浓郁的田园生活气息。这幅“嫁接画”正是临猗人民包容开放与勇于创新的精神写照，也活脱脱地描绘出了临猗鲜枣业不断自我革命的精神气质。而谈到临猗鲜枣业的革命，不能不谈到一个关键人物——毕平[①]，当地老百姓说，没有毕平就没有临猗鲜枣业的今天。

1957 年 9 月，毕平出生于庙上乡山东庄村，由于家境贫寒，三个

① 毕平（1957—1999），临猗县庙上乡山东庄人，1978 年考入山西农业大学园艺系，1982 年进入山西省果树研究所从事枣树研究与开发。他是国家农业部、林业局科技顾问，中国农科院“120”拔尖人才。作为红枣专家，毕平以对矮化品种梨枣和红枣新品种、新技术的独到研究享誉国内外。

哥哥自动放弃上学，把机会让给了毕平。高中毕业时因中农家庭成分而失去了推荐上大学的资格[①]，毕平进了乡机械厂当学徒。1977年恢复高考制度，他重拾高中课本，利用空闲时间刻苦复习。功夫不负有心人，1978年他以优异成绩考入山西农业大学园艺系，开始了他四年大学生涯。1982年毕平毕业后，进入山西省果树研究所从事枣树研究与开发[②]。

毕平的家乡临猗地处黄河中游的秦晋豫交汇的金三角地带，是中国最早种植枣树的地区之一，其栽培历史已逾3000年，而毕平从事枣树研究似乎与家乡悠久枣树栽培史有着某种不解之缘，他的内心深处潜藏着发展枣业的使命意识。毕平时刻惦记着家乡父老的温饱问题，他决心用自己所学，寻找适合家乡栽种的枣树品种，让父老乡亲走上致富道路。1982年至1990年，毕平承担农业部重点科研课题“枣品种资源园建设”，他走遍了中国所有有枣的山乡村落，并采集果树品种栽种在自己的试验田里，同时还与同事们进行多方论证和异地试验，最后确认大田集约化栽培临猗梨枣是一条助力乡亲们致富的有效路径。

1990年春节，毕平回到家乡试图说服村民栽种临猗梨枣，但响应者寥寥。于是他决定先在家乡做试验，让乡亲们看到种植梨枣的实惠。接下来他指导大哥毕群在自家九分盐碱地里进行梨枣试验栽培，并把育苗技术传授给了大哥和妹夫隋建国。经过兄弟仨的共同努力，梨枣长势很旺，因此栽培试验获得成功且取得了重大突破。九分地的成功使山东庄村民看到希望，大家纷纷效仿毕群开始育苗，毕平毫无

① 1970年6月27日，中共中央批转《北京大学、清华大学关于招生（试点）的请示报告》，决定废除考试制度，“实行群众推荐、领导批准、学校复审相结合的办法”，招收工农兵学员，并决定先在以上两校进行试点。1972年春，北大、清华招生试点经验在全国高校大面积推广。

② 管喻：《枣儿用心血染红——记有重大贡献的红枣专家毕平》，《山西日报》1999年12月4日。

保留地把自己的育苗技术传授给村民。大家有了育苗技术，坚定了种枣决心，但随即又出现了缺钱少苗的问题。毕平便充分利用自己枣树研究中积累的技术经验，因势利导，让乡亲们挖野生的酸枣根栽，到枣苗长到一定程度便采取嫁接的方式改良品种。随着苗木市场火爆，一亩地便能卖到3万出头，村民们纷纷效仿，很快便依靠卖枣苗走向致富道路。

但山东庄以外的村子，并不看好毕平的梨枣品种，也没有意识到其潜在的经济价值，他们都认为山东庄村是依靠卖树苗而不是卖枣子富起来的，他们宁愿给山东庄人打工也不愿意自己种植梨枣，这导致了临猗梨枣推广受阻。另外，1992年临猗出现了种植苹果树的热潮，庙上乡农民们也不想错过赚钱的大好机会，于是全乡种植了两万多亩苹果树，但当地土壤板结盐碱化，致使果树弱小而且果实瘪涩，缺少市场价值，依靠苹果致富的梦想化为泡影，多数农民因此背上了一屁股的债。庙上乡农民仍不甘心这样的失败，1993年又在政府引导下，引进了河南灰枣，同样因土质不适，灰枣生长缓慢，长势较差，而且挂果率低，枣果在市场上缺少竞争实力，致使枣农们再次受挫。

毕平了解这些情况后，心里暗自着急。他多次返乡推介临猗梨枣的种植优势：临猗梨枣综合性状优良，果实特大，早丰性好，鲜食风味极佳，果肉酥脆、细嫩、爽口，适合矮密栽培。并将省果树研究所的试验结果展示给乡亲们，乡亲们逐渐接受了梨枣种植的建议。最先将临猗梨枣从庭院引向田间进行规模性种植的仍然是山东庄村民，他们成了勇于尝螃蟹的第一批人。经过村民的精心管理，临猗梨枣显示出令人惊喜的食用效果和经济价值。

但问题随之出现，仅靠传统的酸枣根育苗和有限的嫁接建枣园，很难满足大规模种植的需求。为了更好地服务家乡枣业的发展，解决其中的技术瓶颈，毕平在研究所争分夺秒地进行枣树研究。他不仅首次创造性地提出枣矮化品种的概念，还在栽培试验中获得了成功，使枣树盛果期由原来的15年提前了5年至6年，单位面积的经济效益也得到了大幅提升，这在中国枣树栽培史上具有划时代的意义。他选育出的红梨枣、新梨枣等8个矮化品种不仅造福了家乡，还推广到全国十几个省市，种植面积达百余万亩，产生了巨大的经济效益和社会效益。1993年，毕平主持完成了国家科委重点攻关课题——枣种质资源性状鉴定及优异种资筛选，并获1996年国家科委科技进步二等奖。临猗政府非常看重毕平枣树研发的潜力，早在1992年，便成立了以毕平做技术后盾的“临猗县枣树研究所”，毕平的妹夫隋建国是研究所中的骨干成员。毕平及其团队的梨枣研究为后来临猗枣业的发展起了积极的推动作用，其中隋建国是临猗鲜枣第二次革命的主将。

毕平并不满足于既有成就，他的枣树研究需要不断革新与突破，寻找更好更优质的品种。自1995年开始，毕平与其妹夫隋建国在山东庄建设了面积为一亩的品种园，他们从全国各地引进品种180余个，从中找到了更适合在临猗发展的子弹头、爆米花和冬枣等优良品种，给临猗枣业发展注入新的血液。1996年，在毕平研究成果的基础上，临猗县委县政府经多方考察和反复论证后确定，必须依靠得天独厚的优势大力发展临猗梨枣这个特殊产业，打造临猗梨枣品牌，以突破传统粮棉经济的困境，走出一条依靠自己特色产业致富的新路子。于是，毕平的枣树新品种——临猗梨枣便得到了大力推广。

有了政府支持，按说梨枣栽种应该顺利推进了，但一个让毕平头疼的新问题又出现了。由于临猗县不少农民在自己地里种植过其他品种的枣树，这些枣树肆意疯长，枝干粗壮却叶多果少。政府向全县农民推广临猗梨枣种植后，毕平带领研究团队将“酸枣育苗、蜡封接穗与矮化密植”三大技术无私地传授给枣农们。但一开始枣农们对这些技术并不感兴趣，特别是每当看到自家地里的枣树枝杆被修剪掉时，便极力反对。对于把枣树主干环剥几个圈的矮化技术，农民们认为这似乎更不靠谱。因此枣树品种优化工作进展缓慢。毕平不得不和技术人员向果农们耐心地做解释，并拿出相应的试验结果作为证据。果农们看见这个穿着沾满泥巴的旧皮鞋、衣服皱巴、脸色黝黑、头发蓬乱、一身农民打扮的毕平，如此苦口婆心地讲解技术和梨枣的种植优势，便打心眼里敬佩起这位农民科学家来，打心眼里喜欢毕平的为人，也因此认同和接受了他的技术。

在山东庄的示范带动下，临猗县的梨枣种植便大规模铺开了。1996年，临猗县委、县政府确立了农业种植结构调整，其中计划实施50万亩的枣粮间作，发动群众积极种植临猗梨枣，大力发展鲜枣产业，使全县的梨枣面积很快发展到20万亩。临猗梨枣成为临猗农村继苹果之后的第二轮主导产业。庙上乡全乡耕地面积10万亩，梨枣面积就达到8万亩，成为名副其实的“中国梨枣第一乡”。而发展枣业最早的山东庄很快富裕起来，1997年，该庄人均收入超过了8000元；80%的农户装上了电话，许多农民买了手机，被誉为“三晋手机第一村”；昔日的破旧房屋被拔地而起的楼房所取代，家中电器家具一应俱全。山东庄及其周边村子的富裕，点燃了临猗枣业富民的火把，也完成了临猗鲜枣的第一次革命。毕平是这次鲜枣革命的播火者，但不幸的是，毕平于1999年10月13日，受命与罗马尼亚科学家一道考察中国油桃大枣，因车祸在山东济南逝世，年仅42岁，这位农民学家为了祖国的鲜枣事业奉献出了自己年轻的生命，他用自己的鲜血染红了鲜枣产业。

进入21世纪，由于梨枣在全国大面积大范围的发展，梨枣产量过剩，加上集中上市，单价从最初的十元跌至几角钱，产品滞销，枣农收入受损。但临猗人决不服输，他们继续保持开放的心态，积极从山东沾化引进优良枣树品种——冬枣。毕平去世后，枣树研究所在隋建国的带领下继续展开研究工作，并总结出“矮密早栽培、配方施肥、开心型修剪、生物防治、设施大棚、环剥环割”等冬枣栽植六大管理技术。县委、县政府积极组织广大干部群众进行技术培训，引导群众使用高接换头嫁接技术，大力推广梨枣嫁接冬枣。全县很快形成了庙上、牛杜、嵋阳、七级、东张等乡镇18万亩集中连片的冬枣产业格局。2010年前后，临猗枣业告别梨枣，开始迈向波澜壮阔的冬枣时代，从而完成了第二次鲜枣革命。至此，临猗县枣业形成了合理的品种结构，即以子弹头、爆米花为代表的早熟品种，以临猗梨枣为代表的中熟品种，以冬枣、芽枣为代表的晚熟品种。鲜食枣从7月下旬到11月上旬，可以源源不断供向市场。

◆ 临猗县庙上乡枣业广场。 山西画报社供图

在各类鲜枣中，尽管冬枣品质出类拔萃，然而大田里的冬枣成熟期正逢临猗当地雨季，一旦雨季来临，便会导致六成以上冬枣爆裂甚至全军覆没。这对临猗刚刚兴起的冬枣产业而言，无疑是灾难性的瓶颈。县委、县政府经过考证与权衡，最终提出了设施枣业的创新发展理念，并且从2010年开始，便有计划地引导枣农每年以1万亩的增速发展设施枣业。很快，全县冬枣设施大棚面积达到9万亩。规模化的生产吸引了全国客商云集临猗，促进了产业效益大幅提升。现代枣

业的阳光正温润着古老而年轻的临猗大地。临猗县鲜枣完成了第三次革命，从而跨入了新的发展阶段。

截至 2023 年，临猗全县鲜枣面积 20 万亩，年产量 6 亿余斤，产值 21 亿元，枣产业占农业产值 80% 以上，在全国冬枣市场占有率达 25%，同时销往美国、澳大利亚、东南亚、南非等 13 个国家和地区。临猗县已经成为全国一流优质鲜食枣生产基地，临猗人并没有停止追梦的脚步，他们以打造特色小镇、推动乡村振兴为契机，奋力开创以技术创新、产业融合、资本化运作等为特征的“鲜枣产业 4.0”时代，小鲜果已经成为乡村振兴的大产业。

漫漫枣园深，拳拳赤子情。毕平用自己耀如闪电的一生照亮了家乡鲜枣事业，他那包容开放、永不放弃与勇于创新的赤子情怀已然化作强劲的精神动力，带给家乡乃至全中国丰厚的收益。毕平，一个真正为人民作出贡献的园艺家，一个真正把论文写在大地上的农学家，一个真正的永葆初心的乡村振兴铺路者，他正是我们社会主义新征程中最可爱的人。

贾家庄的启示

曾经，这里“村西湿泽村东干，村南村北碱荒滩”，是远近闻名的贫穷落后村，是民谣中“有女不嫁”的恓惶村。

如今，踏上这片土地，映入眼帘的是宽阔笔直的腾飞大道和气势恢宏的腾飞大门，树叶迎风摇曳，花香扑面而来，文化广场上传来村民的欢声笑语，空气中洋溢着生态新农村的气息。

这里，就是山西省汾阳市贾家庄村。然而昔日贾家庄由于位于峪道河、向阳河、禹门河三条河流的下游，地势低洼，是一块有名的盐碱滩。全村 4083 亩耕地，有 2800 多亩是湿泽盐碱地，自然条件限制了大家吃饱饭的朴素愿望。在新中国刚成立的时候，贾家庄党支部面对历朝历代都没有解决的吃饭问题，毅然选择了一条艰难却富有勇气的道路——自力更生、丰衣足食。1950年，贾家庄村党支部刚成立，支部书记贾焕星就带领几位村民组建了互助组，鼓励他们搞副业。1952年春，贾家庄人体会到了互助组的好处，村党支部接着办起了全县第一个初级生产合作社。这年冬天，面对丰收的喜悦，贾焕星没有满足、没有止步，他带领支部一班人认真研究、多次讨论，认为贾家庄村要想再向前发展，必须先征服横在村里的盐碱滩。

于是，在条件极其有限的情况下，合作社抽调了30个最强的劳动力拉犁耕地，100个劳动力用镢头刨地，社员们甚至把自家存的口粮拿来做种子，同样依靠人力拉耧，硬是让土地都按时下了种。当年秋天，合作社粮食获得大丰收，“百把镢头闹革命”的故事也由此传为美谈。他们就这样苦干实干，用23年时间持续治水改碱工程，不屈不挠地把近3000亩盐碱地变成了适宜机械化耕作的沃土良田。村民们终于吃上了饱饭，过上了之前几代人都渴望的幸福生活。不过，这只是贾家庄人追求幸福生活的开始。

农业条件改善后，如何让村民们在“吃饱”基础上“吃好”，成为村党组织面临的新课题。谈起贾家庄的致富之路，74岁的老支书邢利民最有发言权。在20世纪70年代末的农村土地改革大潮中，邢利民提出“土地公有、分户承包、统分结合、责权利明确、联合服务”，贾家庄村粮食稳步增收。在第一产业稳定的基础上，村集体开始兴办企业。1983年至1993年，贾家庄加大力度发展集体经济，陆续兴办塑料厂、造纸厂、焦化厂等20多个企业，初步形成了集体经济唱主角、个体经济作补充的农村经济新格局。贾家庄人的钱袋子逐渐丰盈起来。村集体企业固定资产由最初的50万元发展到5000万元。1995年，邢利民被评为全国劳动模范。通过参加表彰大会的机会，他强烈地认识到，贾家庄要想快速发展，必须要有大项目带动，要打造贾家庄的工业支柱产业。通过多次外出考察、科学论证，村两委决定建设年产10万吨的特种水泥厂。面对资金短缺的难题，邢利民发动家人和朋友到处筹钱。工程开始后，邢利民连续18个月不回家，最后累倒在工棚里。即使这样，他还是躺在工棚的小床上指挥调度。1997年3月25日，邢利民亲手点燃火种，贾家庄特种水泥厂一次试产成功。特种水泥厂的建成，不仅使贾家庄实现了亿元村的目标，也实现了由农业经济为主向工业经济为主的历史性转变，是贾家庄经济的“二次腾飞”。

进入21世纪后，贾家庄的发展遇到了新问题：人们的环保意识越来越强，国家的环保政策越来越明确，村办企业要继续发展，就必须寻找新的经济增长点，发展生态绿色环保的新兴产业。这个重担，落在了贾家庄新一代年轻人中的佼佼者——邢万里身上。2007年，他放弃了在省城工作的优厚待遇，接受了贾家庄村党委村委的聘请任命，领衔成立了贾家庄腾飞文化传播有限公司，带领乡亲们发展乡村旅游。在他的策划下，创建了山西省首家生存拓展培训基地，将现代培训形式首次引入山西；2009年8月，集餐饮、住宿、会议、娱乐、休闲为一体的四星级酒店——裕和花园酒店在贾家庄正式建成并运营，现已成为山西省优秀乡村度假酒店；2012年，贾家庄投资2000余万元建成了全国最大的村级展览馆，现为山西省爱国主义教育基地；2013年7月，人民作家马烽纪念馆建成开放；2014年，贾家庄文化生态旅游区成功创建国家AAAA级旅游景区并转型为汾州民俗文化园；2015年，运行18年的特种水泥厂被改造为恒鼎工业文化创意园，一个独具特色的“乡村798”呈现在世人面前；同年，贾家庄投资6000多万元建成三晋民俗文化体验地——贾街，全方位满足游客文化、饮食、娱乐、休闲的需求。邢万里发挥个人特长，办成了一桩桩兴村富民的大事、实事、好事，让社会各界及父老乡亲看到了这位年轻人的干劲和魄力。2017年11月1日，邢万里光荣当选新一届贾家庄村党委书记。他带领村两委班子成员解放思想、放眼全国，提出“酒业振兴、旅游升级、村庄改造、综合治理、普惠民生”的思路。如今，贾家庄村已形成以混凝土和预制构件为产业链的建材公司，以酿造加工和酒类开发为产业链的酒业公司，以种植、养殖、农产品深加工为产业链的绿色农业公司，以及以生态旅游和拓展培训、休闲娱乐、会务餐饮为产业链的旅游开发公司。集体固定资产突破 6.5 亿元，全村所有劳动力都转移到四大产业中，还帮助邻村 500 多名农民解决了就业问题。走在绿色可持续性发展的康庄大道上，贾家庄人手里的饭碗端得更牢了。

◆ 今日贾家庄。 尔帅摄

在贾家庄村史馆大厅正前方，高悬着五个大字——“永远跟党走”，这是贾家庄人一路走来、坚定不移的选择。回首贾家庄的发展，老支书邢利民认为，实现乡村振兴，首要的一条就是党的干部要真正跟着党的宗旨走，不能有私心。贾家庄发展之路的根本就在于有一个坚强有力的村党组织，有一个党性坚强、一心为民、敢担当、善作为的领头人。少数人的力量毕竟有限，少数人的富裕也不是真正的富裕。有了坚强的领路人，还必须有群众的积极支持。60 多年来，贾家庄从一块贫穷落后的盐碱滩变为农村城市化、村镇园林化、农田林网化、生活现代化的富裕村，依靠的正是集体的力量。说起来，这里还有一个重要的转折。

那是在 1986 年，村里一部分人先富起来了。但是，大多数农民没有富起来，村集体经济也陷入困境，年收入不到万元，再无资金投入村庄建设。明显的收入差距和群众的议论，让邢利民陷入沉思。接下来，他用七天跑了三个省，得到的经验是——共同富裕。回到贾家庄的第二天，一场决定贾家庄前途的支部会召开。邢利民激动地说，他们几个靠多年当干部的社会交往和经营能力致富了，但只顾自己富，不去带领群众富，那就不是共产党员的德行。他建议把支部委员们手里的厂子，统统交给集体。他不仅自己带头，还语重心长地做其他人的工作，这样做虽然收入会减少，但是党员干部就该有“亏了我一个，富裕全村人”的精神。大家都陷入思考，心里不可能没有矛盾和斗争。但这些在贾家庄集体主义精神熏陶下成长起来的党员干部，还是从内心里达成了共识。张铁生、祁富生、王安国等村干部纷纷响应。从此，“不当百万富翁，要建亿万富村”成为贾家庄党员干部的共同奋斗目标，也成为了全体贾家庄人共同的信仰和追求。

在时间的长河里，贾家庄逐渐孕育出爱党爱国的情怀、集体主义的思想、先公后私的品德、艰苦奋斗的作风、改革创新的意识、科学发展的理念，把集体主义融入到村民日常思想行动中。村民慷慨解囊帮助村办企业渡过难关，争先恐后出工出力完成村里各项公益活动……正是因为有了集体主义的支撑，才使贾家庄在任何时候都能凝心聚力谋发展、众志成城搞建设。在集体经济不断发展壮大的情况下，贾家庄先后筹资数亿元用于基础设施建设。村集体先后为村民建起 8 幢五层居民住宅楼，实施打井饮水工程、高压线路低压电网改造工程，拓宽腾飞路、富民路、青年路三条高标准文明街，改扩建中心小学、幼儿园，建起益智图书苑、卫生院、高标准的垃圾回收站、污水处理站，全村绿化覆盖率达到41.6%。儿童教育、老人养老、村民卫生保健都有了更好的保障。现在的贾家庄，已经是“全国文明村”“国家AAAA级旅游景区”“全国特色小镇”“2020年中国全面小康乡村振兴十大示范村镇”。正如以贾家庄为原型的电影《咱们村里的年轻人》里的歌曲唱的那样，“人说山西好风光，地肥水美五谷香。左手一指太行山，右手一指是吕梁”。在这里，美好生活的梦想终于照进了现实。这一切，正是由于贾家庄人紧跟党的领导、发挥自强精神、坚持共同富裕才实现的，也正是贾家庄带给我们的宝贵启示。

百炼钢成绕指柔——“中国制造”新名片

不锈钢源于20世纪初的英国，从诞生时起不锈钢工业就一直被视为先进的高科技产业。新中国成立初期，我国尚不能生产不锈钢。1950年，全国第一次钢铁会议把太原钢铁（集团）有限公司（当时名为“西北钢铁公司”，以下简称“太钢”）列为国家基本建设重点，决定在太钢建立以冶炼和锻造特殊钢为主的电炉炼钢部。由此，太钢开始了生产特殊钢、优质钢的历史。1952年9月16日，太钢成功冶炼出新中国第一炉不锈钢。70多年过去了，我国已经成为全球最大的不锈钢销量国和产量国，让世界看见了“中国制造”和“中国力量”——太钢，早已成长为全球不锈钢行业领军企业。

2018年，中国“手撕钢”在太钢精密带钢公司问世了，这是当时世界上最薄的不锈钢品种。“手撕钢”，顾名思义，用手轻轻一撕，就能撕开，因为这种钢厚度只有0.02毫米，相当于普通A4打印纸厚度的四分之一。在此之前，该产品因工艺控制难度大，长期被日本、德国等国家垄断，有国外企业甚至下了结论：“中国永远造不出0.02毫米的‘手撕钢’！”

中国“手撕钢”一经问世，就自带热度和话题：“手撕钢”是怎么生产出来的？生产“手撕钢”能挣钱吗？这么薄的钢能做什么？……带着这些当年的疑问，让我们一起重温那些年、那些事和那些人！

其实早在2008年，太钢投资10亿元，在精密带钢公司上马了当时国内仅此一套的不锈钢精密带钢生产线，集成引进了当时世界上顶级的设备，轧机设计极限规格最薄即为0.02毫米。2012年，精密带钢线如期投产，都知道难，但是没想到这么难，一轮又一轮付出了极大努力，却依然没能收获大家盼望已久的成果，最终只能轧制出以0.3毫米为主、规格在0.1—0.5毫米之间的厚板，始终无法达到设计标准。外国专家一直也拿不准原因，一会儿认为是设备安装时精度不够的原因，一会儿又怀疑是所选材料精度不够造成的。

转眼来到了2010年，刚刚24岁的段浩杰一进厂，就一头扎进“手撕钢”的攻坚中，也正是在那一年开始，他和“手撕钢”结下了不解之缘。十三年来，他一直与这条轧线“捆”在一起，如今段浩杰已成长为精密带钢研发中心主任，继续带领着一群年轻人挑起“手撕钢”研发的大梁。2014年年中，外国专家在坚持了近四年后离开。眼见研发已经失败，又没有了外国专家，没人再敢轻易尝试。“手撕钢”研发团队成员大都是“85后”年轻人，他们都是怀揣梦想而来的，要干出一番天地。想当初，他们意气风发、激情飞扬；看如今，他们垂头丧气、一筹莫展。段浩杰永远记得外国专家临走时留下的那句意味深长的断言：“原料差不多，人员差不多，管理差不多，然而加起来，差得就很多。”理想，是否就此搁浅？是否仅仅只是梦想？答案当然是否定的！历史一次次告诉我们，中国人的性格是永不放弃！

时间轴来到了2016年，这年2月新一任领导在寒风中走马上任，“受命于危难之中”。此时，车间里世界一流的高端设备正在生产着一些“大路货”，好钢没有用在刀刃上啊！不行！好设备必须大显身手！新领导迅速做出决定——重新回到“手撕钢”研发上！

但是说起来容易做起来难，“手撕钢”的密钥在哪儿啊？

与段浩杰同龄的廖席，是精密带钢公司首席精密箔材工艺工程师。他大学所学专业与不锈钢工艺并不相关，却已在“手撕钢”项目上奋战了10个年头。他清楚地记得那个上午，厂领导召集技术、轧机等工序相关人员，与用户一起召开了专题对接会，下午就开了启动会。厂领导对大家提出要求：继续攻关，生产出中国自己的“手撕钢”！这个要求可谓一石激起千层浪，因为精密带钢公司是个小厂，员工总共才有200多名。面对这样一个世界级的课题，不是拍一下胸脯立一个军令状就可以的。你要问新领导班子哪儿来的“霸气”？正是那套世界一流的设备。

说干就干，全厂从设备入手，开启了破译“手撕钢”密钥的新征程。首先是全面清理“带钢通道”，将碱液循环箱内的污垢清除得干干净净；又花了120万元将轧机油更换；轧机刮油辊也由两个月更换一次缩短到半个月。从此，设备功能精度、工艺技术精度双管齐下的“双精度管理”，在精密带钢公司全面推行开来。外国专家的那句刺耳“断言”，时刻提醒着大家对所有工序摒弃“差不多”思想，从设备、材料、工艺、人员等方面，一个环节一个环节较真儿。

一张“手撕钢”的原始钢带，厚度为0.8毫米，到符合要求的0.02毫米，相差0.78毫米。这个厚度，在生活中几乎可以忽略，但是对“手撕钢”而言，却是一条漫长而艰难的“路途”。从厚到薄，犹如“擀面皮”，要0.1毫米、0.1毫米往下“擀”；那根“擀面杖”，是由20根轧辊组成的精密机器，并且有成千上万种排列组合方式。段浩杰说过，“手撕钢”研发80%的难点都集中在轧机辊系配比上，材料每“擀”薄一次，都要从上万种排列组合中摸索最优的方式。

而断带是轧制工序中常常发生的问题，随着一次次断带的发生，大家的心也从开始的易碎逐渐地坚忍起来，不灰心、不放弃！钢越轧越薄，心越轧越坚！

2017 年 9 月，本是秋高气爽的时节，可车间里的气压却越来越低。每卷不锈钢原料达 3000 米，价值 10 万元。浪费不起啊，心疼啊！厂领导了解了这一情况，知道现在是鼓舞士气的关键时刻，于是推出“容错”机制，给每个研发人员一定的失误次数和产品米数，并鼓励大家，完成 1 吨合格的“手撕钢”，考核时按普通产品的 75—100 倍计产。

大家的干劲儿再一次被点燃了！厂领导更是守在一线盯现场。车间不大，可硬是被“一把手”完成了日行两万步的目标。

就这样，全厂上下团结一心，经过多次紧盯，终于发现了抽带的关键原因。首席精密箔材电气工程师胡尚举出手了，由他牵头带队发明了新的技术方法，顺利解决了这一难题。

2018 年底，第一批厚度 0.02 毫米、宽度 600 毫米的宽幅软态“手撕钢”，从轧机主操吴琼手中完美诞生了。这个小伙子是一位退伍军人，工作中心细如发，与科研团队完美配合。同类产品，国外的宽度最高为 450 毫米，太钢因此成为全球唯一可批量生产宽幅超薄不锈钢精密箔材的企业。

700 多个日日夜夜，711 次失败，172 个设备难题，452 个工艺难题——它们才是“手撕钢”真正的密钥。

2020 年 5 月 12 日，习近平总书记来到太钢不锈钢精密带钢有限公司考察调研。在生产车间，总书记拿起一片“手撕钢”，用手指轻轻扭折了一下，称赞说：“百炼钢做成了绕指柔。”总书记指出：“希望企业在科技创新上再接再厉、勇攀高峰，在支撑先进制造业发展方面迈出新的更大步伐。”① 大国崛起，科技为先！

习近平总书记的肯定和鼓舞，反而让本可以躺在功劳簿上歇一阵

① 人民日报社编：《新思想引领新征程：时代答卷》，人民日报出版社 2022 年版，第 69 页。

的他们重上赛道，将成绩悄悄清零，马不停蹄地投入下一轮高端产品的攻关。0.02 毫米厚度已是轧机设计极限，可他们偏要玩“极限挑战”，冲击 0.015 毫米。还是老办法：盯—论证—试验。2020 年 8 月 16 日上午，在采用激光对轧辊进行了毛化处理等多种方法后，宽 600 毫米、厚 0.015 毫米的“手撕钢”于 11 时 15 分惊艳亮相。完成这次漂亮轧制的，又是吴琼。这一厚度已是该领域生产技术的“天花板”，是目前世界上最宽、最薄的“手撕钢”。

请党放心，强国有我。一次次的突破与改变来自一个年轻的团队——太钢集团不锈钢“手撕钢”创新研发团队。团队成员共 15 人，其中 12 人是青年，平均年龄 34 岁。这个年轻的团队荣获第 24 届中国青年五四奖章，正如习近平总书记强调：青年有理想，国家就有前途。他们用行动践行中国青年的使命，围绕新产品及新工艺研发，积极开展创新创效。

“改革不止，创新不断！”“手撕钢”研发团队有这样的豪情壮志，他们说：“建成社会主义现代化强国，实现中华民族伟大复兴，是一场接力跑。我们作为年轻一代的国企人，就是要用自己的智慧和汗水，推动‘中国制造’向着‘中国精造’不断进步，创造国资国企的新辉煌。”

“手撕钢”作为太钢生产的高端产品，是山西转型发展的亮丽名片，这其中蕴藏着太钢人执着的拼搏精神和工匠精神，持之以恒、守正创新。以“当代愚公”李双良为代表的几代太钢人，不论遇到什么艰难险阻都无所畏惧，敢于担当，艰苦奋斗，攻坚克难，不达目的不罢休的精神代代相传。

三、凝心聚力　奋进小康

刘福有的“有福”生活

2018年3月，刘福有骑着一辆二手摩托车，急冲冲来到赵家洼村扶贫工作站，找扶贫队长陈福庆写一份关于他名字的证明。原来刘福有从赵家洼村异地搬迁到了县城安置点广惠园新村后，电力部门要求他将赵家洼村与新居的用电户名合二为一，但在办理过程中，刘福有的名字却出了问题。刘福有原来叫刘有福，一次派出所民警录名字时将其写成了刘福有，从此档案中他就是刘福有了，而人们还仍然叫他刘有福。自从乔迁新居以后，使用名字的地方较多了，比如办低保、交水电费、交物业费等，他的名字也就生出了不少的麻烦来。因此他需要开证明，证明刘有福就是刘福有，或者刘福有就是刘有福。因此，刘福有心里便生出个愿望来，他说现在政策好，自己住进了城里新家，日子越过越好，应该把档案上的名字改回去，做个名实相符的“有福”人。

刘福有是赵家洼村人，老人70岁了，精神头却挺足。他一家三口属于建档立卡贫困户，除妻子杨娥子外，还有90多岁卧床的老母亲。他育有四女一男，如今都在外成家了。他是村里最会讲话的人，村里的典故、村外的故事，他都讲得头头是道。谈到自己曾经的苦日子或者幸福生活，那也是声色兼具，有晴有雨的。不过，最令他高兴的还是新近发生的引以为豪的“大事”。

2017年6月21日，习近平总书记来到了岢岚，走访了当地的贫困村民。赵家洼村的贫困户刘福有家，便是习近平总书记走访的第一家。下午4点，年近70岁的刘福有和老伴在自家门口看到了总书记向自己家走来，便激动地迎上前，热情地将总书记让进了家门。总书记边走边问刘福有夫妇："这是你们的家？""你们家里有几口人？"总书记进家后见到了刘福有的老母亲，便向老太太亲切地问好。老太太92岁了，坐在轮椅上，眼花耳背的，并不知道总书记是谁。刘福有便对老母亲说："这是总书记"，他见老母亲没反应，以为是没听清，又给重说了一回，但她还是疑惑地反问儿子：谁？谁？刘福有明白了，母亲压根儿没有听懂，情急之下便向母亲大声说："就和毛主席那会儿一样。"这下她听懂了，眼睛刹那间由暗转亮，属于她那个历史时代的记忆被激活了，脑海中闪现出毛主席路居岢岚的故事：1948年4月4日，毛泽东与周恩来、任弼时等中央领导同志在前往西柏坡途中路居岢岚，并留下了"岢岚是个好地方"的深情赞誉。如今岢岚迎来了另一位中央领导，她激动不已，满脸的皱纹舒展开来，咧着没牙的嘴笑着向总书记说："你也好哇！"并紧紧地拉着总书记的手好一会才松开。

习近平总书记坐下后，便向刘福有夫妇问长问短，开始夫妇俩有点紧张，一是担心总书记听不懂他们的方言，二是不知道自己该咋说。但他们没想到总书记就是拉拉家常，而且那么亲切，那么平易近人，因此也就放松地和总书记谈起了种地的事情。刘福有告诉总书记，他家几十亩地都是河滩地，都是自己和老伴种的，收下的粮食除自己吃外，大部分都卖了。总书记关切地问：这么大年龄种得动吗？刘福有表示也是勉强坚持着种的。和总书记聊起种庄稼后，刘福有如数家珍，一点也不紧张了。总书记问过刘福有家的子女状况后便关心起扶贫的事来，他看过县里做的《扶贫手册》后说：《扶贫手册》记得非常细致，非常好！后来又问了随行县委同志岢岚扶贫情况，县委书记王志东向总书记简单汇报了整体搬迁和"三保障"等扶贫措施。总书记问刘福有是否愿意搬迁，刘福有表示非常愿意。总书记便亲切地告诉他，社会主义国家是以人民为中心的，扶贫济困体现了社会主义的优越性。当总书记问及刘福有共产党扶贫工作做得好不好时，刘福有连连说："好！好！好！都是最好的！"临走时，总书记还殷切地祝愿大家的生活越过越好，越过越红火！[①]自此以后，刘福有特别高兴，觉得干什么都有使不完的劲头。他说：咱是个普普通通的农民么，总书记还能来这山沟里头看咱，咱这是想也想不到的[②]。刘福有家是总书记到赵家洼走访的第一家，这是刘福有生命中的"大事件"，为此，他感到非常自豪。

岢岚县境内多山，且山高沟深，坡陡地贫，生存条件较差，一方水土养不好一方人，曾属国务院确定的吕梁山集中连片特困地区和全省扶贫开发重点县，全县贫困发生率达40%。因而习近平总书记走访岢岚，特别关心整村搬迁的扶贫工作。离开赵家洼后，习近平总书记到了易地搬迁集中安置点宋家沟村进行调研，对岢岚整村搬迁工作进行了充分肯定，并号召乡亲们"同党中央一起撸起袖子加油干"。总书记走访赵家洼村与宋家沟村后，岢岚县委、县政府便加快了全县异

◆ 宋家沟移民新村。　赵文君摄

① 胡英泽、郭永平：《我们这一年 岢岚县脱贫攻坚典型人物口述史》，山西人民出版社2019年版，第3—7页。

② 胡英泽、郭永平：《我们这一年 岢岚县脱贫攻坚典型人物口述史》，山西人民出版社2019年版，第7页。

地搬迁的进程，包括赵家洼村在内的115个村庄被列为岢岚县整村搬迁计划。

赵家洼村要整村搬迁，虽然是大势所趋，但真要搬迁了，村民的感情还是挺复杂的，大家都喜欢住新房，但老院子毕竟是自己生活过几十年甚至大半生的家，这不由得便生出些不舍，而且对搬迁进城后的生活来源也缺乏信心，于是也多了几分犹豫和焦虑。刘福有同样如此，他对扶贫工作队长陈福庆说：我今年70岁了，也快不能“动弹”了，没有了劳动力，连打工都没人要。如果在村里守着老娘，种种地还能解决口粮，因此留在村里有留下的好处。但老娘百年之后，我们老两口还守在村里干啥？哪有城里住着方便？我是想进城住，可是粮食花钱，买菜花钱，住房花钱，连喝水都要花钱，将来如何生活？除此以外，刘福有与老伴杨娥子，还真有些舍不得住了大半辈子的老房子，那里的一砖一瓦，一草一木，一朝一夕，都融入了他们生命的记忆之中。

对于举家搬迁，刘福有其实并不陌生，想起四十多年前的那次搬迁，往事还历历在目。20世纪六七十年代，赵家洼生活水平比其他村都好，因为赵家洼的地多，人勤劳，能吃苦，还团结，产粮也较多，所以外村的女孩都愿意嫁到赵家洼。当时刘福有从岢岚县城往赵家洼驮石灰，路上遇到了中寨公社坝湾村的老杨，一老一少便边走边聊。老杨一看这小伙子能说会道，身强体壮，性情忠厚，便立马就相中了他。于是在分别时对刘福有说：“我是赵家洼张秀清的姐夫，你去打问打问，我家啥情况。”机灵的刘福有一听就明白老杨是看中了自己，想结一门亲事呢。回家后，刘福有便向父亲说了此事，父亲马上就请赵家洼张秀清的爷爷做了媒人。于是21岁的刘福有很快与老杨家的姑娘杨娥子见面了，刘福有见姑娘朴素大方，长得也挺精干，心生喜欢，两人彼此都很满意，于是很快便定下了亲事，不久就举办了婚礼。结婚前，刘福有与父母住在半山腰的两间土窑洞里，结婚后，便计划盖房子。经过三年辛苦努力，刘福有一家便在沟沿盖起来三间石木结构的正房，一家人便从土窑里搬进了新房。几十年过去了，新房已变得破旧，墙皮脱落之处已露出石块发黄的面容。年过七旬的刘福有老人每次回忆起这段往事，心里便感到幸福、亲切与自豪，但其中也带了些岁月易老的沧桑感。尽管对自己几十年辛苦打拼下来的“家业”有所不舍，但刘福有还是个明白人，知道这次整村搬迁与自家以往的搬迁不同，这对老百姓来说是一件大好事，也是大势所趋。

为了打消刘福有的顾虑，陈福庆便耐心地跟刘福有讲省里的易地扶贫搬迁政策，包括易地补偿、复垦补偿、退耕还林补偿、旧房拆迁补偿等补偿政策。而且还告诉刘福有，国家对迁居新房，本着贫困户搬迁不举债、随迁户搬迁少举债的原则，基本上就是盖好房直接让你住进去，所以不要有太多顾虑。陈福庆还说，刘福有属于失能老人，属于精准扶贫对象，有政策保障兜底，目的是做到“老有所养，幼有所教，病有所医，居有所安，难有所帮”。陈福庆最后语重心长地说，“搬，总比不搬强，不说别的，你在村里有个头疼脑热，叫医生，买药就不方便，而且随着年龄增大，将越来越不方便。现在是工作队在村里，工作队如果不在，吃水都是问题。”经陈福庆这么一讲，刘福有便想通了。

2017 年 9 月，刘福有等贫困户便搬迁到县城集中安置点广惠园新村。刘福有新房共 80 多平米，两室一厅，这面积远远大于赵家洼旧房的面积，而且是水电暖齐全，热水器、燃气灶、床具、沙发、茶几、立柜等都被工作队置办得妥妥的，甚至连客厅沙发上面的照片都是由县新闻办、县人大统一采集印制的，其中最上面的一幅较大照片是习近平总书记走访刘福有时和他拉家常的情景。房子是精装修的，买上电视和冰箱便可以入住了。刘福有做梦也没有想到，自己能住进城里人住的房子，和以前的老房子相比，简直是天上地下的差别了。以前的老房子又窄又破旧，一旦家里来人，一个炕上就得挤着睡八人，以后再也不发愁女儿们回娘家没地方住了。过去，在家里盖两床被子都冻得不行，新房有了暖气，再也不担心受冻了。想到这些，他就心里乐开了花。但刘福有这时候却“得寸进尺”了，他问县人大领导：自己睡不惯床，能不能在主卧室盘一副炕？县人大领导笑着说：“盘炕可以，但不能是村里那种老火炕。新房里是没法子生火的。但可以不给你买床，同样的价钱建议木工师傅用木架子搭一个木板炕，这样既可以睡炕，下面还可以做一个储物柜。”“这样甚好。”刘福有满意地说。

迁入新居后，刘福有被安排到了广惠园小区做保洁工作，月薪1050元。另外还有低保、养老保险、土地流转承包费、退耕还林补助、农资补贴、爱心煤、高龄老人生活补贴以及光伏扶贫款等，这些兜底保障完全打消了他对搬迁的顾虑。刘福有没想到到了晚年，真正是“有福”了，他感觉日子越来越有奔头了，对城里人生活也越来越适应，越来越有信心了。

昔日农家女　今日领头雁

马金莲出生于一个极其贫困的家庭，家中姐弟五人，马金莲排行老大。母亲患有先天性疾病，且有严重的后遗症，常常需要吃药看病，花费不在少数。于是马金莲读到小学三年级便辍学在家，一边帮父母干农活，一边照看弟弟妹妹。16岁时，她就一人前往省城太原打工，试图帮衬家中。先后到饭店做过服务员、去服装店做过导购员。20岁结婚后，马金莲依然没有摆脱困顿的生活，和丈夫一起开三轮跑运输，她怀孕时还挺着大肚子摆地摊、卖水果，一个人给几十个工人做饭。数九寒天全身冻得瑟瑟发抖，手上全是裂口，常常针扎一般地疼痛。那段充满苦涩的日子却磨练了她不屈不挠的性格，也成为她这辈子最难忘的时光和经历。凭借着没日没夜辛苦攒下的钱，马金莲开了一家服装店，结果网络兴起后出现的网购影响了实体店面，导致生意亏损，被迫转让；马金莲还尝试经营小旅馆，但因缺乏管理经验再次失败。屋漏偏逢连夜雨，儿子又突发肾炎，看病一年时间，仅医药费就花了几十万元。天文数字般的外债像块巨大的石头压在马金莲心头，喘不过气来。多少个夜晚，一个人跑到后山嚎啕大哭，不断地追问："为什么老天如此不公，让我遭受这么多的磨难！"

正当几近绝望时，柳林县举办金牌护工巡回演讲，宣传精准扶贫"吕梁山护工"培训政策，贫困户可以免费参加培训。那天演讲内容很多，马金莲就记住了一句话——"一个月能挣 8800"。她仿佛抓住了救命稻草，立即报名参加培训。一个多月培训结束后，因表现突出，刻苦认真的马金莲通过面试被北京爱依家政公司录取。她高兴地回家，把这个好消息告诉家里人，可全家人不以为然，甚至丈夫还皱着眉头睁大着眼睛："什么！不在家照顾老人孩子，去北京当保姆伺候外人，不行不行，太丢人了！绝对不能去！你要去，咱就先离婚！"婆婆拉着媳妇的手说："闺女啊，可不敢去，咱们也不认识他们，会不会是进了传销窝呢？"孩子们也哭着说："妈妈，你是不是走了就不回来了？"面对一家人的反对，她的眼泪忍不住地直往下流。马金莲考虑许久，她决定先稳住丈夫，于是告诉他自己已打消了去北京的念头，让他安心去上海打工。等丈夫走后，马金莲拉着婆婆给她讲"吕梁山护工"扶贫政策，一点一点跟她算收入账，并告诉她，"我的心永远在咱们家。"讲了三天三夜，婆婆终于松了口，答应让她出去试试，并答应帮助照顾孩子。当安顿完一切，含着眼泪看着炕上生病的儿子时，心里却万般不舍。但她知道，在这关键时刻，走不出去，家就是世界；走出去，世界就是她的家。当走出吕梁山那天，不放心的婆婆还专程从老家赶到市里送她，当看到市领导为他们准备了欢送仪式，甚至连行李箱都帮助准备好了时，彻底放心了，还仔细叮嘱她在外好好干，会帮她对丈夫守住秘密。

2016 年 5 月，马金莲到北京后，先参加培训，在培训中表现突出，被留在北京爱侬家政服务有限公司四惠分部。负责洽谈工作，月收入4000元。为了省钱，她和姐妹们住在不到二十平米的宿舍，为了照顾好她们，马金莲把床铺让给了年长的大姐，自己睡在一楼的板凳上，这一睡就是半年多。当丈夫知道她一意孤行去了北京，一气之下把她所有的联系方式都拉黑了，有长达一个月没有理她。后来女儿假期到北京去看望她，母女俩晚上挤在硬板凳上，孩子看着难受忍不住哭着说："妈妈你在电话里不是和奶奶说，在北京吃得好、住得好吗？怎么是睡板凳呢？"她看着孩子说："妈妈没有多少文化，不吃苦哪来的甜呀！"对于马金莲来说，这点生活的苦与早些年相比不算什么，然而最难的是吃了自己没有文化的苦。比如家政公司的洽谈人员谈好客户后，是要出合同的。对小学都没毕业的马金莲来说，用电脑打印合同着实是个难题。培训时，培训老师一再提醒"好记性不如烂笔头"，要求学员们多记笔记，识字有限的马金莲不敢动笔，只好用脑子使劲儿去记。结果她的第一个合同单子就出错了，被主管劈头盖脸批评了一顿。她只能流着泪默默不解释，担心被主管知道她没文化开除她。一位同事了解了她的难处，就利用休息时间一点一点、手把手地教她电脑打字。马金莲这个连"ABC"都不认识的农家女，硬是靠自己的记忆力和持之以恒的韧性，学会了拼音打字，学会了使用电脑、打印机。

每每想到当初自己出门时的艰难和日子的贫困，她就下决心动员姐妹们也一定要走出大山，摆脱困境。于是，每次回吕梁或者专程招工时，她反复上门动员，一次次地给姐妹们讲解政策、讲述自己的经历。

同村的马维红不愿参加培训，总觉得当保姆是伺候人的活，低人一等。在马金莲反复多次上门劝说后，终于答应试试。后来经过培训，公司帮她在北京找到一份育儿嫂的工作，月收入6000多元。工作几年下来，马维红通过自己的努力，赚了钱，不仅供孩子上了大学，还在老家买了 100 多平米的新楼房。

通过护工培训，走出大山的马金莲不仅学到了家政服务的技能，更开阔了眼界，收获了自信。姐妹们从吕梁到北京，马金莲就是姐妹们在北京的“娘家人”，她不仅热心帮她们联系岗位，还帮助她们排忧解难，成了大家的“心理老师”，宽慰和鼓励每一个人。时间久了，姐妹们越来越信任这个“妹妹”。2017 年夏天，马金莲在送一名护工到客户家返回的途中，由于过度劳累，突然晕倒在地，被好心人送到附近医院。姐妹们得知消息，纷纷赶到医院：“你可是我们在北京的依靠，千万不能倒下呀！

有一次，雇主问马金莲“你有啥目标”，马金莲说“想成立自己的家政公司。”这话让雇主刮目相看。

2017 年 1 月，在姐妹们的资助下，马金莲回到家乡创办了自己的家政公司，并在北京设立了就业服务站，帮助更多的姐妹们走出大山。2018 年，马金莲又积极响应山西省委、省政府“人人持证，技能社会”的号召，创办了柳林县懿星职业培训学校。至今，共组织母婴护理员、家政服务员、中式烹调师等职业技能培训 47 期，受益人数 2700 余人，其中建档立卡贫困户 758 人，上岗就业 2700 余人，人均年收入达 3 万元以上。

在 2023 年 7 月 14 日，吕梁山护工（第 48 批）走出大山欢送仪式再一次隆重举行。吕梁山护工培训就业已走过近八个年头。八年来，吕梁市倾情打造“诚信、勤劳、专业”的吕梁山护工品牌，累计培训 48 期 9.3 万余人，实现就业近 5 万人，合作单位达 383 家，辐射京、津、鲁、陕、蒙等 11 省 20 多个城市，美名享誉全国。“一人培训，全家受益；一人就业，全家脱贫”成为不少吕梁山护工的真实写照。“十四五”期间，计划完成吕梁山护工培训 6 万人，每年培训 1.2 万人，就业率力争达到 60% 以上，年劳务收入达到 25 亿元以上。

◆ 吕梁山护工（第三十批）走出大山欢送仪式。　山西画报社供图

正是众多像马金莲一样的吕梁山护工走出了大山，前往北京、天津、上海、广东、浙江、江苏、山东等十余个省份和二十多个城市，甚至踏出国门做护工，他们成为了劳务品牌的一张“金名片”。也是凭借着像马金莲一样的吕梁山护工，在众多人心中树立起了“诚信、朴实、勤劳、专业”的“吕梁山护工”形象。他们中有的成为了月收入上万的金牌月嫂，有的成了全国劳模，有的成了省人大代表、家政公司老板……马金莲也先后获得山西省三八红旗手、山西省五一劳动奖章、山西省脱贫攻坚奋进奖、全国脱贫攻坚奋进奖、全国敬老爱老助老模范人物荣誉称号、全国三八红旗手荣誉称号等。

然而，马金莲的脚步并没有停歇……

她创办了吕梁市懿星养老服务中心，探索出适合吕梁当地乡村养老的运营模式，解决了部分人的就业问题。她高票当选柳林县薛村镇小成村村委会主任，在综合考察周边乡镇的发展经验后，提出了自己的“乡村振兴五年规划”：通过试点旱地朝天椒和蔬菜大棚，发展特色种植养殖业，带动全村闲散劳动力就业。

2022年2月，她成为一名中共预备党员。

相信这位昔日农家女在成为乡村振兴的领头雁后，定会带领村民将家乡建设成美丽乡村。

姐姐妹妹闯天下

一趟开往北京的火车上，一位记者模样的人和几位大姐攀谈起来："快过年了，有啥心愿吗？挣了钱最想干啥？"此时正值2013年春节前夕，而这些大姐们却离家越来越远，不问还好，一问都眼泪连连。中国人最讲究过大年阖家团圆，到底是什么原因让她们在这个时候背井离乡？

这就不得不说到大同天镇县的"雨露计划"和走俏京津、享誉全国的"天镇保姆"劳务品牌。凭借天然的地理优势，2011年以来，天镇县已向北京、天津等地输送家政服务人员2.5万多人次，每年带回劳务收入2亿多元，依靠这支"娘子军"，盘活了全县脱贫攻坚大棋局。

天镇县，位于山西省最北端，是高寒区，曾是"男人走口外、女人挖野菜"的苦瘠之地，资源匮乏、产业滞后，只有半年能种地，一年下来挣得不多，闲着的时候倒不少。尽管如此这里的农民却很少走出家门去打工，所以当地把劳务输出作为脱贫的主要抓手，县里把它叫作"雨露计划"。

这里距离北京只有280公里，县里想到北京过节的时候缺保姆，所以就组织县里的妇女去北京当保姆，想着价钱高，工作还好找，怎么想都是好事儿，可没想到真正组织起来却难上加难。这些天镇保姆大部分都是四五十岁，有不少人还是第一次出门打工，又是在春节的时候，中国人很重视逢年过节的举家团圆，因而她们迈出家门的第一步十分艰难。221个村子最终只有19个人愿意出去，而这19个人从来没有出门打工的经验，接着就出现了我们开头火车上的一幕。当问到挣了钱最想干啥，她们大都不约而同地表示，给孩子买衣服、买房、成家，给老人尽孝。有一位大姐，意识很超前，只有她说挣了钱要为自己买一份养老保险，再接着问，还是想着为儿女减轻负担。

姐姐妹妹闯北京，向梦想出发！

从最开始的不敢、不愿，到如今的争先恐后，这背后又有着怎样的故事呢？说到李春，一个勤勉热心的男子，却是“天镇保姆”背后的“保姆”！李春是土著天镇人，2008 年他创办了天镇县阳光高级职业学校，也被大家亲切地称作“保姆大学”。从 2011 年起，他开启了一条让天镇妇女进京就业的拓荒之路，她们也坐上一列“开往春天的地铁”。进京的破冰之旅就始于 2012 年的春夏之交，“乘客”是天镇县米薪关镇油房夭村的 5 名农村妇女。小小家政业如同一座桥，一头连着家庭，一头连着就业，要让家政更好兴农，首先得解决农村劳动力“出不来”的问题。在李春看来，最难的工作是前期动员，是从思想上让农村妇女和她们的家人接受。走村入户，每一家都不知登了几次门，好不容易说服了 19 个，车票都买好了，火车临开前，有 7 个因丈夫反对不去了，剩下的 12 个也只是答应到北京先转转看。到了北京后，多亏有北京友好和平家政服务中心帮忙，把这 12 个人介绍到爱心老人家里做了 3 天体验保姆。这 3 天的岗前实操，极大地触动了这些农村妇女的思想观念，尤其是可观的收入，让她们真正实现了“我也能挣钱了”的梦想。最终有 5 名农村妇女勇敢地走出家门，踏上家政服务的就业路。李春曾经告诉记者，每争取一个保姆都得“过五关”：自身观念关、丈夫面子关、儿女理解关、村干部思想关、村民舆论关，还要帮村民打消怕上当受骗、怕家庭解体、怕劳资不保、怕误入传销组织等顾虑。当时扶贫干部挨个村摸底、动员，先解开村干部心里的疙瘩，再共同做通贫困户家庭的工作。

在李春看来，“天镇保姆”是一群普通人用十年的时间打造的一个“金字招牌”，正所谓“金杯银杯不如老百姓的口碑”，农村妇女实现了自己“稳稳的幸福”。为了这份幸福，十年来李春甘为垫脚石，他的培训学校免费为2万余名学员介绍工作，与培训学校合作的30多家家政公司也免费为“天镇保姆”提供就业机会，学校也形成了集技能培训、心理教育、开阔眼界、转变思想观念为一体的素质培训课程。在就业培训中，李春和他的阳光培训学校对输出人员进行严格培训，小到坐姿、站姿、沏茶倒水等礼仪细节，大到菜肴烹调、家居保洁、家用电器的使用，以及老、幼、病、孕护理等，全部实行专业化培训，重视实际操作，力求做到科学化、规范化和标准化。

◆ 天镇县阳光就业培训学校免费为农村妇女进行家政服务培训。　山西画报社供图

更重要的是，每一期培训都把以“崇德、守信、勤俭、文明”为核心的德孝教育作为一项重要培训内容，让每一个从农村到城市的“天镇保姆”，都知道自己创业的艰辛与不易，发自内心地认同靠辛勤劳动创造财富的光荣与伟大。“天镇保姆”以“淳朴、勤劳、善良、诚信”的品质和形象打动了无数客户，用辛劳与汗水逐渐赢得了社会的普遍信任与尊重。“交给钥匙放心”“交给孩子放心”“交给老人放心”“交给锅灶放心”的“四心”级诚信服务，让“天镇保姆”树起了金字招牌，赢得了良好口碑。

人社部充分发挥党建引领作用，与阳光培训学校成立共建党支部，在北京大同商会成立“天镇保姆党员之家”“妇女之家”，开展党群共建活动，解决保姆在异地就业中生活不习惯、心理不平衡、信息不对等、援助不及时等问题，为在京天镇保姆免费提供法律咨询、劳资纠纷、培训就业等服务。农村妇女竞相入党成为美谈，这使得天镇家政服务特色更为鲜明，品牌更响。

有人曾算过一笔账：每位输出的农村妇女，年收入分别相当于建两个日光温室，种 100 亩旱地，养 8 头奶牛，养 300 只羊，养 100 头猪的单体纯收入。天镇县扶贫办主任贾彪接受采访时曾说，从 2013 年到 2016 年，90 批次、近 3000 名妇女走出去就业。如果按每人每年收入 3.5 万元计算，一年劳务总收入超过 1 亿元，相当于那几年县财政年均总收入[①]。

2012 年 5 月至 2019 年年底，在李春的带领下，培训学校累计培训“天镇保姆”3 万余人，就业 2 万余人，创收 4 亿多元，带动 1 万多户贫困人口稳定脱贫，学员就业足迹遍布北京、天津、内蒙古、上海、江苏、浙江等地。2020 年李春荣获山西省脱贫攻坚奖奉献奖。

2013 年 4 月央视《朝闻天下》栏目播出了《天镇保姆进京记》，让更多的人知道了“天镇保姆”的故事，也让一个普通的农村妇女走进了我们的视野，她就是杨素芳。2013 年，天镇县提出“万名巾帼闯京城，劳务增收创新业”，她成为第一批到北京当保姆的天镇妇女，2014 年 3 月被评为“天镇县城乡妇女岗位建功先进个人”，2015 年 3 月被评为“大同市城乡岗位建功先进个人”。如今俨然是名人的杨素芳成了“天镇保姆”的形象代言人。在她的影响带动下，李家寨有 20 多名妇女跨出家门，来到北京从事家政服务业，走上脱贫之路。回想当年，杨素芳至今感慨良多，她说家里当年太穷了，全部家当就只有一口锅、一张炕、一个破柜子，就连卖豆腐的都不敢赊哪怕是一块豆

① 《山西天镇扶贫样本：“保姆阿姨”下活一盘扶贫攻坚棋》，央视网 2016 年 8 月 16 日。

腐给她。老伴儿是个药罐子，家里的劳动指望不上。两个儿子的婚事都因为家里穷而受到了影响，一家人在村里都抬不起头来。第一次离家时，丈夫眼泪涟涟，夫妻难舍难分。进京后她照顾了一位老人，年收入 4 万多元。如今，家里的日子渐渐好过起来，也有人给他儿子提亲了，丈夫学会了做饭，她每次回家团圆时，丈夫总会高高兴兴连做几道可口的菜。大家都夸她有本事，思想观念跟得上，可是杨素芳自己知道，是因为有了县委县政府、县妇联的帮助和支持，才让她找到了脱贫致富的路子，让整个家庭有了翻天覆地的变化。她至今依然保留着第一次进京之前县领导自掏腰包送给她的新棉衣。如今，杨素芳的大儿子娶了媳妇，家里翻新了房子，有了存款，她还为自己买了一份养老保险。

截至 2021 年，十年间，“天镇保姆”项目创收 4 亿多元。如今“天镇保姆”已经成为一支人均年收入 5.5 万元的队伍。她们的就业区域遍布京津沪等地[①]。

陈旧观念一旦打破，务工脱贫的热潮便一浪高过一浪。从开局艰难到规模化输送，再到创新发展和树立品牌，“天镇保姆”用实际行动深度诠释了习近平总书记“一人就业，全家脱贫，增加就业是最有效最直接的脱贫方式”[②]的扶贫论述。2020 年 5 月 11 日，习近平总书记在大同考察时，对“天镇保姆”就业扶贫、巩固脱贫攻坚成果给予了充分肯定。

山西作为革命老区，在战争年代就发挥着无可替代的作用，由此形成的太行精神在接下来的岁月中不断赓续，每一时代都用属于自己的语汇传递着，每一代人都用自己的行动践行着，凝炼成不同的时代风貌。“天镇保姆”是这片黄土地上生活的人们的缩影，改变的是思

---

① 《山西天镇县组织家政技能培训，促进农村妇女就业——本领过硬增收稳定》，《人民日报》2021 年 8 月 10 日。

② 摘自习近平总书记 2016 年 7 月 20 日在东西部扶贫协作座谈会上的讲话。

想观念、思维方式，不变的是来自融入血液的淳朴善良、踏实勤劳！

“永久牌”干部张尚富

他本是一名部队转业的机关干部，却放弃了机关安逸的工作，扎根在贫困的乡村致力帮助百姓脱贫致富；他本来可以居住在宽敞明亮的楼房，却因扶贫住进了农村破旧的房屋……从2005年开始下乡扶贫，到2020年底，现行标准下农村贫困人口全部脱贫，15年来，忻州市住房公积金管理中心干部张尚富先后在忻府区董村镇、宁武县迭台寺乡长梁村、石家庄镇吴家湾村、定襄县晋昌镇待阳村、宁武县余庄乡马营村、苗庄村、石咀头村、海子背村、东坝沟村、东沟村等3县区6乡镇20余个村子中开展了实实在在的扶贫工作。“153620”一串数字，对张尚富人生来讲，记录了他扶贫路上的艰辛、充实与收获。

只有掏心窝子对村民，村民才会把你当亲人。下村第一天，张尚富连村主任面都见不着；几天下来，想了解情况，村里人对他爱搭不理，他两眼摸黑，不知所措。想大显身手、大干一番，却始终得不到村里人的信任。心里那个不舒坦和憋屈就像蒙着一块布，压在心头，张尚富走到马营村松树林里，放声大哭了一场。哭完，感觉心里舒坦敞亮了。于是冷静下来的张尚富开始反思：为什么老百姓对自己爱搭不理？自己哪些地方做得不合适？哪里表述老百姓不喜欢？后来联想到，20世纪70年代，自己村里也有下乡干部，他们天天吃派饭，吃饱之后蹲在那里什么事情也不做，村里人曾调侃称他们“吃饱蹲”。所以老百姓一定觉得现在的自己是外人，对驻村第一书记的概念也不了解，说到底干上两年就走了，对陌生的外人肯定不会亲近。于是想清楚的张尚富下定决心，不做“飞鸽”牌干部，要做就做“永久”牌干部。

于是，他每天五点起床，五点半打扫公厕，六点洗涮，吃了饭就下地。宁武的5月，山里头早晨特别冷，清早到了地里甚至冻得手疼。他坚持着，一个月下来，就有村里人开始喊他到家里吃饭了。饭也不白吃，吃了谁家的饭，就给谁家帮办着干更多的活，扫院子、抹墙、和泥，干活的同时村里的情况也就摸清了。扶贫这些年，张尚富一年有300余天就住在帮扶村，割草、种地、干农活，他与村民同吃同劳动，日子久了就和当地百姓打成一片。

有人说："张尚富是真情付出，走到哪里都是实实在在帮扶，走到哪里哪里就有帮扶的感人故事。"

张尚富扶贫的马营村有个叫白来存的"五保户"，患有冠心病、皮肤病、肺病等多种疾病。受多种因素的困扰，他成为一个老"上访户"，经常去村委会找村干部说这找那的，被称为村里"缠头"的人。得知情况后，张尚富主动提出"承包"这个"五保户"。张尚富说："我就真诚地和他交朋友。开始他不大接受，后来有一次他下不了床，大冬天尿在了裤子上，我去看望他时就提出来帮他洗衣服，他不让。最后我给他做了处理，并在炉子旁烤干了衣服又给他穿上，这让他觉得不好意思，从此，他就对我'友好'了"。白来存病了，张尚富给买药，白来存缺米面了，张尚富给他买米买面。就是在过年时节，张尚富也是首先给白来存安排好吃喝后才回去过节。从此白来存再不去上访，直至过世。张尚富常说："只要干部行得正，挠在痒处，做在明处，群众就会信任干部。"

2015年，张尚富被派到了苗庄扶贫。苗庄村是宁武县余庄乡一个行政村，距宁武县城有十公里，沿旅游公路北进，进入涔山乡就是芦芽山风景区。然而苗庄村既不得近城之利，也不得风景区之惠，土薄地少，石头多土层薄，靠天吃饭，是有名的穷村。苗庄村129户，286口人，建档立卡贫困户52户131人。耕地2508.9亩，种植土豆、玉米和红豆、莜麦、胡麻与黑豆等。张尚富进村3个月，根据实际情况，因地制宜，理出了发展新思路——以种植带动养殖脱贫。于是他在村北一条沟里盖起猪场，养了50头黑毛家猪。他担心猪被盗，径直将铺盖搬进了紧挨猪场的一间村民废弃30多年的旧房，后墙上还有两个碗大的窟窿。

他每天穿着部队的作训服，扛锄下地，提桶喂猪，把猪养到一百斤左右再发给百姓。为什么这样做呢？怕贫困户不珍惜。有的村里给弄回猪儿子（小猪仔），一个猪儿子500块到800块，发给贫困户之后，马上200块就把猪儿子卖了喝烧酒去了。

“养猪至少一年，付出辛苦不说，收获多少眼前看不见，卖了200块，总是能见现钱。这种人不是一个两个。咱辛苦些，老百姓见了利就达到咱的目的了。”张尚富总是憨厚地说。

在他的努力下，苗庄养殖合作社第二个养猪场也建起来了，存栏黑毛猪增加到了300头。当年年底，参与养殖黑毛猪的贫困户增收了近4000元。同时，用村民手中流转的200亩土地，成立了苗庄村种植专业合作社；用农家种植的山药、甜菜、苜蓿等作物，作为养殖场黑毛家猪饲料，种养结合，全面发展。

随后，又引进服装加工厂，全村贫困妇女参加了培训上岗，服装厂拿到了外贸订单，一年光工资就发了20多万元。进厂参加工作的贫困户实现了户均增收近万元，真正做到了让百姓不出门就能就业，不出家门就能致富。苗庄终于整村脱贫了。张尚富欣慰地说：“咱扶贫干部下来不能就会吹号，还得带头冲锋，把苦头嚼碎了，群众就能尝到脱贫的甜头。”

张尚富因地制宜想办法，一心扑在扶贫事业上。村里有一个老汉，他有一棵树紧挨着变压器，夏天雷雨闪电，常常把变压器给烧了，村里的家用电器坏过几次。每次一下雨张尚富就得出去观察，特别担心玩耍的孩子们中了电。这个变压器，成了压在老张心头的一块心病。村民希望把那棵树砍了，但砍树哪有那么容易？老汉开口就要3000块钱，后来看在张尚富的面子，压到了1000元，理由是前些年宁武开矿给补偿，一棵树就赔1000元。可是哪来的钱？村集体穷得叮当响，莫说1000元，就是赔他200元，村里也拿不出钱。

一天，张尚富从县城里回来，提上两瓶酒，买了二斤豆腐，一塑料袋吃的，又去找他。老汉喝得高兴，说咋还不给个500块？张尚富一听有戏了，说了两句粗话，放下了自己的300元钱。第二天跟村里人说：砍哇！就把树砍了。人心都是肉长的，没个走不通的路。于是变压器的问题解决了。

扶贫以来，张尚富已拿出5万多元工资接济村民。不仅如此，他常年驻村，与家人聚少离多，妻子又心疼又埋怨。国庆放假7天，他最多在家能待两天，用妻子的话说，前脚进门，后脚村里的电话就来了。在忻州开现场会，只有他的电话不时地响，他不好意思地说："我不能关机，要不然村民有事，还以为我不管了呢。"

15年来，扶贫任务让他在各乡镇村子中调来调去，成为了扶贫"专业户"。但张尚富总是理解地说："咱是党员，党需要咱去哪里，就去哪里。"扶贫这么多年了，也有回机关工作的机会，但张尚富每次觉得总还有些事儿没有给村民们办完，一来二去，就想着在农村了。

张尚富早已把自己交给了农村，在用自己的实际行动践行着一个党员干部的责任。

驻村扶贫干部的平凡与荣耀

2015年7月，在吕梁市政务服务中心工作的李翠叶做出一个让周围人惊讶的决定——离开两个年幼的女儿，走出生活的舒适圈，主动请缨前往条件艰苦的吕梁山区，成为兴县蔚汾镇南通村第一书记。

南通村是吕梁山集中连片特困地区的深度贫困村，进村后眼前的一切让李翠叶有些始料不及。村委会办公地是几间废弃窑洞，党建工作几乎处于瘫痪状态。全村213户714人中，贫困户高达123户，占到一半以上。李翠叶有些想不通，距县城只有1.5公里的南通村怎么会成为贫困村。一上任，她白天入户走访，晚上召开村两委、党员和群众代表会，很快就对村情民意了如指掌。

李翠叶深挖问题根源，发现两委班子软弱涣散是制约村里发展的主要因素，加强班子建设迫在眉睫。于是，她耐心地同两委干部讲解党建工作的重要性，多方争取资金、整合可用资源，把村级活动中心修葺一新，还建起党员活动室、会议室，加入具有党建特色的文化元素。环境改变了，氛围浓厚了，党员们参与活动的热情也高涨了。为了提高党员干部的思想觉悟，李翠叶还开办了农村夜校，担任讲师宣讲政策，开展丰富多彩的主题教育活动。经过一年多的努力，南通村两委班子凝聚力大大加强，精神面貌焕然一新。2017 年，南通村党支部被兴县县委评为“五好党支部”和党建示范村。

同时，李翠叶通过逐户走访、了解情况、测算收入等，发现有 1/3 贫困户生活条件已经明显改善，不再符合纳入标准。于是，她挨家挨户做工作、讲政策，严格按照“八不进”原则精准识别，使贫困户的数量从原来的 123 户缩减至 53 户，为扶贫工作奠定了基础。

干群一心，其利断金，工作才有可能顺利开展。2016 年冬季，兴县城区棚改工程延伸到了南通村，李翠叶赶上了艰巨的棚改拆迁任务。遇到“钉子户”时，大家的目光都聚焦到李翠叶身上。她不怕困难，拿出女性温柔和坚持的力量，在她耐心地劝导与说服下，改造涉及的 97 户、11714 平方米拆迁工作顺利推进，如期完成。李翠叶不偏不倚的工作态度获得了村民的信任与敬佩。

产业扶贫是脱贫的根本途径，李翠叶在产业促发展的道路上下足了功夫。南通村绝大多数耕地已经退耕还林，村里闲置劳力多，就业问题突出。2017 年，李翠叶动员大家成立养殖合作社，筹资 21 万元为合作社修建了养殖场，实现了 9 户贫困户的稳定可持续脱贫。2019 年，南通村成立村集体经济发展合作总社，李翠叶赴山东及省内周边县市考察后发现，惠民早餐在城区需求很大，兴县还没有规模化公司来经营这个项目。南通村距离县城很近，地理位置优越，如果能把惠民早餐工程拿下来，可以帮助不少贫困户获得稳定收入。她说干就干。这年4月18日，南通村与吕梁育民食品有限责任公司达成合作，上马了兴县惠民早餐工程项目。她马不停蹄地购买生产设备、办理工商手续、招聘销售人员、开展操作培训，各个环节齐头并进。同年6月10日，兴县惠民早餐工程正式落地运营，20户贫困户率先捧上了“金饭碗”。此时，距离第二届任职期满不足2个月的李翠叶收到了驻村第一书记的轮换文件。她要走的消息传开后，村里数十位干部群众代表联名向市、县两级组织部门提交了申请书，请求将第一书记李翠叶第二次留任。大家真挚的挽留，让她心中的天平再一次倾向了工作。

李翠叶不仅是百姓们致富的带头人，更是乡亲们的“知心大姐”。村民们遇到难事了，她总是主动上门帮助解决。贫困户牛香琴的爱人因车祸过世，一个人拉扯着4个孩子，最小的才8岁，生活十分困难。李翠叶几次去找城建部门反映情况、寻求帮助，功夫不负有心人，相关负责人被她的敬业与执着打动，为南通村贫困户提供了5个公路环卫工人的就业机会。牛香琴上岗后，每月能挣1200元。此后，牛香琴一见到李翠叶，就会拉着她激动地说：“李书记，你是我们全家大救星。没有你就没有我的今天。”后来，听说合作社有位贫困户积压着几百斤鸡蛋卖不出，身体不适休假在家的李翠叶依然竭尽所能，托人帮忙，一家一家上门送，硬是把积压的鸡蛋全部卖完。因为常常帮助大家把鸡蛋拉到离石销售，养鸡专业户孙变儿亲切地称呼她为“倒蛋书记”。

在李翠叶的带领下，南通村发生了很大的变化。村里新建了村组织场所、卫生所、活动广场、自来水管网；建设棚户区改造安置小区，为村集体置留门面房52套，每年可为村集体创收60多万元；养殖专业合作社带动9户贫困户户均增收4000元；5户贫困户在家门口当上了环卫工；20户贫困户在兴县县城开设惠民早餐网点20个，户均收入2.2万元，村集体年增收7万元。2017年，南通实现整村脱贫摘帽；2018年，213户贫困户户均收入达到9600元。几年时间里，村容村貌变好了，村民富裕了，这其中凝聚着李翠叶的心血，而她也得到了老百姓和组织的认可，先后被评为“优秀第一书记”“优秀共产党员”“感动吕梁脱贫攻坚年度人物”“山西脱贫攻坚贡献奖”。2021年2月25日，在全国脱贫攻坚总结表彰大会上，李翠叶被党中央和国务院授予“全国脱贫攻坚先进个人”荣誉称号。

村委主任白玉明很是感慨，称赞李翠叶为村里做了不少工作，作为一个女同志，这很了不起。但是在这份了不起的成绩与荣耀背后，李翠叶也是如你我一般的平凡人，承受着不为人知的艰辛与压力。说话干脆、做事利落的李翠叶，其实看起来是个柔柔弱弱的女人。刚到南通村的时候，村里干部群众谁也瞧不上她，大家都说一个女人能干啥？李翠叶并不气馁，她鼓励自己办法要一点一点想，事情要一件一件办。

来到村里第二年，一个夏天的晚上，9点多钟了，李翠叶还在村部和大家商量村里废旧品加工项目用地的事情。因为自家的地不符合用地标准，有位村民心生不满，冲动之下拿起一个玻璃烟灰缸就向李翠叶砸过来。还没等李翠叶缓过劲儿来，大女儿的老师又打来电话，说孩子在学校发高烧了，需要家长尽快过去。李翠叶的丈夫刘志军当时正在80公里以外的岚县社科乡井峪堡村挂职。夫妻俩长期驻村，聚少离多。晚上10点多，难得一见的夫妻俩一见面就爆发了结婚十几年来最严重的一次争吵。当时两人第一书记的任期都即将到期，丈夫想让妻子调回去照顾孩子。可是李翠叶有自己的顾虑，“村里很多事情才刚刚开始，你说我能回吗？”万幸的是，在爸爸妈妈的陪伴下，孩子的高烧终于退了。第二天一早，两人又分别回到村里。不久后，李翠叶留任第一书记，又将扶贫重任挑在肩上。刘志军当时并不知道妻子在工作中遭受了委屈，只是心疼孩子，一时心急如焚。但是，同为第一书记的他，又怎么会不理解妻子？他们是夫妻是父母，也是脱贫攻坚战役中的战友。他们偶尔争吵，但更多时候是相互理解与包容。在丈夫的支持下，李翠叶肩负着对群众的责任，一路披荆斩棘，交出了一份又一份令人满意的答卷。但在荣耀的背后，她又何尝不是深藏着对家人的歉意与愧疚。

李翠叶的女儿常常打电话问妈妈什么时候回家，她只能安慰孩子说忙完手头的事就很快回去。令人欣慰的是，带女儿到村里住了一段时间后，孩子慢慢开始理解妈妈的工作，还会给她加油鼓劲。2019年，二女儿该上小学了，李翠叶原本打算回到孩子身边，可对村里割舍不下的牵挂还是让她再次选择了留下。李翠叶说："亏欠孩子的太多了，慢慢弥补吧，我相信孩子长大后会明白的！"

在南通村的六年里，她一路挥洒热情与赤诚，带领群众勇敢地与贫困作战。她是荣耀的英雄与勇士，也是平凡普通的女人、妻子和母亲。在吕梁山区，像李翠叶这样的基层扶贫干部还有很多，他们在党的领导下真抓实干，他们用心血书写着平凡的荣耀，带领着广大人民群众一起走向幸福美好的明天。

愿做大山里的那座桥

奇奇里村属于国家级贫困县永和县阁底乡的一个行政村，该村远离县城，闭塞偏远，是永和县最贫困的村庄之一。全村 700 多口人中有 323 人属于贫困户。村里没有一条像样的路，没有路灯，连小卖部也没有。2015 年，国务院印发《关于做好选派机关优秀干部到村任第一书记工作的通知》，为贯彻中央和山西省精准扶贫工作会议精神，加快临汾市脱贫攻坚步伐，确保到 2020 年实现全面建成小康社会目标，临汾市委组织部积极响应，按照中央要求，对党组织软弱涣散村和建档立卡贫困村，实现选派郭若桥全覆盖。于是郭若桥担任了奇奇里村驻村第一书记。

郭若桥到奇奇里村时年仅25岁。村民们见他细皮嫩肉，认为他肯定耐不住窑洞里没水没电没网络，也受不了蚊虫叮咬，能待上一周就不错了。没想到他一年330天都待在这里，而且一干就是5年，在续任第一书记又期满之际，又转任到阁底乡担任乡镇干部一职，他说：愿做大山里的那座“桥”，架在需要我的地方，深扎泥土，铺接美好。

刚来到奇奇里村，郭若桥在住宿、吃饭方面很不适应。但他并没有被眼前的困难吓倒，他克服了心里的浮躁和寂寞，积极投入到工作中，按照市委组织部对第一书记提出的“站位要高、干事要实、律己要严、成效要好”的要求，很快转换角色，以村为家。于是挨家挨户走访，了解村情现状，并向老党员、老干部取经、学习。

郭若桥通过走访，掌握了第一手资料，对全村贫困人口占比、贫困程度、致贫原因等都了如指掌。在调查民情的基础上，他帮助村里制定了6年发展规划和年度工作要点，明确了今后的发展思路，确保各项工作开展能有的放矢。他了解到，由于缺水，奇奇里不适合种玉米、小麦等粮食作物，但此地的自然条件却十分适宜种枣树，村里的枣树达到了8万多株。然而这个“红枣村”，由于连续几年不是成熟的时候下雨霉烂，就是卖不出去，有些年份人均红枣纯收入只有100多元，这严重挫伤了村民种枣的积极性。郭若桥为了解决卖枣难题，四处奔波，寻找销路。得知2015年12月临汾市将举办首届知名品牌文化节暨名优商品展销会，他决心让奇奇里红枣尽快走出大山参加这次展销会。为此他挨家挨户做工作，承诺价格不低于枣贩子，如有损耗，自己承担。从收枣、登记，到设计商标包装，再到装箱、运输，郭若桥亲力亲为。在推销红枣的同时，他还联合隰县的第一书记创新性地搞了一个“枣想和你不分梨”的创意活动，将奇奇里村的红枣和隰县的梨放在一起推销，“永和乾坤湾红枣”在展会上很快引起了人们的注意，2000 斤红枣很快就被抢购一空。后来，郭若桥便带着村民一起卖枣，寒冬腊月，他一站就是一天，饿了吃些携带的干粮，双手也被冻裂了。他利用各种销售渠道，帮助村民销售红枣一万余公斤。村民们亲切地称他为“红枣书记”。

为了让红枣带动村民脱贫致富，并让永和红枣产业做大做强，郭若桥决心要让永和红枣品牌化。郭若桥走访后发现奇奇里所在地乾坤湾旅游资源非常丰富，这里是九曲黄河第一湾，有著名的红军东征纪念馆、黄河蛇曲国家地质博物馆以及红军泉等景区，东岸的奇奇里村奇石耸立，栩栩如生，是一座原生态的石雕园林。综合考虑各种资源后，决定将红枣产业与文旅产业结合起来，形成“双翼齐飞”的产业发展模式。让旅游带动与促进“永和乾坤湾红枣”做大做强，让红枣助力旅游业的做实做新。

◆ 永和奇奇里村的致富枣。　崔济才摄

2016 年，郭若桥邀请摄影家到奇奇里村举办了“魅力乾坤湾，多彩奇奇里”摄影采风活动。为了把乾坤湾推介向全国甚至推向全世界，他把奇奇里村的摄影作品带到了平遥摄影节上展出，引起了不小轰动，这为村里的旅游业奠定了基础。郭若桥趁热打铁，2017 年 10 月 17 日，正值国家扶贫日，全国首家“摄影家影像村”落户奇奇里，众多当代摄影家的 1000 多幅作品来到黄河边的这个小山村，整个山村成了摄影艺术展览馆。同年，他联合中国摄影家协会策划了 2017 年的奇奇里“中国摄影家精准扶贫枣林”活动，在活动现场，1000 位摄影家共计认领 1000 棵枣树，120 元认领一棵枣树。摄影家们共资助的 12 万元全部发给贫困村民，用于日常的农业生产和科技管护上。这种帮扶模式对于推动扶贫产业发展具有积极意义。

奇奇里村唯一进村的道路是顺着山脊上修的“鼻梁路”，郭若桥认识到，要充分利用乾坤湾黄河文化旅游资源，必须修建旅游公路，这也是打通乾坤湾景区发展的道路。2015 年，他积极向有关领导汇报，通过努力，在各职能部门的沟通协调下，开工建设了高家疙瘩至奇奇里村的 7.3 公里旅游三级公路；打通了奇奇里景区至阴德河古村落的 2.8 公里沿黄栈道；建成了至乾坤湾景区的道路和停车场，结束了奇奇里只有一条进村小道的历史。这些路网的开工建设、改造完成，将极大地促进林果业、种植业的发展，也极大地带动奇奇里旅游资源的开发。道路修好以后，郭若桥积极协调相关部门，为奇奇里村安了 30 盏太阳能路灯，每每提到路灯的事情时，农民们都高兴地说：“你看咱郭书记为漆黑的村里种上了月亮，一到晚上全亮了，现在出门都不用再带手电筒啦。”奇奇里村历来吃水靠从山里手担肩挑，怎样才能让村民用上方便、洁净、安全的自来水呢？这是郭若桥考虑的又一难题，2016 年春在市、县、乡各级政府的支持下，一条通向村民家中的自来水管道铺设好了，奇奇里村爬沟过坎去挑水的历史从此结束了。

为了宣传奇奇里和乾坤湾，郭若桥让人创作了带着黄土风情的民歌《我在奇奇里》，他还利用自己摄影专业优势，自费几万元，制作了介绍奇奇里风光的短片，后来还在央视播出，这进一步推进了奇奇里的旅游业发展。奇奇里和乾坤湾有了一定的知名度，吸引着越来越多的外地客人。随着游客的增加，吃住问题提上了解决日程。奇奇里村两委便开始动员村民建设农家乐。为了说服大家，郭若桥就自己开车领着村干部和村民代表出去考察。回来后，出去考察的村民最先认同了办农家乐的想法。郭若桥又积极争取来项目资金，在优先照顾贫困户的前提下，选了有能力经营的 9 户人家，整修了 12 孔窑洞开农家乐。每人每晚上 50 元的住宿费，虽不算多，但对于贫困户来说却是一笔稳定的收入。办农家乐让村民们的思想活跃了起来。“以前还是思想不开放，太保守了，不敢想不敢干，至少错过两次发展机会！”村里的老支书说。如今，村子里开农家乐的、打短工的、养鸡的、做小生意的……大家都忙碌着，看不到一个闲人。奇奇里村简直一天一个样。

2017 年，整村脱贫后，任期结束的郭若桥并没有离开，仍坚持在这里工作，挖掘和整理这里的红色基因、黄河文化及特色民俗。2019 年，郭若桥任阁底乡乡长，他和乡领导们一致认为，乡亲们在脱贫后要防止返贫走向富裕，仍然要坚持打红枣产业和文旅产业两张牌，而且要整合资源，特别是黄河自然风光与红色文化资源的充分开发利用，是盘活当地产业的关键。于是在县委县政府的领导与支持下，乾坤湾景区的资源开始得到了有效整合，在对黄河旅游资源进行挖掘利用的同时，阁底乡东征村的红军东征纪念馆也得到重视，将其作为缅怀先辈丰功伟绩、重温红色记忆、领略东征历程、进行爱国主义教育以及红色革命教育的最佳课堂。2022 年 10 月，由临汾市委、市人民政府主办的“生动黄河 · 乐享乾坤”音乐会在永和县黄河蛇曲国家地质公园即乾坤湾景区举办，数以万计的游客来到黄河之畔，欣赏了一场听觉盛宴。

◆ 守望母亲河 永和奇奇里景区。 席华昌摄

郭若桥还利用电商平台，精准扶贫，为村里建档立卡的贫困户免费开设网店，同时因户施策，帮每个贫困户推出一款农副产品，通过互联网将奇奇里村的农副产品推销出去。2020年端午节期间，永和县连续举办四场直播带游带货活动，累计完成特色农产品销售96.8万元。同时搞爱心众筹，在村里建一个红枣示范基地，利用农科院的先进技术、爱心人士的资金、农户的力量，科学管理，科学种植，将“永和乾坤湾红枣”这个品牌做大做强。另外推动奇奇里村光伏发电项目建设，实现村级集体经济“破零”，加快脱贫致富步伐，推动扶贫由过去“输血”向“造血”转变……

郭若桥始终把自己当成村里人，当成村民的孩子，为村民干实事，村民们都亲切地称郭若桥为“小郭书记”。2016年1月的一天上午，在一阵鞭炮声中，奇奇里村村民自发地给郭若桥送去了一幅充满深情厚意的锦旗“解民之忧，情系群众”，这面锦旗表达了奇奇里村村民的感激和期望，也是对郭若桥在奇奇里村工作的肯定。郭若桥说，“村民对我的关爱，正是我们为之奋斗的动力所在。”

仅仅5年时间，在郭若桥的带领下，在村民共同努力下，一个封闭落后的小山村成为了远近闻名的红枣村、旅游村、摄影村、网红村，同时荣获全国第一个共享单车进驻的贫困村、中国摄影家首次以影像为主题创办的摄影村、山西省首批旅游扶贫示范村等称号。郭若桥先后被评选为“全国向上向善好青年”“中国最美村镇50人”“新时代中国乡村振兴贡献人物”，并作为山西省团代表出席共青团第十八次全国代表大会。

郭若桥用实际行动诠释着新时代、新青年的含义，向我们展示了优秀的青年党员为老区人们奉献青春的风采，他是偏僻山村承接美好、通往幸福的桥梁，他让党的旗帜在大山深处高高飘扬。

仙草在人间

中国人对“称呼”的讲究颇多且源远流长，不同的场合启用不同的“称呼”，借此既体现了身份、地位的不同，也透露出彼此的关系、情感。其实，植物亦是如此。黄花菜，你可以叫它“萱草”，典雅、书卷气，晋代张华《博物志》:“萱草，食之令人好欢乐，忘忧思。”就是说吃了它就会比较开心，能忘记忧愁和思虑；而清代药学著作《本草求真》中记载:“萱草味甘而气微凉，能去湿利水，除热通淋，止渴清烦，开胸宽膈，令人心平气和，无有忧郁。”所以你还可以叫它“忘忧草”，充满了浪漫的气息。

对于山西雁北地区的老百姓来说，还真需要忘忧啊！地处雁门关外的大同，历史上是战争频仍的苦寒之地。这里气候严寒、风害肆虐、土地干旱贫瘠，百姓的温饱成了大问题，更别提经济发展了。敢问天地，脱贫的良方在哪里？殊不知，远在天边，近在眼前——谁也没想到，小小的黄花居然成了“致富之花”，正如歌中唱到的:“山坡上开满金呀么金花花，忘忧草让咱发了家，小小黄花大产业呀呼咿呼儿嗨，十里八乡美如画，美如画欢歌笑语路边洒，田间地头把俺夸，低保户摘掉了贫困帽，村里遍地致富花……”

大同地区虽然地处高寒，但是光照足、温差大，火山土富锌富硒，却正好适合黄花菜的生长，因为它耐寒耐旱，冬宿春发，适应性强，长成的黄花微量元素多、营养价值高，可谓得天独厚。山西大同云州区孕育出的“五瓣七蕊”黄花菜，品相、品质都位居全国之冠。云州区栽种黄花可以追溯到北魏时期，明永乐年间开始大量种植，如此算来已有600多年的历史。在黄土高原之上，我们更愿意称它为“黄花菜”，朴实无华，一如这山、这土、这人！

大同人采集、栽培黄花经验丰富，采集黄花要在六七月间花蕾裂咀前进行。不论晴雨，都必须在清晨及时采摘，以免花朵萎缩。采摘时不能碰坏了尚未长成的花瓣，采下后要及时放在锅里蒸八到十分钟，然后用手指轻轻挤出花棒中的水分，晒干妥善保存起来。蒸时，既不能夹生，又不要过熟，全靠经验掌握。

就是这个自家田里的黄花，开始并没有引起大家的注意。小农生意，人种天收，种植周期长、见效慢，一旦遭遇自然灾害，就会损失惨重；采摘黄花很难机械化操作，只能靠人工集中抢收40多天，劳动力成本不低；晾晒场地不够、销售路径单一……种种难题长期阻碍着黄花的大规模种植。祖祖辈辈种植的东西还能掀起大浪来？正如老话儿说的：守着金饭碗，到处讨饭吃！

让我们把时光轴倒回2011年，燕山——太行山集中连片特困地区是脱贫攻坚的主战场之一，而大同云州区（大同县）就是其中的一个贫困区（县）。县里制定了大力发展黄花产业的政策后，各方声音纷至沓来，但县委书记王凤瑞没有动摇。经过深入调研，大家发现大同县黄花产业发展一直没有突破性进展的原因是农民有心结：担心市场波动和旱灾绝收，想扩大种植面积却没钱。真正了解到农民的急困，县委县政府马上邀请国家和省市专家，召集市县乡干部、黄花加工企业负责人、黄花种植户代表等，召开黄花产业发展研讨会，会后进行一对一辅导，探讨黄花种植、加工、销售等问题，从专业上助种植户们一臂之力。

专业问题得到了解决，政府的扶持政策也相继出台。对新栽黄花给予每亩500元的补助，集中连片200亩以上的配套水电路。2017年，对全县的贫困户新栽黄花每人补贴1000元，并推广套种、间种模式，缓解了种植初期收效不显著的问题。考虑到采摘黄花劳动强度大、耗时耗力，政府相关部门认真分析本地和周边用工行情，通过网络、微信等现代化手段和上门招工等形式，帮助种植户联系周边及各地的采摘工。

中国人民财产保险股份有限公司大同县支公司新开设了黄花种植支农惠农保险业务，大力支持黄花产业。投保后，农户种植黄花如遇不可预知的自然灾害，将确保每亩收入不低于5000元。

全县各职能部门发挥工作优势，在争取项目、吸引资金、引进技术等方面八仙过海、各显神通。通过流转土地、规模经营、公司化运作、品牌推广等手段，云州区黄花产业向规模化、集约化、品牌化方向不断优化，黄花种植面积每年以超万亩的速度快速推进。截至2023年11月，云州区黄花总面积达到26.5万亩，仅云州区就达到17万亩，黄花品种已有130个，带动8万余名农户稳定增收。2023年，该区黄花产值达11.18亿元，仅黄花一项，全区12.35万农村常住人口人均收入4100元——小黄花正日益成为老百姓的“致富花”。

哪里都需要第一个吃螃蟹的人，在大同县西坪镇唐家堡村，此人就是张顺宝。作为村党支部书记，张顺宝相信县政府的判断和决心；作为一个党员，他更要带头响应。第一年，为了完成全村的种植任务，他种了300亩黄花，土地流转费加上种黄花的人工费，东拼西凑投进去20多万元。

◆ 大同市云州区唐家堡村万亩有机黄花种植基地。　山西画报社供图

黄花的收益期需要 3 年，第一年基本不用想挣钱的事儿，第二年稍微赚一点儿，虽然少，但是局面开始扭转，第三年才是收获期，所以需要种植户有极大的耐心。头两年的等待期成本很高，可想而知张顺宝当时承受了多大的心理和舆论压力，大家都在眼巴巴地看着他。说没有动摇过是骗人的，但是他咬紧牙关，心里就一个念头：作为领头人都富不了，怎么有理由带领群众去致富？把路蹚出来，后面就容易了。

经过不断地研究技术，掌握黄花菜加工的程序，了解销售渠道，张顺宝搞清楚了黄花菜产业发展的规律。终于，第三年也就是 2015 年，张顺宝的春天来了！干菜卖了两万多斤，收入有 60 万元，他还清了全部债务。到了 2016 年，张顺宝的黄花进入盛产期，收获 6 万多斤干菜，收入达到了 150 多万元。

老百姓看在眼里，羡慕之情溢于言表，心思也都活泛起来。在张顺宝的带动下，现在全村的黄花达到 3000 亩，其中 10 亩以上的大户有 55 户，常住人口达到人均 4 亩以上，仅黄花一项全村每年增收 1500 多万元。张顺宝逢人就说，“好政策＋好干劲＝好日子，幸福不会从天降，汗水要先摔成八瓣，才能跳到口袋里变成叮当作响的金币。”

无独有偶，大同县峰峪乡徐家堡村党支部书记白继跃说起往昔至今感慨万千，徐家堡村地处偏僻山区，全村 165 户，355 口人，耕地 740 亩。黄花产业落户这里之前，全村只有 60 头毛驴耕地。县里建议他们选定黄花产业，并且保驾护航，在给予资金扶持的同时，还帮他们给种植的黄花投了保。白继跃带头并要求村干部每人必须种 20 亩黄花，为村民作表率。2014 年黄花进入盛产期，正好赶上好价格，徐家堡村种黄花的农民丰产又丰收。如今徐家堡村因此被列入全省“一村一品”专业示范村。

说到真正把黄花做成产业，带着黄花“走出去”，就不能不提到另一个人——云州区西坪镇下榆涧村村民杨旗，现在是山西大同云州区志海黄花合作社理事长。三十多年前为了销售家乡的黄花，杨旗蹬着三轮车驮着五麻袋大同黄花，在内蒙古呼和浩特走街串巷，操着晋言晋语吆喝着叫卖。后来，杨旗成立了黄花种植专业合作社，带领大家种植黄花，统一种植标准和加工质量，渐渐地，大同黄花菜搭上了“走出去”的快车，产值达 7 亿元。杨旗也成为种植加工销售一条龙产业的带头人。

乡亲们都夸他本事大，人实诚，因为他把黄花菜价格卖得翻倍，告诉大家“种黄花就是种黄金”；因为他把乡亲的事当自己的事，自己辛苦工作，收入全分给大家。杨旗说自己只是“牵线人”，如果没有政府的支持，如果没有乡亲们的付出和支持，就没有今天的产业。对于未来，杨旗和他的伙伴信心十足：村民们把土地流转给合作社，合作社每年给村民租金，村民还可以在合作社里打工，现在正在引进生产线，建立地头加工厂进行黄花深加工，村民可以全年都挣钱。

当黄花担负起脱贫攻坚的重任之时，就意味着云州区的基层党组织要顶上去，更加全心全意为人民服务，而云州区黄花办就是帮扶的大后方。黄花办刚成立的时候，县政府花大力气请来很多农科院、农业大学的教授来讲课，可是没讲多久，农民就散了一半，为啥？像天书，听不懂。办公室主任安一平一看这情形，不行啊，专家讲的都是干货，对县里的黄花产业发展非常重要，于是他自告奋勇当起了翻译，用老百姓能听懂的语言，给他们讲故事。

这一招果然管用，渐渐地，有什么技术问题老百姓都开始找他，再往后所有的黄花问题，大家都知道去找黄花办的安主任。安主任也成了行家里手，有人问诀窍是啥？他说，一定要说有诀窍的话，就是深入基层，老百姓遇到的每个问题，你都用心去解决。面对乡亲，我就是专家，代表政府；面对专家，我就是学生，就是云州区的百姓。

黄花办对黄花产业的发展至关重要，它就是一个实实在在的服务机构，为农民和企业之间搭起了沟通的桥梁，正体现了政府的价值不仅是制定政策、引进资源，更重要的是做好服务。

2020 年 5 月，习近平总书记来到大同市云州区，一下车就直奔田间，仔细了解黄花产业发展情况。他叮嘱当地干部，一定要保护好、发展好黄花这个产业，让它成为乡亲们致富的一个好门路，变成群众的“致富花”。“莫道农家无宝玉，遍地黄花是金针。”摆脱贫困，是中华民族几千年的梦想，是中国共产党人对人民的庄严承诺。

又是一年七月时，让诗来助兴，让黄花遍地。

萱草不忧无一紫，云州七月又花黄。
雨中客子生愁色，天下闲人尽醉香。
满目清幽知意重，一心真赏许情长。
几欲含烟迷归往，缕缕馨风绕北堂。

黑矸山的重生

66 岁的老党员靳秀成几乎每天都要到村上的生态园里转一圈，一待就是两三个小时。

有人问他：“每天到矸石山干啥去？”

“什么矸石山？明明是咱们村的生态园。”这里如今树木茂密、郁郁葱葱、绿草茵茵，还有放牧的牛羊。满眼的绿色已让这里生长的百姓在十余年间看到了从黑白到彩色、从黑矸石山到绿水青山的明显变化。

◆ 左：黑矸石山的绿化；右：古交养殖业。　古交市委组织部供图

古交市马兰镇白草塔村，位于屯兰川下游南岸，西山煤电集团屯兰矿腹地，紧邻古岔公路，距离古交市区仅 8 公里。古交因煤炭储量和煤炭质量而闻名，然而身处“煤海明珠”腹地的白草塔村却成了屯兰矿排放矸石的区域，矸石作为煤炭生产过程中的伴生物，是采煤和洗煤过程中排放的黑色固体废物。全古交每年的矸石排放量在 800 万吨左右，仅仅屯兰矿一家，就有 100 万—120 万吨，日积月累形成了一座矸石山，就像城市的一道“疮疤”。现有技术下煤矸石利用率微弱，但其对环境影响严重，不仅会影响土地资源使用，百姓种地一年不如一年，几乎没有收成；更会对大气、土壤和水体造成污染，百姓也无法发展养殖；甚至会引发爆炸。村民收入只能依靠厂矿占地补偿和排矸费用。村里的年轻人都外出打工，有本事能搬走的也都搬走了。2000 年之前，村内甚至没有一条像样的出村通路，每逢下雨只能挽起裤腿渡河而过。村子长期处于“山高树少矸石多、出门无桥需渡

河、本村姑娘嫁山下、留下后生光棍多”的状态。

白草塔村面对“无资源、无资产、无区位优势”的境况怎么发展？成了摆在村两委面前最大的难题。大家争吵过、唉声叹气过，甚至打算撂挑子躺平过，但是党支部书记李巨旺带领着大家多次“尝试—失败—尝试”，从来不言放弃。村两委通过征求村民意见、班子集体商讨、外出参观学习、咨询上级部门等方式，最终达成共识：矸石山是村里最大的困难，也是最大的资源。他们决定围绕矸石山做文章，既要经济效益、也要生态效益，只有这样，才能一举多得。当村两委转变了观念，破解难题也就指日可待了。于是在大家的谋划下，定下了“治理为先、生态为本、造地为要、生财有道”的思路。开始启动“村企合作、工农互补、村校融合、工学协同”的发展新路径，探索和发展可循环、可持续的集体经济。

自 2012 年开始，白草塔村协同屯兰矿采用“由内向外，由下至上，分层碾压，黄土覆盖”的治理思路，开展了生态恢复工程。长长的皮带走廊将黝黑的矸石运送到转载站，再经由封闭式汽车转运至工作面，随后由专业队伍进行科学化、规范化的治理，就变成了可耕种的良田和经济林用地。同时将防自燃、生态修复与山体稳定作为系统工程整体考虑。充分利用乡土植物等材料，通过模拟自然，合理配置种植方式等一系列人为干预，构建具备自我调节能力的生态系统。截至 2022 年 8 月，已累计投入约 1.15 亿元进行矸石的生态恢复治理工作。同时，培育了花木、草坪，硬化了道路，完善了基础设施。设置了走廊、凉亭，增加人文景观，建成了 1369.1 亩的生态恢复公园。往日的黑色矸石山如今已披上了绿装，风景如画，生机盎然，景色宜人，令人流连忘返，成为周边群众假日休闲的好去处。像老党员靳秀成这样，每天去矸石山公园遛弯散步的村民越来越多。

◆ 矸石山公园。　古交市委组织部供图

将矸石山改造成生态园，这只是百草塔村建设的第一步，也是实施的“以 1 带 2”的那个“1”。在生态恢复后，治理完成的 350 亩土地归还了村集体，白草塔村又协同山西农业大学生态环境产业技术研究院开展了针对生态园区土地的复垦实验，建设了矿区复垦示范基地，为后续发展产业奠定了基础。随后，在生态园开展了两项生产活动：一是种植作物，村里投资 5 万元铺设了 1500 米的灌溉管道，用于种植豆类、玉米等作物的灌溉，亩产可达 900 公斤。二是养殖牲畜，村集体成立了南梁村裕民种植养殖专业合作社，全村共有 173 户入了股，参与率达到了 97.2%。前期投入 100 多万元，建设了养猪场、养牛场，村集体养殖 130 头西门塔尔肉牛、150 余只宁夏滩羊、300 头猪，饲料来源就是生态园种植的作物，形成了“以养补种、以种补养”的种养融合模式。豆类玉米加工饲料，牛羊粪便加工有机肥，有机肥施于农田，农田土壤固肥增收，种植、养殖融合发展，促进了集体经济增收，降低了种植养殖成本，走出了一条“饲草牲畜—有机肥—土壤增肥—种植增收”的循环农业发展模式，生动践行了“绿水青山就是金山银山”的发展理念。村集体年均纯收入 60 余万元。同时还吸纳了部分村民作为合作社工作人员，为群众解决了部分就业问题，更为群众增加了收入。2022 年，村内还成立了青年发展先锋队，探索以大疆农业无人机为基础的智慧农业模式。春耕时期，三人的小分队仅仅用两天就完成了往年需要十几人耗费一个月才能完成的任务，累计完成300余亩的玉米地施肥、播撒农药的任务。

然而，在刚刚取得较为可观的经济收入后，村子并没有停下发展的脚步，村两委也预见了仅仅依靠农业、养殖业在未来的发展中存在的问题：一是科学发展壮大集体经济意识不足，“小农意识”依旧浓厚，一时间难以扭转，比较抗拒引进企业投资发展，产业规模化发展阻力较大。二是发展壮大村级集体经济手段单一，仅仅依靠养殖业和种植业，无法形成完整产业链条，更形不成品牌效应，抵御自然灾害能力弱，稳定性差，缺乏后劲。

于是在2022年3月，成立了由村经济联合社为股东的古交市博旭园林绿化有限公司，抢抓全省开展抓党建促基层治理专项行动和古交市开展的“百企帮百村”行动的有利契机，借助《古交市党建引领村企合作促乡村振兴工作实施方案》的政策东风，在上级部门的大力支持下，与西山煤电集团屯兰矿签订村企合作协议，通过承揽矸石山生态治理具体施工任务，年均可为村集体再增收60余万元。该公司还制定了发展规划，积极承接各级各类生态保护修复工程。

村里建立起村集体经济收入与村干部、农户紧密联系的利益联结机制，形成了每年拿出70%的收益给股民、村民分红，设立集体经济发展创收奖等分配方式，既保证了“一碗水端平”，让农户共享集体经济发展成果，又激励党员干部群众积极参与发展集体经济工作。2021年村集体通过往年结余加新增收益共分红金额达170万元，人均拿到手5000余元。

不仅要改善经济收入，还要提高生活质量，让白草塔村老百姓过上幸福的生活是村两委的共同愿望。2012年，集资4100余万元修建了两栋居民楼，开展了村内人居整治、道路亮化工程。在改善村民居住条件的同时，还做到了水费、物业费全免，电费减免。2016年自筹自建村级组织活动场所，改善了村民日常活动条件。2020 年配备图书室（藏书 1000 余册）、老年活动室（130 平方米）、日间照料中心（130 平方米），累计投入七十余万元。

“我们的日间照料中心，太原是 70 岁以上老人，我们这里是 60 岁以上老人就可以去，一顿饭只花 1 块钱。发米、面、油、肉……”白草塔村的老百姓说起来，充满着自豪与幸福。

此外，还邀请国务院政府特殊津贴专家、农业农村部耕地质量建设技术指导专家组组长徐明岗研究员在白草塔村成立了科研基地及农民讲堂，努力将矸石山生态园打造成集生态效益、经济效益等具有综合效益的示范性园区。结合双碳背景下的发展观念，构建了减污和降碳一体谋划、一体部署、一体推进、一体考核的废弃矿山及固废堆综合治理体系，为山西矸石山治理工作贡献了古交方案。

在大力发展基础农业的前提下，白草塔村围绕“融合、创新、突破”三个关键词，继续探索农业产业升级成旅游产业发展的可行性，在种植作物、养殖牲畜、园区规划方面，不仅考虑其经济价值，还注重挖掘其生态价值、科普价值、观赏价值和旅游价值。提升农业产业的观赏性、体验性和科普性，力争实现旅游与农业的深度结合。

“资源变资产、资金变股金、农民变股东”。采煤沉陷老村落焕发青春新活力。

千年枣林的红色赓续

“砰！”

枪响了，一群人开始奔跑。周遭有呼喊声、孩子叫嚷声……高高低低，呈鼎沸之势。

众多奔跑者逐渐形成一条长龙，鱼贯首尾的不同速度，卷起振幅不同的阵阵风浪，拍打在 17500 棵千年枣树 5 万棵百年枣树的身上。

摄影机嗡嗡地全球直播，照相机咔咔地快门闪动，这是 2023 年稷山马拉松比赛鸣枪开跑的盛况，著名体育解说员孙正平、奥运冠军王军霞担任现场解说。赛程最大的亮点是将途经稷山国家板枣公园、稷山汾河国家湿地公园两大网红打卡地。

这两个地方怎么火起来的？

故事还得从这17500棵千年枣树说起。

◆ 稷山板枣公园中的小火车。　稷山后稷文旅供图

“上打枣，下收田，埝埝种的豆儿满，一年三料样样全”“枣栽三步一钵（株）、五步一行”“一年翻地两遍，枣子结成蒜瓣”……稷山县素来就有中华农耕始祖后稷教民稼穑之地的说法，而当地的板枣种植历史有据可查也在4000年以上了。

2017年9月的一天，几道惊天炸雷连带大地都微微震动，预示着接下来的这场雨来得气势汹汹。果不其然，狂风暴雨连带桂圆大小的冰雹，噼里啪啦就下起来了。在屋里躲雨的枣农们的心啊，像开了三轮车，那是“突突突突”不停地跳。

“枣红就怕连阴雨”，这雨一下就是三天，稷峰镇陶梁村枣农董兵兰站在枣园里，眼看着超过六成的枣子都开裂腐烂了，心疼得就哭开了：“老天爷啊，你这是不让我们活了呀！我再也不种枣了！”其他枣农谁也安慰不了谁，不是蹲在地上唉声叹气，就是跟着掉眼泪。靠天吃饭，这枣农的痛苦谁懂啊！

这场雨之后，董兵兰和周围的枣农们就开始商量：“咱们辛苦多半年，顶不过这一场雨！种枣子太亏了，咱们还不如种别的！”有的人索性说：“那咱们现在就把枣树砍了吧，还能赶上种点秋粮秋菜啥的！”话是这么说，可是板枣作为稷山的支柱产业，枣区的农民收入的八成都来源于板枣，这一棵棵枣树都是枣农一天一天、一年一年“伺候”出来的。再说了，祖祖辈辈最得意的就是这种枣的技术，要是把树毁了或者弃园，都像要了枣农的命一样痛苦。这可让枣农咋办呢？

说来也巧，早在前三个月，习近平总书记视察山西时特地提到了“后稷教民稼穑于稷山”的典故，这让稷山县委、县政府倍受鼓舞！总书记这么重视咱们稷山板枣文化，可是不能辜负总书记的殷切期望啊！当时县委、县政府正在召集各路人马集思广益如何弘扬板枣文化，这场损失巨大的枣灾，加快了三个月前制订的“政府引导、政策倾斜、项目支持、示范带动”计划的落地速度。

不出三天，在县委县政府县人大的联席会议上，县委书记和县长达成共识：“我们要在稷山板枣这张老名片的基础上，打造新的地域农业文化新名片！”

一场乡村振兴的大幕就这样拉开了！

首先是把“枣树”定为县树，大力传承和弘扬稷山枣文化。随后是成立全国第一个板枣专业合作社联合社。于是48个专业合作社、6万多名枣农就这样联合在一起，这种模式完全解决了原来一家一户、单打独斗的传统经营模式。

整个县的枣农都忙碌起来了：县里聘请老师、专家做讲座，枣农之间互相交流经验，县委县政府免费为枣农提供全方位服务……

枣农们一边学习、一边实践，专家活跃在田间地头，枣农课堂录音录像做笔记，学习型枣农团体，展现了新农村新农民迸发出来的新的创造能力！

一年之后，稷山的“枣王”诞生了！

获得殊荣的是稷峰镇加庄村的阴稳学。

这个“枣王”确实让大家大感意外，在“枣王”评选总结大会上，阴稳学掏心掏肺地和大家谈起了自己种枣的成长故事：“乡亲们啊，别看我阴稳学身体有残疾，可咱脑子没问题啊！听了咱们县的培训课，我就知道，想要种出新时代的好枣子，就得更新咱们的老套路！我把咱们县里发的《板枣标准化生产管理手册》都快翻烂了！根据人家书上总结的经验，我这枣园就再没出现黑斑、落果、裂果、储存等等的难题！还有啊，咱们得把县里给咱的支持都用起来！就比方啊，这无害化实施病虫害防治和无人机飞防大队那是随叫随到。大家看，我现在承包了村里22亩旱垣地和荒沟荒坡，这一年板枣收入就接近30万元。我这个‘枣王’当的是个带头的，大家按我说的去做，只会比我更好哩！”

“枣王”在台上笑得开心，乡亲们在座位上听着笑得也开心。因为“枣王”说的这些好处，乡亲们都尝到甜头了。

仅仅用了一年，稷山县的板枣种植面积已达15.3万亩，年产红枣5000万公斤，产值达6亿元，枣农人均收入达到了7800元，板枣产业实实在在成为稷山枣农创富增收的“摇钱树”和“聚宝盆”。

县委县政府这下更有信心了，每天晚上深夜才关灯的会议室里，又有了新蓝图：“一产提品质创品牌、二产促升级增效益、三产挖潜力壮规模”。持续几个月里，县委县政府里面各类专家团、调研组络绎不绝，全国优质板枣生产基地建成了，但立足后稷农耕文化源头、建设稷王文化名城还需要更丰富的载体。于是“麻花饼子鸡蛋枣”被县委县政府提炼出来，作为冲刺全国的地域品牌。就这样一枚小小的红枣，四个农业小产品，挑起了稷山乡村振兴的“金扁担”。

这个扁担画出来容易，担起来难。

板枣产业富了枣农，穷了县里，怎么把现有的资金使用好，县委

◆ 稷山板枣公园游乐场。　稷山后稷文旅供图

县政府时刻要方方面面考虑周到。发展路上时不时遇到困难，看到大家情绪的波动，县长和大家分析起来："稷山发展四宝产业的最终目的，就是要让稷山的父老乡亲们过上好日子。咱们作为党员干部，需要用开放的胸怀，学习先进经验，紧盯目标锲而不舍，一件事一件事去干，一个难题一个难题去突破。"看到大家的情绪逐渐好起来，又接着鼓励："咱们要一任接着一任干、一代一代传下去，让稷山四宝通过后稷儿女不懈努力，成为造福一方的摇钱树、聚宝盆！咱们要用智慧和脚步蹚出一条'稷山四宝'大发展的新路来！"

"金扁担"眼看变成了真金白银的宝物，一个大力推进板枣产业与文化旅游融合发展的更大版图，也提上了日程。

保护古老的枣树，就护住了财富，也护住了千年的农耕文明之脉。一年不到的时间，山西省唯一的林木类专类公园、上海大世界基尼斯认证的"中国最大的千年古树群"——稷山国家板枣公园建成了！千年以上 17500 棵古枣树、百年以上 5 万棵古枣树在总面积 5 万亩的土地上汇聚在一起，也将千年的中国历史汇聚在了一起。2021年、2022年稷山县委县政府连续两届举办高规格后稷论坛，发布了稷山AI、“稷山四宝”区域公用品牌、“四宝Logo”和“四宝吉祥物”，进一步擦亮了“后稷教民稼穑于稷山”的金字招牌。

◆ 稷山板枣公园千年古枣树。 稷山后稷文旅供图

枣花节上，枣花为媒、产业唱戏，拉动节日经济、开展节庆招商，单单是工业项目特色专场就签约了9个项目，总投资达122.88亿元，千年古树都笑得枝头开满了花！

千年的老树曾经在1938年也笑得这么开心。

1938年6月至9月，中共稷山县委领导的县抗日游击支队，虽然只有劣势装备，却做到了全歼守城日军，解放了日军防守了3个月之久的县城，创造了中国抗日游击队战争史上的伟绩。红色的党旗飘扬在城头，和红艳艳的板枣，映红了军民满城的笑脸。

千年老树结的果实，在解放战争期间，为我们最后的大胜利大决战，也立下了汗马功劳。

解放战争期间，县委广泛调动人民群众生产、支前、参军、参战，组织群众整修公路，供应粮草，做军鞋 5 万余双，打造木船，出动担架，组织 1700 余人随十九兵团奔赴西北战场。其中，每个战士口袋里，都装着一把红艳艳的板枣，它不仅为战士提供营养，还饱含了千年枣树送给战士们拥有甜蜜未来的必胜信心。

千年老树上的甜丝丝红彤彤的板枣，在新中国成立前后，为新中国的安定，贡献过忠诚与热血。

1949 年，党中央抽调西进南下开辟新区的干部有 60 余名都来自稷山县。曾经在 1966 年光荣地出席了 57303 部队第五次党员代表会，受到毛主席和朱德总司令接见的毛振奎同志，回忆说："当年我们在山区剿匪，一是不熟悉地形地貌，二是不熟悉当地气候条件，三是饮食习惯也差别挺大。所以我们剿匪行动绝对可以用危机四伏来形容，那真的是九死一生。但是我们这些来自稷山的同志们，衣兜里啥时候都要放几颗板枣，这枣子提醒我们，家里有亲人等我们平安回家！所以，我们只能赢，决不能输；我们必须活着回到家！就是这口袋里的枣子，让我们始终保持了斗志昂扬的战斗状态，就惦记着要让千年枣树见证我们载誉回家的豪迈气概。"

放眼稷山大地，枣树碧绿，一年好景君须记，最是枣花飘香时。

如今站在历史新起点的 31 万稷山儿女，在千年枣树的见证下，一代又一代赓续着这片热土的红色基因，讲述着不同时代的好故事。

用文艺点亮"太行大观园"

1938 年 5 月，毛泽东到鲁艺讲话时指出：文艺是团结人民、教育人民、打击日本帝国主义的武器，《红楼梦》里有个大观园，鲁艺是个小观园，抗日民主根据地就是大观园，文艺工作者的大观园在太行山、吕梁山[①]。为了让文艺服务于抗战，1940 年 1 月，晋东南鲁迅艺术

① 孙新元、尚德周编：《延安岁月——延安时期革命美术活动回忆录》，陕西人民美术出版社 1985 年版，第 499 页。

学校在武乡县下北漳村正式成立，后来被称为“前方鲁艺”。1940 年 10 月，前方鲁艺随八路军总部、中央北方局等军政机关迁驻辽县（现左权县）上武村。前方鲁艺为抗日部队培养了一批重要的艺术骨干和文化干将，为抗日战争的最终胜利作出了重要贡献。80 多年过去了，前方鲁艺已经成为后人缅怀的历史，但文艺“服务人民、服务时代”的精神却传承至今且历久弥新，成为革命老区左权县乡村振兴之路的文化资源与强大的精神动力。

左权县位于山西晋中市东南、太行山西侧，这是以抗日战争中英勇牺牲的八路军副总参谋长左权英名命名的县。抗战时期，八路军总部、中共中央北方局、一二九师师部、前方鲁艺等 150 多个党政军工商学机关单位团体在此驻扎五年之久，红色资源遍布全县境内，被誉为“没有围墙的抗战博物馆”。该县群山环绕，峭壁林立，树木繁盛，泉溪纵横。丰富的红色文化资源以及山水自然资源使左权发展文旅产业具有得天独厚的优势。

2019 年左权县退出了国家级贫困县行列，但脱贫后仍然面临产业不稳、增收不足、人口流失等问题，因而如何做好脱贫攻坚与乡村振兴有机衔接，对左权县委、县政府而言仍然是一大挑战。左权县在认真考察了自身优劣势后做出了决策：一方面做强做大核桃、蔬菜、中药材、小杂粮、畜牧养殖、光伏、生态造林与电商等主导产业；一方面在习近平总书记“绿水青山，就是金山银山”的生态文明理念引导下，结合“八山一水一分田”的特点，提出“向山、向水、向田、向大美自然要产业”的特色文旅发展思路。

近年来，左权县紧紧围绕建设“清凉夏都、红色左权、转型高地、太行强县”奋斗目标，在致力于生态文化旅游产业发展方面，打造太行百里画廊，将县城至麻田镇沿途绿化景观与周边庄园、景区、自然风光连接成片，铺展出一幅“车在景中行、人在画中游”的怡人画卷，成为了新时代太行山区真正的绝美“大观园”。而“百里画廊”

中的核心景区“黄金谷”，于2020年4月建成并投入使用。“黄金谷”从辽阳镇刘家窑起，经龙泉乡、桐峪镇至麻田镇泽城村，全长58公里。沿线栽植了金叶槐、金叶榆、金叶复叶槭、金叶卫矛等金黄色苗木，故称“黄金谷”。该景区成为了集“山水林田湖草、林道亭廊台池”于一体的金色生态景观带，这既是展示左权文旅特色的亮丽名片，也是发展文旅产业必须夯实的物质基础。

左权县根据以往产业发展经验，在反复调研论证的基础上，探索出以艺术形式引爆山水自然与红色文化，促进产业发展，实现乡村振兴的特色路径。左权县将文艺作为产业发展兴旺的新引擎，践行“艺术+”的创新理念，将山水元素、艺术元素、红色文化元素有效融合，在自然景观中导入艺术和人文元素，倾力打造中国北方国际写生基地，实现“山水—写生—消费—产业”的全链条发展，发展文旅写生产业，为乡村振兴注入了源头活水，这实际上是对文旅产业的精神赋能。截至2023年12月，中国北方国际写生基地已经建成三大片区，即泽城片区、老井片区和桐峪片区。

◆ 左权县倾力打造“中国北方国际写生基地”泽城村。 山西画报社供图

2021年5月，左权县借助麻田镇泽城村自然生态优美、古村风貌完整、红色资源丰富的优势，与国际水彩协会合作，在该村挂牌成

立了“中国北方国际写生基地”，最终形成了以泽城为中心的6个村30个写生点。2022年，为了提高写生基地的接待能力，泽城村投资建设4000多平方米的写生驿站，其接待规模超500人。截至2022年9月，泽城村写生基地已同省内外85所高校和研学机构签订协议。写生基地散发着时尚气息的咖啡屋、画材店、文创店、VR体验馆、写生邮局等，形成了新的消费业态，促进了写生产业发展，同时也增加了村民收入。该村村民常丽萍依托写生产业经营着一个咖啡店，在咖啡屋内，一台两臂不停旋转的机器人正在冲泡咖啡，随后常丽萍便将冲泡好的咖啡端给客人。她说：“在咖啡屋工作每个月有3500元收入，比过去强多了。”咖啡屋外一棵400年的古槐，与屋内的机器人共同构成了一幅古今交融的奇特画面，这正是左权人民兼容并包、创新发展的恰当写意。

◆ 泽城村老树咖啡屋。 廖高会摄

拐儿镇老井村曾叫石玉峧村，1985年电影《老井》在该村拍摄上映后，引起国内外的广泛关注，当地人便把村名改为了“老井”。老井村水源奇缺，历任党支部带领村民打了151眼井，但均为枯井。2001年10月，老井村在晋中市扶贫办的帮助下，结束了上百年的找水苦难史，家家户户饮上了甘甜的自来泉水。而老井人不屈不挠的精神却感动着世人，成为激发老井人民开创新生活的内在动力。如今，依托得天独厚的古村落和电影文化旅游资源，左权县委、县政府将这里打造成了充满诗情画意的写生驿站，其中包括20个写生点，可同时接纳500余人。驿站具有影视基地、写生采风、民俗体验等功能。2023年5月，老井村写生驿站引来了第一批客人。写生驿站风格与老井村民居风格交相融合，往昔的古井仍静卧村头，石砌房屋依然保留着旧时的模样，它们与电影艺术馆、雕塑馆、艺术家工作室、文创店、休闲水吧、奶茶店等现代建筑交相错杂，步行于村中如同进入了时空穿越的通道之中，古老的村庄焕发出全新的魅力和生机。

桐峪镇属于太行山景色最美的一段，其间山清水秀、空气清新、森林茂密，被称为"北方桂林"。这里红色遗址星罗棋布，其中主要包括中共中央北方局党校旧址、一二九师司令部旧址、民主政权诞生地临参会旧址和前方鲁艺旧址及纪念馆等。2023年6月，能容纳400人的桐峪写生驿站建设完成，该站含6个村32个写生点，包括以动漫艺术为主题的白家庄村，以古村落建筑为主题的东隘口村，以崖壁、摄影为主题的南峧沟村，以水彩、崖壁为主题的坐岩口村，以红色革命圣地为主题的上武村，可为写生爱好者提供丰富的创作素材。与此同时，左权还倾力打造了融红色文化、乡村旅游、创新科技为一体的桐峪1941小镇，从而成为了写生服务、文化旅游、红色研学、人才培训为一体的精神高地和旅游胜地。

◆ 文旅产业加持发展下的桐峪镇。　山西画报社供图

随着泽城、老井、桐峪三个写生驿站的相继投运，基地将可同时接纳 2000 余人，间接带动就业 3000 余人。中国北方国际写生基地通过对当地传统古村落、人文生活及自然地理条件等多维度的梳理与整合，使人文艺术及生活文化得到“活化”“重塑”和“再生”，共同创造出独特、多彩的国际写生基地服务中心多元文化艺术区，成为左权全新艺术和文化象征的新地标。

除了建设写生基地外，左权还调动民间文化资源，为乡村振兴添加新的动能。左权有“中国民间文化艺术之乡”的美誉，抗战时期，广大文艺工作者与太行军民一道，共同谱写了一曲曲救亡图存的太行人民抗战民歌，唱出了民族命运的强音，《左权将军》《五月里反“扫荡”》《送郎参军》《土地还家》《做军鞋》等抗战民歌，是党与群众建立血肉联系、与人民心心相印的亲历者，这些民歌也汇聚起磅礴的精神力量。2019 年举办了第一届“左权民歌汇”，共有 2079 名优秀民歌手参与，成为全国民歌界的盛会。山西省创办“左权民歌汇”，是弘扬中华优秀传统文化坚定文化自信之举，是启动太行山全域旅游推动转型发展之举，是助推老区脱贫攻坚奔小康之举。左权县干部群众支持民歌汇，投身民歌汇，以歌会友，以歌招商，掀起了绿化太行、建设老区的新高潮。2023 年 7 月，“左权民歌汇”升级为“中国民歌盛典”，由山西省与中央广播电视总台共同承办，这既是赓续红色基因、坚定文化自信的生动实践，也是对中华优秀传统文化的创造性转化和创新性发展。

左权县用民歌带动太行旅游板块崛起，叫响“民歌文化、红色文化、太行风光”这三张文化名片，以实现老区持续健康发展。“左权民歌汇”活动，不但为太行文旅融合发展掀开了新的篇章，牵引带动了左权县基础设施建设、城乡环境、生态建设等全面发展，同时也带动了各项产业的蓬勃发展。仅农家乐及民宿客栈便带动了农户 846 户、2508 人脱贫，人均增收约 2200 元。“左权民歌汇”搭建的游、乐、购、听、学、研以及物资交易的平台，剪纸、布老虎、香包、亲圪蛋挂件等非遗产品以及太行冰酒、核桃仁、花椒、杂粮等本地特色产品搭上“左权民歌汇”的便车，走出了太行，走向了全国[①]。

另外，左权正在建设的文旅配套项目包括文学所、训练馆、1941小镇、新闻烈士纪念碑、十大户外运动基地等。左权县委、县政府高度重视，所有的项目都聘请北京知名设计团队进行设计打造，以高质量高标准保证文旅产业长效发展。

一个方兴未艾、充满勃勃生机的左权正向世人走来。

左权以文艺发掘自然与人文资源，实现文旅产业的高质量发展，再次让鲁艺“服务人民、服务时代”的精神得到了充分的体现。而左权人民在党的领导下走文旅产业促进乡村振兴的发展道路，不仅是对鲁艺革命精神的继承，对太行红色历史、红色精神的赓续传承，而且也将这种精神化为了追求小康生活与乡村振兴的内生动力，最终打造出太行山上的集自然山水与人文景观于一体的现代版“太行大观园”。这座太行山上的“大观园”，集中体现了太行山革命老区在新时代所发生的沧桑巨变，是老区人民走向幸福生活鲜活而有力的明证。

“红”“绿”交响的致富曲

阳泉是中国共产党创建的第一座人民城市。这片红色热土上，遍布革命遗迹、遗址、遗存和红色景点。南沟村草帽山周边便是抗日战争中百团大战的主战场之一。这里见证了百团大战时的枪林弹雨，更流传着范子侠和无数革命先烈的英雄故事。南沟村是阳泉市郊区旧街乡的一个行政村，位于草帽山下，桃河河畔，所辖的狼峪、南沟、南沟掌3个自然村散落在大山深处，自然环境优美，但位置偏远，属于传统的农业村。

① 中共晋中市委宣传部:《左权民歌汇乘着民歌的翅膀奔小康》,《人民日报》2020年9月8日。

◆ 南沟村范子侠纪念馆中的范子侠塑像。 廖高会摄

早在20世纪六七十年代，村里老一辈党员和干部都曾试图带领乡亲们摆脱贫困，父辈们不断琢磨如何改变乡村面貌，并进行了艰辛的探索与尝试。“当时，村里连条像样的路也没有。到处荒山秃岭，农民靠天吃饭，一年到头打不下多少粮。”村支书闫润红回忆自己父辈时说道。直到2009年，这里仍属于贫困村，集体经济年收入不足1万元，村民人均年收入不足4000元。村民们只能靠天吃饭，年轻人纷纷外出打工，土地无人耕种而大量撂荒，村子“空心化”、人口老龄化严重。

老区人民在战争年代为革命作出了大量贡献，如今仍处于贫困状态，各级领导都为此着急，那么，该如何破解南沟村多年来的发展困境呢？

这个问题留给了2009年接任村党支部书记、村委会主任的闫润红。上任前，闫润红有自己的专业造林队，收入还挺不错的。上任后，他把造林队转给了别人。闫润红坦言道：“作为南沟人和革命老区后代，自己总得为父老乡亲做些事儿，让大伙儿过上好日子。”但刚上任的闫润红面对的不仅是“穷底子”，还是一个班子涣散、民心不稳的“烂摊子”，于是便和村两委成员积极探寻破局之法。在寻找答案的这段时间里，闫润红一次次登上草帽山，伫立远望，在重峦叠嶂中感悟昔日八路军战士奋勇杀敌的万丈豪情，在山石草木中聆听范子侠[①]气壮山河的回音“我前进，你们跟着我；我停止，你们推动我；我后退，你们枪毙我。”革命先烈身先士卒、敢于担当、勇于牺牲的精神一次次激活了闫润红的斗志，也一次次激活了南沟村党员群众热爱家乡、建设家乡的干劲。闫润红与村两委班子成员相互交心，化解矛盾，明确分工，曾经软弱涣散的班子重新拧成了一股绳，最终找到了破解致富难题的思路，即充分挖掘红色文化资源，始终依托绿色生态优势，走“红色”加“绿色”的致富道路。

2011年春，正当南沟村干群信心十足准备大干一番事业的时候，天却不遂人愿。从寿阳蔓延过来的一场山火让南沟村8000多亩山地遭灾，几代人含辛茹苦种植的树木遭到了严重破坏，这次突如其来的灾难让南沟村人措手不及。当他们还没从火灾的痛楚中缓过神来时，当年夏天又连降了两场暴雨，引发的山洪冲毁河坝，淹没了村庄，村集体和村民财产损失近500万元。但村民们并没有因此垂头丧气，而是继承了革命先辈艰苦奋斗、坚韧不拔的精神，村两委发动党员干部与群众，积极投入到自救运动中，他们在村子周边栽植树木，恢复荒山植被6000余亩；清理道路、逐户整修村民受损的房屋、解决村民吃水问题、发放日常生活需要的物资……一系列行之有效的自救措施，让南沟村干群的心更近了，村民对村两委干部更加信任了，重建家园的信心更足了。

灾后重建与恢复的过程中，干部群众也在积极谋划适宜发展的产业。南沟村是纯农业村，近400人的收入以种植玉米为主。劳作一年，农民每亩地只能收入三四百元。不少年轻人外出打工，很多土地

---

① 1940年8月，八路军发动了百团大战，第一二九师新编十旅旅长范子侠带队上阵，夜袭桑掌大桥、智取测石火车站。在率部强攻草帽山时，日军使用了毒气弹，范子侠与百余名战士中毒壮烈牺牲。

闲置。2014 年，南沟村被定为建档立卡贫困村，全村 170 户 386 人中有建档立卡贫困户 64 户 151 人。如何让贫困人口脱贫致富，闫润红与村两委成员绞尽脑汁。

2013 年初，郊区主要领导到村里帮扶，实地调研后认为，南沟村拥有优越的区位优势和丰富的自然资源，适宜发展休闲旅游和观光农业。受此启发，南沟村两委对村里的自然资源和市场需求进行了分析，决定开始发展土地认养，发展休闲观光农业。村两委的想法是：市民认养土地、村民种植管理，以此盘活土地，打造现实版的“开心农场”，实现农民与市民的双赢。这个想法得到了村民的认同，2014 年，通过集体讨论和表决后确定了土地流转、认养的发展新路子。很快，村里临河的水浇地全部被市民认养。土地认养让南沟村渐渐“火”了起来，也让村民得到了实惠。村民老赵说，自己除了获得每亩地 600 元的租赁费外，还可以获得 3600 元的种植管理费，除去用于日常购买种子、肥料等支出外，还能剩下 500 元左右的管理费，这样自己的收入比土地流转前翻了一番还多。2018 年，南沟村的土地认养已经形成规模，共有 800 多名市民前往认养土地，累计认养土地 80 多亩，共收入 30 多万元，极大地带动了乡村旅游业的发展。

村两委始终牢记党的二十大报告“发展乡村特色产业，拓宽农民增收致富渠道，建设宜居宜业和美乡村”的号召，始终铭记“绿水青山就是金山银山”的可持续发展理念。围绕着乡村旅游，村两委坚持“红色引领 + 绿色富民”发展理念，南沟村将 3 个自然村分别进行了红色旅游、生态旅游、农耕文化游的发展定位，探索出一条“红色旅游、绿色生态、休闲观光、农业采摘”的新型农业发展之路，助推乡村振兴，建设美丽乡村。

◆ 新时代文明实践基地。　廖高会摄

为了提升接待能力，充分挖掘和利用红色旅游资源，村委会成员带领村民修缮抗战遗址，其中战壕1000余米，炮楼遗址7座。在阳泉市各级党委、政府的大力支持帮助下，南沟村先后投资近2000余万元，修建大门、接待中心、纪念碑、大讲堂、纪念馆、范子侠将军塑像、陈列馆、住宿部、健身步道等纪念教育设施；硬化水泥道路1.5公里，修建厕所20个、青少年训练基地1个，并将历史遗址优化整合，形成旅游线路，打造红色旅游品牌。年接待量达到4万人次，成为晋东地区较有影响力的红色教育打卡地。

在挖掘红色资源的同时，村两委也加大了对绿色资源的开发利用。南沟村生态环境优美，森林覆盖率达到60%，绿色是南沟村最亮丽的特色。南沟村青山连绵起伏，溪水曲折常流，空气清新，负离子含量很大，是一个纯天然的大氧吧。如何充分利用绿色资源让更多的村民搭上乡村旅游的快车，一起致富呢？南沟村两委和帮扶单位想办法、找对策。首先把目光转向了悦心谷中，这里生长着400亩槐树，每到槐花盛开的时节，便香满四溢，置身其中顿感心旷神怡。2015年5月，南沟村举办了首届槐花节，开幕当天游人如织，游客到村里不仅能闻到天然花香，采摘槐花，还能到农家乐餐馆品尝槐花做的美食，返回的时候带回纯正的槐花蜂蜜，大家纷纷表示这里是亲近大自然、释放压力的好去处。

闫润红与村两委一致认为，短暂的槐花节只是提高南沟村知名度的方式，况且槐花盛开的时间有限，要壮大集体经济并带动老百姓脱贫致富，必须走产业化的道路。南沟村有养蜂传统，但以前村民养蜂都是单打独斗，规模小且收益低。为了突破传统的养蜂模式，2016年，村两委带领村民建立了红色狼峪草帽山蜂蜜养殖专业合作社，生产蜂蜜、蜂胶、蜂王浆等多种蜂产品，并积极拓展销售渠道，开始走出去，搞合作、进农展会、入驻电商平台。规模化的养殖、市场化的运作实现了村民们的脱贫增收。合作社理事长闫润生说："养蜂的学问大着呢！蜂养得好不好，蜂王很关键。有了好的蜂王，蜂蜜的产量才能提高。咱们合作社采取集中选种、统一管理、规模化发展的模式，在年底分红，社员可到合作社统一购买所需的农资。前段时间，我们请市、区相关农业专家定期来指导养殖技术，蜂农在养蜂过程中遇到问题也可随时联系。经过合作社的统一指导、统一培训，社员掌握了管理技术、增加了养殖信心。"短短两年时间，南沟村蜂蜜年产量便达到了50吨，产值达50万元。

为了丰富乡村旅游的内涵，2016年，南沟村开始建设采摘园。如今，已建成350亩玉露香梨、30多亩樱桃采摘基地和200亩桃园。每当果实成熟，采摘的人便络绎不绝，园子里流淌着水果香甜的气息，充满了游客的欢声笑语，村民们脸上也挂着幸福而满足的笑容。游客采摘完毕便到农家乐，品尝山村地道的农家菜、购买绿色农产品，这大大带动了更多村民脱贫增收。闫润红说："将红色革命文化与绿色农业融合发展，在开展红色旅游、开发绿色资源的同时，带动村民脱贫致富。”事实上也如此，依托旅游产业的发展，2016 年南沟村实现了整村脱贫。

为了解决游客住宿吃饭问题，村里采用了集体加个体相结合的方式，在村集体盖住宿部的同时，也鼓励村民办农家乐。五年前，村民杨巧梅家因病致贫。后来报名开了家名为“悦心”的农家乐。富裕起来的杨巧梅说：“来咱村旅游的人一年比一年多，农家乐的生意也一年比一年好。咱家的饭菜可口、价格实惠，好多城里人愿意来吃饭。一年下来，刨去日常花销，还能攒下不少钱。手头宽裕了，日子过得一天比一天好。”2018 年，全村共有 160 人直接参与到旅游产业发展中来。8 户村民办起了农家乐，户均增收 3 万元。7 户贫困户的 40 亩土地被市民认养，人均增收 5052 元。村里还引进了市户外运动登山协会、易汇农业发展有限公司等，安排 20 多名妇女就业，人均增收 6000 元。

依托深厚的红色文化资源和丰富的休闲旅游资源，南沟村逐渐富起来了。2022 年，累计接待游客 4 万余人次，村集体收入近 60 万元，村民人均年收入 1.5 万元。南沟村先后获得“中国慢生活休闲体验村”“山西省 AAA 级乡村旅游示范村”“阳泉市爱国主义教育基地”“阳泉市党性教育基地”等称号。2023 年 1 月，南沟村的狼峪抗战遗址公园被认定为国家 AAA 级旅游景区。

村支书闫润红说：“在脱贫奔小康的道路上，党支部要举起先锋旗帜，才能带领村民奋斗。旗帜就是方向。旗稳，人心才稳，队伍才稳。作为村党支部书记，就是要做好‘擎旗手’。”阳泉市在打赢脱贫攻坚战与乡村振兴战略实施过程中，始终重视党支部的旗帜作用，重视党员干部的领头雁作用，正是有众多的如南沟村这样的党支部，有众多的如闫润红这样的优秀党员干部，才成功打赢了脱贫攻坚战，并顺利衔接乡村振兴战略。正如干部群众所言，南沟村的巨大变迁是党的好政策带来的，是在老区革命先辈的英勇事迹与精神感召下，各级党组织带领人民群众奋力拼搏出来的，其中折射出了中国共产党人为人民谋幸福、为民族谋复兴的初心和使命。

花子村的华丽转身

你心目中的乡村，是什么模样?

山西是抗日战争主战场之一，也是八路军总部所在地，曾经先后建立了晋绥、晋察冀、晋冀鲁豫等抗日根据地。兴县是著名的革命老区之一，在抗日战争和解放战争期间，这里是中央晋绥分局、晋绥边区政府、晋绥军区司令部的所在地。兴县康宁镇花子村位于兴县县城以南 25 公里，南川河岸边。兴县曾经是国家级贫困县，而花子村曾经是兴县最贫困的村子之一。2014 年初，花子村识别建档立卡的贫困户达到 172 户 494 人，而当时在村常住人口只有 500 多人。

将近十年过去了，如今花子村全村 4.8 平方公里，有户籍人口增长为 511 户 1549 人。再次走进花子村，只见村民自发组织的秧歌队正在村里的健身广场排练，阿姨们身着红衣伴着音乐扭起秧歌，叔叔们则在一旁敲锣打鼓奏着旋律。村民家中也是窗明几净，家具电器一应俱全。位于花子村东的种植基地更是令人眼前一亮，只见一排排大棚错落有致；一株株果蔬幼苗茁壮成长，绿意盎然。不难看出，乘着脱贫攻坚和乡村振兴的东风，革命老区重新焕发出了勃勃生机。

花子村的新面貌，得益于近年来村集体探索出一条由党建引领乡村振兴的特色之路。花子村以基层党建为总抓手，充分发挥出党建在乡村产业发展方面的引擎作用。村党支部共有党员 29 名，曾连续十一年被评为市级五星级党支部，2016 年至 2020 年又连续五年被评为市级“五个好”村党组织。两委班子换届后实现了“一肩挑”，新一届班子结构合理，学历层次大幅提升，更加年轻化，组织力战斗力更强。近年来，两委班子全力高标准打造基层党组织活动阵地，规范建设了党员活动室、文化综合服务中心、日间照料中心、村级卫生所、公共法律服务室、人民调解室、图书阅览室、红白理事厅（多功能厅）、爱心洗衣房等，设施完备、功能健全，有效提升了基层党组织的凝聚力和便民服务能力。花子村党支部还深入开展抓党建促基层治理能力提升专项行动，细化网格管理、划片区治理，成立了24个网格，由村两委班子成员、在家党员、致富带头人担任网格长，形成“党支部+网格+党员联系户”的管理体系，做到山川河域、田间地头、街道巷尾全覆盖。网格化管理在防返贫检测、疫情防控、森林防火、抗旱防汛等工作中都发挥了显著作用。两委干部、全体党员无私奉献、处处争先、彰显党员先进性；组织评选表彰文明户、文明个人，为全村百姓树立标杆，形成一种党员示范、模范引领、民众追随、齐头奋进的发展势头。

在上级党委政府的坚强领导下，花子村以党建为引领，在兴产业、谋发展上下足苦功，因地制宜、科学规划，大力发展农业产业。花子村的经济来源主要以种植收入为主。几年前，村里种植的大多是玉米和小杂粮，没法为村民带来更多收益。村里很多青壮年劳动力外出打工，在村劳动力基本都是年纪较大的留守老人。由村集体讨论决定，花子村开始发展适合本地实际的村级产业。具体说来，由村党支部组建的花子村经济发展合作总社以每年每亩700元的价格将土地从农民手中流转，用来开展大棚种植，产生的利润会给村民分红。村民还可以到合作总社务工，从事合作总社指定的大棚种植工作，获取相应酬劳。花子村种植条件相对较好，土质较好、产量较高，划定的大棚用地近旁还有河水，便于集中灌溉，具备发展种植大棚的有利条件。

◆ 花子村大棚外景。 张婷婷摄

为了把好事办好、实事办实，大棚种植基地由党支部带头经营，将大棚种植基地划片，指定支部委员各负责一片。管护负责人总体负责全面事宜，对片区年度收益负责，保障种植支出的同时也要保证最低收益，收益情况与年终绩效挂钩。收益达标，分档次给予奖励；否则，扣除工资补齐最低收益。如此严谨的制度、严格的管理、严密的防控、严明的奖罚，既有效解决了合作社集体经营的难题，阻塞了漏洞、剔除了弊端，又切实达到了增收节支、开源节流的效果。经营者主人翁意识显著增强，务工者干活积极性空前高涨，分红者收入公平公正心满意足。

如今位于村东 1.3 公里处、占地 150 多亩的花子村大棚种植基地，由花子村经济发展合作总社具体运营，共吸纳股民 342 户 1160 人，共涉及农户 106 户，流转土地 150 余亩，建成果蔬大棚 137 座，引入葡萄、红玛瑙樱桃、玉露香梨等高价值林果种植，共种植葡萄 35 棚、樱桃 42 棚、玉露香梨 52 棚、蔬菜 8 棚，其中仅葡萄一类就有 11 个品种之多。这些绿色果蔬不仅种类丰富，而且销路也很广泛。另外，由于果树生长周期内无法盈利，村里还在果木林下间种辣椒、西红柿、板蓝根等。截至2023年，果树里间种的线椒等收成喜人、销路不愁，蔬菜大棚年收益10万余元，水果类棚正常挂果后预计年收益可达400万元。

然而，好收成来得不容易。起初，因为大棚远景收益还不明朗，村民们对此并不积极。很多青壮劳力在外务工，棚里的杂草能长到半人多高，没多少人愿意在大棚里谋光景，想干的单打独斗也干不起来。后来，村两委、第一书记和扶贫工作队挨家挨户给村民们讲政策、谈优势、话前景，耐心细致地做动员，终于打动了大伙。种植基地这才得以红红火火地发展起来。

发展种植基地以来，村民收入有了显著提升，通过土地流转、参与务工、入股分红三个渠道可实现人均增收2000元以上。2017年底，花子村实现整村脱贫，村民人均收入从2014年的3200元增长到2020年底的1万元以上。2021年底村集体收入达到67.8万元，当年人均可支配收入提高至13559.79元。2022年5月，花子村被确定为市级乡村振兴示范村，年底实施提质增效项目，改造维修葡萄大棚35座，增设滴灌设施；改良高标准天桥樱桃大棚17座，新增果林灭虫灯30盏。2023年新申报了鲜花种植、空调冷库等项目，花子村真的要成为名副其实的鲜花盛开的地方了。

除了大棚种植产业，花子村在2016年动工兴建了农光互补发电基地，2017年并网发电，项目占地16亩，规模为0.45MW。电站地面种植了中药材桔梗，实现农业与清洁能源结合，带来了双向收益。光伏基地正常日发电1440度，按照国家补贴后每度电0.98元计算，每年可创收50万元以上。电站产权归集体所有，光伏收益用于村集体公益事业、表彰奖励文明户与文明个人，以及慰问救助深度贫困户。

◆ 棚内种植。 张婷婷摄

近年来，除了大力发展大棚种植基地与农光互补电站两大支柱产业，花子村在人居环境提升、基础设施建设上持续发力，群众幸福感倍增。花子村地下为断层沉积岩，历年来缺水严重，多次打深层井取水都以失败告终。2017 年，村里从 3 公里外的长水沟引水进村，建设集中供水点 14 个；2019 年，开展了自来水进户工程，彻底解决了花子村吃水难的历史难题。同年，村里建成 2000 多平方米的文化广场一处，小型休闲公园两座，农村电商体验站、电商服务中心各一座。在天然气入户工程的帮助下，全村 150 多户符合条件的住户一改传统的火炉取暖方式，用上了清洁能源。村里还硬化沥青路面 2.5 公里，使道路状况得到改善；改造污水系统，累计新铺设下水管道 5.6 公里，基础设施全面升级。

作为兴县的美丽宜居示范村之一，花子村牢固树立“绿水青山就是金山银山”的理念，重视村容户貌提升，实施硬化、亮化、绿化、美化工程，对村民房前屋后、院内院外、村内村外的乱堆乱放和河沟道渠进行集中整治，基础设施不断提档升级。村里每个月都会开展卫生评比与奖励活动，还增设了保洁员及环境卫生监察员，实现了住户庭院与道路街道的整洁美观，有力改善和提高了群众的生存环境和质量。

怎么样，花子村是不是你心中乡村最美的模样？我们有理由相信，未来，花子村将会持续推动党建工作与农业产业发展的深度融合，从吕梁精神中汲取力量，奋力书写百姓生活幸福、产业布局合理、乡村宜居宜业的新篇章！

会讲故事的白果树

在曲沃县北董乡南林交村，有一棵古老的银杏树，当地人称为白果树，树粗需五个成人才能合抱住，村人说先有白果树后有村庄。千百年来，白果树历经风霜雪雨，身上布满了时间雕刻的历史痕迹，它是抗日战争时期曲沃人民英勇杀敌的历史见证者。白果树也是一棵英雄之树，解放战争时期，1948 年解放军攻打临汾时，不少攻城解放军壮烈牺牲，当地群众用白果树的枝干做出了几十口棺材，让烈士的英灵安息，因而它也是军民鱼水情的亲历者与见证者。当然白果树也是新时代老区人民艰苦奋斗、奋力拼搏，成功实现脱贫致富、走向乡村振兴的见证者。

2019 年 5 月举办的首届中国·山西曲沃国际蔬菜博览会上，南林交村的莲菜种植合作社尽管展位不大，但前来购买的顾客络绎不绝，展位上的蔬菜产品供不应求，短短几天便卖出了 5 万多元。同时，该合作社还代表曲沃县大蒜基地与中国农产品流通协会生鲜业委员会签署了 2000 万元的战略合作协议，为曲沃县农产品外销拓展了新的渠道。

南林交村在博览会上取得骄人成绩，离不开曲沃县长效发展的产业布局与政策引导。曲沃县位于临汾市南端，属于革命老区，是有名的“千年古县”，也是中国成语典故之乡。这里地势平坦、土壤肥沃、水源充足，是中华民族农耕文明重要发祥地之一，早在西周时期就以“唐献嘉禾”而闻名，因此农业是该县的支柱性产业。改革开放以来，特别是新时代，曲沃县逐渐探索出一条以特色高效农业为主的发展之路，将实施“菜篮子”工程、打造“晋之源”现代农业作为促进农民增收、助推乡村振兴的着力点和突破口，带动老区人民走上了脱贫致富之路，为世人勾画了现代菜业的“新样板”。而南林交村是曲沃重点扶持的绿色高质高效发展的示范村之一。

南林交村位于紫金山脚下，依山傍水，环境优美，沸泉和龙底泉长流不息，这里所产莲菜皮白如玉、口感脆嫩，三晋时期曾为御膳贡品。早在20世纪80年代，在外跑运输的村民魏明忠偶然发现：外地莲菜口感品质比家乡的差远了，却能卖高价。这让魏明忠陷入了沉思。看到优质的蔬菜不能成为村民致富的优势产业，他心里十分着急，他认为自己作为一名退役军人，一名共产党员，理应继承老区人民光荣的革命传统和艰苦奋斗精神，勇敢地担当起帮助村民脱贫致富重任，于是他决定帮助乡亲们做大莲菜产业。但后来他发现，乡亲们种植莲藕的技术与模式比较落后，存在着分散经营、规模小、品质低及收益少等问题，这些问题很长时间困扰着魏明忠和乡亲们。

2008年魏明忠在乡里参加会议，当他听到合作社这一新鲜说法时，犹如醍醐灌顶，一下找到了解决莲菜产业化问题的办法。在南林交村两委和上级政府的支持下，他三天跑完了所有组建合作社的手续，带头成立莲菜种植专业合作社。合作社成立后，有效地扩大了规模和实力，形成了稳定的销售渠道，农民收益也得到了大幅提升。尝到甜头的南林交人，又在政府的支持和指导下，成立了改良大蒜合作社，因为北董乡一直享有“大蒜之乡”的美誉，种植面积2万亩，是当地老百姓增收的支柱产业。但大蒜价格大起大落，种植户承担着极大的市场风险。成立合作社不但有效地降低了种植户的市场风险，还搭建起了小生产与大市场之间的桥梁，因此也有效地带动了整个北董乡的大蒜产业。

为了更好地促进合作社的发展，2011年，在曲沃各级政府的支持下，成立了农民合作社联合社，走规模化、品牌化发展的路子。合作社成员覆盖曲沃县的24个村，蔬菜面积发展到4万余亩。在南林交村的带动下，曲沃县注册登记农民合作社827个，共创建四级示范社135个，其中国家级示范社6个、省级示范社36个、市级示范社27个、县级示范社66个。合作社在组织带动农户发展生产、衔接产销、助力促进现代农业发展和乡村振兴等方面发挥着越来越大的作用。合作社社员说："加入了合作社，种了十几亩地，有种的大蒜、洋葱、莲菜，不管什么蔬菜，合作社都帮给销售了，既不愁卖，价钱也挺高，收入还挺不错的。"曲沃县2014年建档立卡贫困人口1821户、6437人，经过6年奋战，到2018年脱贫攻坚战已经取得了决定性胜利。

南林交合作社成立后，村民们走务实创新之路，不断引进新技术，提品质、增效益，生产无公害蔬菜。同时带着产品跑市场、搞认证，逐渐开拓了稳定的销售渠道。2012年，"南林交"商标得以注册，打出了"南林交"蔬菜的品牌。随着"南林交"品牌的知名度提高，合作社产品供不应求，80%以上实现了订单销售，尤其是2016年与韩国签订了1000吨蔬菜出口订单，实现曲沃县农产品首次出口。

尽管合作社成立后解决了不少发展中的问题，但莲菜的季节性特点和容易腐烂的弱点仍然存在，这是一直困扰着魏明忠及乡亲们的又一大难题。2010年，魏明忠为了研究莲菜的真空包装到底能储存多久，便不顾家人阻止，购买了真空包装机和3万元的莲菜，全部包装完毕后，存放在冷库进行试验，但两个月后，真空包装的莲菜外观全部变色，虽然口感上没有太大影响，但是品相"惨不忍睹"，试验失败了！但失败并不能打趴这位铁骨男儿，因为他的身上流淌着老区人民的血液，潜藏着革命军人的毅力与胆魄。一年后，通过多方面的研究与外出学习，魏明忠的莲菜真空包装技术成功了！多年困扰村民的难题解决了！这为产品远销、开拓市场提供了保障。在曲沃县委县政府的统筹规划与积极引导支持下，“南林交”牌莲藕名气越来越响。2011 年通过了无公害产地、产品认证；2012 年取得了国家农业部地理标识认证，是曲沃首个取得地理标识认证的产品；2014 年荣获第十二届中国国际农产品交易会参展产品金奖；2015 年更是代表山西参加了波兰农展会；2019 年获得中国绿色食品发展中心的绿色食品认证；2022 年在成都举办的第十九届中国国际农产品交易会上，曲沃召开了“南林交莲藕”地理标志农产品品牌推介会，南林交莲藕受到全国各地采购商追捧，也因此走出山西、走向世界。

然而，莲藕产销困难解决了，大蒜种植又出了问题。正当大蒜销售渠道畅通、价格走高时，由于外出务工人员较多，造成了收种大蒜时节的“用工荒”和人工费增加，大蒜收种的机械化、自动化便提上了日程。此时，国家正大力提倡农业生产托管[①]，这不仅能提高种植和收获效率，还能降低广大种植户的生产成本，南林交村两委决定走托管之路。但托管需要种植和收获的机器，一台大蒜种植机械需要 10 余万元，如果群众不认可这种种植技术，那么购买机械的钱就可能打了水漂。正在村两委犯难时，魏明忠以军人的胆魄挺身而出，他和他的合作社毅然承担起了大蒜托管项目，他说这个风险他敢冒也值得冒。2019 年秋天，他花费 18 万元购回一台大蒜种植机，在他的示范带动下，当年北董乡通过大蒜种植机来种植的土地共有 600 余亩，2020 年种植面积扩大到 1046 亩。2020 年大蒜收获前，魏明忠又花费 10 余万元购买了一台大蒜收获机，当年利用机械收获的大蒜面积达到 1066 亩。自此，北董乡大蒜的种植和收获全部实现了机械化。农业生产托管给这里的大蒜经济带来了勃勃生机。

① 农业生产托管是农户等经营主体在不流转土地经营权的条件下，将农业生产中的耕、种、防、收等全部或部分作业环节委托给农业生产性服务组织完成的农业经营方式。

南林交人积极探索市场规律，研究市场动态，终于闯出一条蔬菜销售经营的康庄大道。贴有“南林交”绿色品牌的各种蔬菜走进了县城及一些大中城市的超市。2016 年，“南林交”洋葱向韩国发货 1000 吨，开启了曲沃蔬菜走出国门的先河。2020 年，第二届黄河金三角曲沃国际蔬菜博览会上，与外国客商签订 2000 万元的蔬菜销售协议。更为可喜的是，网络销售成为联合社蔬菜销售的常态，截至 2023 年，网络销售已占到蔬菜经营的 80%。仅莲藕合作社一项，便年产莲藕 150 万斤，总资产 900 万元，年利润 700 万元。在南林交村的带动示范下，作为曲沃县第一大农业乡的北董乡，2018 年顺利入选了全国农业产业强镇示范建设名单。近年来，葱、蒜、藕等蔬菜种植面积达 5 万余亩，并以此丰富了曲沃“晋之源”现代农业产业发展内涵。近年来，曲沃县引导农民群众立足优势，开拓进取，先后获得“全国商品粮食基地县”“全国新型职业农民培育试点县”“580 个蔬菜重点县之一”“国家现代农业示范区”“全国休闲农业和乡村旅游示范县”“全国农产品质量安全创建县”“全国农村创业创新县”等 10 余张金名片。

南林交村人尽管已经富裕起来了，但并没有满足现状止步不前，他们牢记党的二十大报告“发展乡村特色产业，拓宽农民增收致富渠道，建设宜居宜业和美乡村”的号召，积极践行“绿水青山就是金山银山”的发展理念，落实曲沃县“旅游 + 农业”现代农业发展规划，结合蔬菜产业形成的千亩荷塘、万亩大蒜，以及水源丰富、绿意盎然的自然生态特点，充分挖掘曲沃诗经文化，打造了“诗经故里”旅游景区，并将北董乡建成了“旅游 + 养生度假 + 农业种植田园综合体”。游客们来到此地，既能远离尘嚣，欣赏自然景色，又能体验春种秋收，享受农家乐趣，既能望得见山，又能看得见水，更能感受到浓浓的乡愁。

◆ 南林交诗经故里景区。　张荣摄

村中那棵白果树已经成为“诗经故里”的旅游景点之一，它一如既往地傲然挺立，笑迎八方宾客，向客人们讲述战争年代曲沃人民英勇抗敌的故事，讲述和平年代共产党人服务人民、建设美丽家园的故事，这些故事既连接了过往的历史也寄托着未来的希望。

铁炉贡梨重绽风采

“梨花淡白柳深青，柳絮飞时花满城”。4 月的高平市陈区镇铁炉村正千亩梨花翘首枝头、迎春绽放，一片片、一簇簇洁白的梨花，有的含苞待放，犹抱琵琶半遮面；有的绽放自如，满园飘逸正芬芳。二月兰点缀在梨树行间，衬托得梨花更加如雪似玉、洁白无瑕。微风拂过，成片的梨花轻轻摇曳，婀娜多姿，阵阵清香沁人心脾。游客们穿梭于梨园花海，感受着这份诗意与浪漫。

◆ 2023 中国·高平梨花节暨红色小镇·运动野川第五届自行车公开赛启动仪式现场。　山西画报社供图

这是 2023 年 4 月 12 日在高平市陈区镇开幕的“梨花深处是我家”梨花节活动。以花为媒，以节兴旅，活动中开展了“诗书画影艺茶”雅集活动、民俗表演、沉浸式演出、上党梆子名家唱响梨园、春日集市、特色小吃和黄梨研讨会等民俗文化活动，让广大游客尽享梨园春色、花开美景和丰富多彩的文化盛宴，以此促进铁炉村的黄梨产业，为乡村振兴注入不竭动力。

铁炉村位于高平市陈区镇东南部，自古就有“梨乡”的美誉。所产黄梨果形端正、色泽金黄，个大皮薄、汁多味美、香甜适口，食用此梨对上火清肺、口舌生疮等有明显疗效。据《上党广志》《高平县志》记载，铁炉贡梨始于隋唐，盛于明清，是高平黄梨的顶级代表，作为上党特产多次进贡朝廷，故名“铁炉贡梨”。在百姓心中，贡梨要留给最重要的人品尝。抗日战争时期，彭德怀视察驻扎在高平的八路军，时任三四四旅旅长的黄克诚把彭总安排住在铁炉村。房东百姓看到彭总旅途劳累、声音嘶哑，赶紧拿来大黄梨，彭德怀品尝之后赞不绝口。

然而，在这块相同的沃土上，历经多年后，却由于梨园划片到户，村民技术水平低、管理不到位，大片的梨树品种老化，沦落到“春天一树花，秋天不结果”的境地。种梨挣不到钱，梨园陷入了大面积荒置，梨树无人管理，内膛空旷，枝条交叉重叠，树冠十分郁闭，果品产量低、品质差，不仅没有新品种，且加快了老梨树的衰老和死亡，导致了“粗—低效—粗放”的恶性循环。再加上陈区镇所管辖的 30 多个村庄的地下几乎大都有煤炭，靠煤炭发展经济时，这些村庄的老百姓都富得流油。唯独铁炉村的村民眼巴巴地守着老祖宗留下的大黄梨树发呆，一年到头赚不到钱，有时还得落个赔。俗话说“粮贱坑农”一点不假，虽然铁炉村的贡梨名声远扬，但因卖不上个价钱，村民们也只好放弃铁炉贡梨，劳动力都跑到邻村的煤矿上去打工了。铁炉村的贡梨也悄然地退出了市场。

2011 年农村两委换届，在外经营煤炭生意多年的王建飞返乡回村，担任了村党支部书记。他看到荒芜毁坏的大梨树无人管理，十分心疼。暗下决心：“不能让祖祖辈辈苦心经营的金字招牌毁在我们这一辈人手里”，“政府号召煤矿要转型，要发展非煤产业，一定要回村用自己挣的钱，发展咱铁炉的贡梨产业。”

王建飞将复兴贡梨产业的想法向村民讲了，但是一提到要流转土地，大伙儿都怕竹篮打水一场空，毕竟土地是农民的命根子；让村民自己投资，大家又觉得希望渺茫，担心风险，不敢轻易拿钱。虽然村民们认可王建飞的人品及能力，但看着枯枝败叶、毫无生气的梨园，却怎么也提不起信心来。

怎么办？“党员干部，先走一步，路走对了，群众自然会跟上来，咱先带头干！”于是，在王建飞的号召下，党员干部带头上。经多方考察，铁炉党支部整合资金 200 余万元，于 2012 年 3 月由党支部领办铁炉贡梨种植专业合作社，采取“村集体 + 专业合作社 + 农户”模式，发展集体经济合作社。技术人员经过广泛查阅资料，采用压冠与腹接相结合的方法对长期放任管理导致内膛空旷、枝条交叉重叠、树冠郁闭的老黄梨进行更新复壮，使得老树焕发活力，产量品质也有了大幅提升。烽火年代，曾经滋润过当年将士心田的铁炉贡梨，在新时代党员的带领下终于等来了新生。党支部领办合作社这把“金钥匙”一经转动，梨园的果子便逐步成为乡村发展的“黄金果”。

大家看到好处，自然就纷纷入股，“我们书记干劲大，咱可不能拖了后腿啊。”合作社吸收502户农户入股，采取土地流转的方式，集中1000亩土地栽种梨树，种植梨树4.9万余株，把铁炉贡梨的面积一下扩大了几倍，并着手改造更新了300亩老梨树。“采用压低树枝，立体式修剪的办法，增加果树的通风透光性，使果树一层层挂果。”这样既节省养分，又增加产量。以果压树，以果管树，以果看树，边结果边塑形，通过加强管理，不仅每立方米可以增产25公斤果，也很好地解决了原来高平黄梨“口感不好，渣子大，味道也不太甜”的缺点。

经多方筹措，王建飞先后投资2000余万元，更新改造老梨园270亩，新发展梨园770亩，累计种植标准化黄梨1040余亩，建成了高平市单体规模最大的黄梨种植基地。同时，还兴建3000立方米的蓄水池2座，在全园范围内配套了涌泉灌节水灌溉设备，并建设果品冷藏保鲜库3座和果品加工厂房1座。

村民们通过土地流转得租金、入股分红得股金、务工投劳得佣金等多种渠道参与进来，同时，为了使社员放心，合作社规范内部管理，对社员实行“六统一”服务，即：对农资实行统一购买，对种植技术进行统一培训，对病虫害实行统一防治，对产品实行统一品牌、统一包装、统一销售。通过党支部领办合作社，连心、连利、连责，建立起村集体和群众利益共享、风险共担的产业发展共同体，最大限度提升了集体和村民参与和支持合作社经营发展的积极性。

“以前种梨全凭经验，没技术种不好，单打独斗销不出，自从跟了合作社，生意越来越好了。梨园里的活也不重还不耽误照顾家里，平时一天下来能挣个六七十块钱，对于像我这么大年纪的人来说，知足啦！”74岁的村民王继龙怎么也想不到，自家那片快荒废的梨树地如今成了自己养老的保障。

“我们书记以前也是个帅小伙儿呢！现在成了黑黝黝的‘小老头’。”合作社管理人员宰天吉笑着说，当时听到要流转土地复兴贡梨，他第一个举手示意要将自家的三亩地进行流转。“在外面打工很辛苦，如果真的能把咱这梨重新种起来，富了村子，更富了村民，我信得过他！”宰天吉是村上的党员兼村民代表，自合作社成立以来，宰天吉便又是技术人员又是管理人员，看着梨园逐步扩大，心里多了份感慨。“我见证着梨树由衰落到兴起，看着它们长大，一路走来有多难，书记和我们一起抗，肩上是大伙儿对我们的信任，更是作为党员的使命与担当。”

在村党支部带领下，合作社与山西农大、江南大学共建创新创业基地，成立黄梨科技小院，在科技创新、示范推广、人才培养等方面开展全方位合作。引进山西农大果树学教授李六林团队，围绕贡梨业生态栽培、仓储保鲜、产品研发、智慧农业等领域协同创新，并为合作社和社员提供零距离、零门槛、零时差和零费用特色服务，促进贡梨产业优质、高效、可持续发展。2022年，“高平市黄梨科技小院”已成功入选第一批国家级支持建设行列，合作社申请创建了山西省有机旱作示范片，申报了有机旱作农业标准化示范区，带动“铁炉贡梨”成功获得农业部无公害、有机食品认证，年产量稳定在300万斤左右。

合作社坚持全链条发展，构建了黄梨生产“选种—种植—深加工—线上线下销售—休闲观光”完整产业体系，探索了三产融合做强品牌的产业化发展路径。一产种好梨。坚持发展有机旱作农业，不断探索老梨树更新复壮、无公害病虫防治、果园生草法、地下式自然通风果品贮藏等先进技术，先后攻克虫害、鸟害、冻害等技术难题，有效提升果品质量，实现精细化管理、标准化生产、科学化种植。二产加工梨。先后建成贡梨深加工厂房、贡梨果品检测室、优质苗繁育基地，修建参观通道、无尘生产区、特色带货直播间，研发形成“药食同源”的梨脯、梨片、梨膏、梨饮品等系列梨产品，年产值达1000余万元，进一步延伸了贡梨产业链。三产宣传梨。村党支部锚定“农旅结合、以农促旅、以旅强农”的发展方向，连续6年举办“梨花深处是我家”梨花节，通过梨花摄影比赛、评选“梨王”、网络直播等活动，大力推广农业生态观光游、农耕农事体验游、传统黄梨采摘游等项目，带动超6万人到铁炉欣赏田园风情，擦亮叫响了“铁炉贡梨”的“金字招牌”。同时，借助市政府电子创业园，组建专业销售团队，实施“互联网+”战略，通过与淘宝、乐村淘、顺丰三晋风味等公司合作，利用抖音、快手等新媒体直播带货，让黄梨及其深加工产品插上了“云翅膀”，飞向更加广阔的市场。

◆ 铁炉贡梨贮藏。 山西画报社供图

“用心种好每亩田，麻雀也能变雄鹰。”王建飞信心满满地说，下一步，将继续叫响叫亮“铁炉贡梨”这一名片，助力实现乡村美、产业兴、农民富，坚定走好以党组织引领产业振兴，从而带动乡村振兴的“铁炉之路”。

青塘粽里稳稳的幸福

习近平总书记在东西部扶贫协作座谈会上曾深刻讲到，“摆脱贫困首要并不是摆脱物质的贫困，而是摆脱意识和思路的贫困”[①]。习近平总书记还深刻论述了“物质贫困”“思路贫困”和“意识贫困”的内在逻辑，指出摆脱物质贫困必先摆脱思路贫困，摆脱思路贫困必先摆脱意识贫困，这为精准脱贫提供了强大的理论指导和科学的实践方向。近年来，临县安业乡前青塘村紧紧抓住新一轮脱贫攻坚战的有利契机，通过把小粽子做成大产业，在粽子里包出了村民们稳稳的幸福，走上了“一村一品一主体”的脱贫新路径。

前青塘村名的由来，据说是因为村中有一泉眼，流出的汩汩泉水汇聚成塘，因此得名。在中国古村落的评选中，该村第三批入围。据《临县志》记载，从元代起，前青塘村就开始种植粽叶、制作粽子，是远近闻名的粽子村。这里一直流传着“青塘的苇子，刘家庄的汝子”之说，就是在夸赞青塘苇叶品质上乘。然而，数百年来，上好的苇叶却没能给青塘人带来优越的生活。2014 年以前，全村 794 户村民中，建档立卡的贫困户竟有 344 户之多。全村人只在端午节这天包粽子，粽子也只出现于自家餐桌，平时只卖苇叶，1 斤苇叶最高只能卖到 4 块钱。难怪人们说前青塘村人是捧着金饭碗讨饭吃。

精准扶贫开始后，临县大力支持前青塘村发展粽子加工业。临县文化局对口帮扶，帮助村两委想办法、找思路。为了找到切实可行的

① 中共中央党史和文献研究院编:《习近平扶贫论述摘编》，中央文献出版社 2018 年版，第 137 页。

发展之路，村党政班子外出学习先进经验，回来认真梳理自身情况。集思广益之后，前青塘村决定以党建引领文化，利用村子的自然资源优势，开发蜜浸大枣粽的传统手工制作技艺，归纳为26道工序，包括了青塘糯米、青塘粽叶、青塘水、黄河滩枣等程序在内。这套技艺入选了吕梁市非物质文化遗产名录。

只有文化、没有产业，不足以让前青塘村走出贫困。村民张新勤常年在外务工，偶尔吃到当地一些餐饮老字号售卖的粽子，吃完就想分明还是家里包的粽子更好吃。感慨的次数多了，从小在前青塘长大的张新勤心里慢慢萌生了一个念头：村里的水好、粽叶好，包出来的粽子肯定好，为什么不把这些资源利用起来呢？恰逢村里脱贫攻坚战的大好时机，张新勤毅然放弃了在外经营多年的电动车事业，转而回乡创业。2015年，在村两委的支持下，山西临县青塘食品有限公司正式成立，青塘粽子由此逐渐从最初的家庭小作坊式生产发展为工厂化生产。

村里的贫困户不少，大家一听说将来能在家门口打工赚钱了，都很高兴。厂子建成后，村民们干劲儿十足，把传统技艺发挥得淋漓尽致。“三片苇叶，三颗枣，一百克糯米不能少。”，粽叶交错相叠，绕着左手大拇指来上一圈，形成一个漏斗状，放入泡好的糯米和枣花蜜浸泡的黄河滩枣，粽叶封口、马莲草紧紧绑起，整套动作行云流水，短短十几秒，一个“牛角状”的粽子就包好了。每逢端午节，是厂子里最忙碌的时候，日产量达到1.5万至2万个。一颗颗粽子从生产线上下来，直接装车发往全国各地。当天生产的鲜粽，根本不用经过库房。

经过努力，青塘粽子这种传统美食，终于成功地走向了市场。2017年，来厂里打工的贫困户们平均每人每月能挣二三千块钱。通过改革创新，公司将太原、浙江等地的先进生产技术与传统手工制作技艺相结合，粽子保鲜期由原来的5天延长为6个月，生产期由原来端午前后不到1个月延长为4个月。随着青塘粽子品牌知名度、市场认可度的不断提升，加入生产、销售粽子的村民越来越多。到2019年，全村的粽子加工户，从2家增加至38家，从业人员500多人，直接解决了255名贫困劳动力的就业脱贫问题。生产规模也从最开始的年均5万个增加到年均500万个。很多家庭以此为支柱产业，这里成为了真正的粽子之村，一年四季，村内都弥漫着粽子的香气。前青塘村也在2018年一举摘掉了"贫困村"的帽子。根据临县前青塘村党支部书记兼村委会主任张新文的介绍，全村可日产30万只粽子，年产量3000万只，产值达1亿元，年利润约1300余万元。青塘村食品有限公司负责人张新勤介绍，粽子产量跟不上订单数量是常有的事，销售高峰期全厂有300多名裹粽工。57岁的村民刘金梅就是其中一位，能在家门口打工挣钱，让她非常高兴。接受记者采访时，她说："每天最快能包1400多个粽子，每个粽子工费2毛5，销售旺季时一个月能挣七八千块钱。既能在家门口打工挣上钱，还能方便照顾家里，挺好！"安业乡党委书记曹双龙介绍青塘村的粽子产业时，流露出一种自豪与喜悦，"现在全村产值达1亿元，村里2600多人从事粽子相关工作，其中脱贫人口达410多人。"

芦苇荡，还是那片芦苇荡；青塘，已不再是原来的青塘。浓酽绵长、清婉幽邃、甜糯丰沛的口感，让青塘粽子一举打开销路，在更加广阔的天地里，小粽子逐渐发展成脱贫致富的大产业，真正实现了当地资源养育当地人。但是，前青塘村的目光远不止于此。意识到粽子产业存在地域和时令的限制，村两委在发展粽子产业之初，就决定推动青塘村一、二、三产业深度融合发展。

2015年的端午节，前青塘村热闹非凡，首届"青塘粽叶香"民俗文化节在这里隆重举办。村子为此做了大量的准备工作，安排的节目也是极具特色。不仅有包粽子、编苇席，还有剪纸、纺线、拧麻等传统手工技艺的展示。游客们纷至沓来，有数千人参与了开幕当天的活动。首届文化节的成功举办，不仅促进了青塘粽子的畅销，更让前青塘村人第一次切身感受到了文化的魅力以及巨大产业价值。“青塘粽叶香”民俗文化节连续举办了五届，不仅是前青塘村的品牌，也成了临县的品牌、吕梁的品牌。作为主办方，前青塘村不断丰富活动内容，带来了影响力的不断扩大。2017 年，山西省人民政府授予该村为“山西省历史文化名村”。2018 年，国家住房和城乡建设部、国家文物局又将“中国历史文化名村”的称号授予该村。

趁着民俗文化节带来的辐射效应，村两委决定加入近年来兴起的乡村旅游热潮。在参考、借鉴古村落保护开发的成功案例之后，前青塘村筹集资金，修缮保护了 32 座古建筑、206 孔窑洞。同时，开辟了 32 亩土地和 500 亩山地，建设了 16 个大棚作为采摘园，还开办了 3 户农家乐，还兴建了集水上娱乐、休闲垂钓于一体的鱼塘旅游项目。2018 年，前青塘村获得旅游扶贫示范村称号，当年吸引游客超过 5 万人次。获得了游客们的良好口碑，前青塘村的乡村旅游开始火爆起来。2019 年上半年，超过 10 万人次的游客前来观光游玩。人流量的提升，让部分有才干的村民看到了商机。贫困户李根宝是石匠，之前没有用武之地。现在，他充分发挥自己一技之长，干起了制作小石磨的生意。他制作的石磨系列产品，在 2017 年“山西省第五届农博会”的展台上大出风头。到了 2018 年，李根宝凭着石磨产业拿到了 6.7 万元的年收入，不用外出打工就实现了脱贫致富。

青塘粽子经过 12 年的发展，做成了全国的名特优产品，也成为了山西省非物质文化遗产。2023 年全村产值达到了 1.5 亿元，全村从事粽子生产的人数达到 3000 多人。

如今的前青塘村，把苇子工艺品编织、水稻种植、鱼塘垂钓、特色民居旅游、农家乐确定为支柱产业，初步形成了集采摘观光、游玩娱乐、民宿体验为一体的休闲农旅模式。先后建成的采摘园、观光桥、小吃街、水上乐园等农业旅游和观光娱乐项目，吸引着成千上万的游客。这些事实，证明了村子当初的发展思路是正确的。明清古建筑修缮、硬化道路、扩大鱼塘、开发红色旅游、建设芦苇林和采摘园等20多项古村落保护与开发并举的建设项目，推动了前青塘村的快速发展。延绵的凤岭山下，潺潺清澈的海眼泉，滋润着千亩芦苇及农田。一湾池塘内，游客们泛舟游玩；池塘边的游乐场上，孩子们奔跑雀跃；一旁的小吃街上，稻米飘香，美食集聚……

◆ 青塘村首届“粽叶香”民俗文化节开幕。 山西画报社供图

回顾前青塘村的脱贫之路，从粽子加工起步，联姻民族传统文化，培育出一个粽子品牌。品牌的反向效应，也让前青塘村自身的历史文化走出吕梁山。这种文化与产业的双向赋能，不仅带来了可观的经济效益，更产生了巨大的文化价值。前青塘村的华丽转身，表面看是产业发展升级的过程，深度挖掘之后，也是文化自信、制度自信的典型实践。

这个黄土高原上的村庄，靠着一枚枚小小的粽子包出了稳稳的幸福，带着吕梁山芦苇的清香和黄河滩枣的甜蜜走向远方，带着三晋儿女继往开来创造美好生活的文化自信，以及对幸福生活的美好向往，走向更加美好的未来。

结 语

山西革命老区的历史经验充分证明，对于共产党人而言，红色基因是信仰，她让人目光远大，追求高远；红色基因是忠诚，她让人爱党爱国，矢志不渝；红色基因是追求，她让人勇于拼搏，自强不息；红色基因是忘我，她让人无私奉献，无怨无悔。这基因，让青春常驻，让生命之花绽放，让人生的每个时期都有其独特的魅力。

多年来，山西省传承红色基因，赓续红色血脉，让红色故事发扬光大，进一步融入人民群众的日常生活中，让更多的社会力量参与红色文化传播，使全省社会各界都能从中感受到共产党人、全体共产党员以及全体中国人民为实现中华民族伟大复兴而不懈努力的精神活力。

红色文化是一种崇高坚定顽强的信念文化。真正的革命者从来不缺乏革命的理想信念，普遍具有革命理想高于天的坚定信念。山西作为革命老区，在1921年，中国早期的马克思主义者高君宇在太原组建社会主义青年团，开展革命活动。贺昌、彭真、徐向前、薄一波等一批共产主义运动先驱和革命家经千难而百折不挠，“虽千万人，吾往矣，虽九死，其犹未悔”，靠的就是对共产主义和社会主义至坚的信念和伟大精神。在山西这块革命英雄辈出的红色土地上，一代代共产党人和革命群众胸怀崇高理想，为民族独立解放作出了重大牺牲，为国家建设发展作出了突出贡献。山西这片红色土地上，曾涌现出一大批革命英烈。我们学习弘扬英烈英模们的信仰之美、使命之重、英雄之气、崇高之志，就是要让崇高坚定顽强的信念文化闪耀三晋大地，充分激发广大干部群众对伟大成就的珍爱之心、对革命先烈的崇敬之情、对继续前进的笃定之志，为全省党员干部群众注入无穷正能量。

红色文化是一种永远听党话跟党走的忠诚文化。2021 年 7 月 1 日，习近平总书记在庆祝中国共产党成立 100 周年大会上鲜明指出，坚持党指挥枪、建设自己的人民军队，是党在血与火的斗争中得出的颠扑不破的真理。90 多年来，我军之所以能够战胜各种艰难困苦、不断从胜利走向胜利，最根本的就是坚定不移听党话、跟党走。红军长征到达陕北后，毛泽东主席率领红军主力渡河东征，在晋西、晋中、晋南各地遍撒革命火种。全民族抗战爆发后，八路军三大主力挺进山西，创立了敌后抗日根据地。全民族抗战，山西成为了举世瞩目的战略要地，成为了华北敌后抗日根据地中心。八路军总部率领三大主力开赴山西抗日前线，以山西为中心进行抗战，积极开辟创建起晋东北、晋西北、晋东南、晋西南四大块抗日根据地，尔后以山西为立脚点和出发地，创建晋察冀、晋绥、晋冀鲁豫三大敌后抗日根据地，开展了民族解放战争运动。朱德、彭德怀、左权、邓小平等老一辈革命家长期生活战斗在山西，与党中央紧紧地联系在一起，始终在党的绝对领导下指挥行动和战斗，确保人民军队始终有着强大凝聚力、向心力、创造力、战斗力，并夺取全民族抗战的胜利。

红色文化是一种一不怕苦二不怕死的战斗精神文化。毛泽东同志说过，我赞成这样的口号，叫作“一不怕苦，二不怕死”。这种精神激励着山西革命老区干部群众战胜一个个艰难困苦和强大敌人，成为党的一项优良传统。抗战时期，革命先辈面对枪林弹雨视死如归，为革命事业奉献了一切。当时山西全省有 105 县，总人口 1147 万人，日军侵晋，烧杀抢掠，围攻“扫荡”，仅制造一次杀害千人以上的惨案就有 12 起，造成全省伤亡共计 276.18 万人，仅在册的山西籍革命烈士就达 10.5 万人。革命英雄刘胡兰面对国民党反动派的血腥杀戮毫无惧色，从容就义敌人铡刀下，慨然兑现了自己的承诺："我一个人死好了，不能叫众人死！"表现出共产党员不惧生死、甘于奉献的崇高品质。多年来，山西革命老区人民在推进社会主义革命和建设伟大实践中，大力发扬一不怕苦二不怕死的精神，励精图治、攻坚克难、真抓实干、顽强拼搏、持续奋斗，推动革命老区发生了日新月异、翻天覆地的变化。

红色文化是一种积极进取，探索创新的进取文化。积极进取，探索创新是中国共产党人鲜明的政治品格。越是伟大的事业，越充满艰难险阻，越需要积极进取，越需要开拓创新。山西省委、省政府深入贯彻习近平总书记视察山西重要讲话指示精神，大力弘扬中国共产党人在长期奋斗中构筑起的精神谱系和山西铸就的太行精神、吕梁精神、右玉精神，立足新发展阶段，在15万平方公里的土地上，盘活红色资源，大力推行革命老区乡村振兴示范区建设，通过红色资源的活化利用，着力推动三晋优秀传统文化创造性转化、创新性发展，将红色资源活化利用与深入探索革命老区高质量发展的山西实践有效衔接，完整、准确、全面贯彻新发展理念，构建新发展格局，建设起共和国能源重化工基地，建设国家资源型经济转型综合配套改革试验区，推动制造业高端化、智能化、绿色化发展，加快构建现代化产业体系，努力实现从"一煤独大"向"多业支撑"转变，形成"新""老"基础设施完善、扎实推进老区振兴发展的新局面，不断把山西高质量发展的宏伟事业推向前进。

红色文化是一种全心全意为人民服务的宗旨文化。一百多年来，为什么人民群众始终拥护中国共产党？就是因为我们党始终坚持全心全意为人民服务。习近平总书记强调："全心全意为人民服务，是我们党一切行动的根本出发点和落脚点，是我们党区别于其他一切政党的根本标志。"[①] 全省各级党委、政府在革命老区推进惠民新政，办好

① 《习近平谈治国理政》第一卷，外文出版社2018年版，第28页。

民生实事，围绕人民群众所想、所急、所盼，切实把民生工作抓在经常、管在日常，多点发力、精耕细作，以“绣花”功夫推进城乡精细化管理，治理水平和群众幸福感不断提升。大力实施文化赋能乡村建设，“送戏下乡”“电影下乡”“乡村剧场”……多种多样的文化惠民活动不断向基层延伸。制定《关于新时代支持山西太行革命老区振兴发展的实施意见》，加强对脱贫后不稳定户、边缘易致贫户以及因病因灾因意外事故等刚性支出较大或收入大幅缩减导致基本生活出现严重困难户的动态监测，巩固“两不愁三保障”等脱贫攻坚成果。完善住房、教育、就业、医疗和养老制度，努力绘就宜居宜业、和谐健康的三晋城乡壮美画卷！

红色印记言不尽，晋善晋美新时代。山西省把红色文化宣传教育与开展群众性文化活动结合起来，运用红色文化阵地和各类活动平台，精心培育根植群众、服务群众的文化载体和文化样式，让红色文化永远滋润广大干部群众的心田。

后　记

《红色记忆——革命老区巡礼》（山西篇）是国务院参事室、中央文史研究馆编辑出版《红色记忆——革命老区巡礼》系列丛书之一，旨在深入贯彻落实习近平总书记关于“要讲好党的故事、革命的故事、根据地的故事、英雄和烈士的故事，加强革命传统教育、爱国主义教育、青少年思想道德教育，把红色基因传承好，确保红色江山永不变色”① 的系列重要讲话精神。

山西红色文化是全国红色文化的重要篇章，既是进行理想信念教育的宝贵财富，又是开发红色旅游的重要资源。山西篇主要以革命老区为切入点，重点发掘、整理以革命老区为载体的红色资源，传承红色基因、赓续红色血脉，呈现老区人民的革命传统、奋斗精神和发展巨变。编撰《红色记忆——革命老区巡礼》（山西篇）的目的就是要充分发挥老区红色文化的多维功能，继承发扬老区和老区人民的光荣传统，加快推动革命老区振兴发展。

接到任务后，山西省政府参事室（文史馆）及时成立了山西篇组委会和编委会，由省政府参事室（文史馆）主任（馆长）王安禄担任组委会主任，副主任（副馆长）王双双、室馆研究员贾克勤任组委会副主任。编委会主任由贾克勤担任。

编委会根据组委会的要求，将集中精力、集中时间、集中人员作为基本约束，全身心投入工作。2022 年 9 月开始制定工作方案，2022

---

① 《习近平：用好红色资源，传承好红色基因，把红色江山世世代代传下去》，《求是》2021 年第 10 期。

年10月开展课题论证、搜集资料和召开编撰方案、编撰大纲研讨会等项工作，随后组织人员进入到正式写作阶段，2023年7月完成初稿编撰，随即进入到反复修改阶段，直到2023年12月才最终定稿。

结合山西篇体量大的特点，编委会及时组织了课题组，主要专家有：郭天印（著名作家、红色文化专家、出版家）、廖高会（中北大学通识中心主任、教授）、郭俊明（长治市作协主席）、王辉（省文化旅游厅创作室主任）、李成丽（省文化旅游厅戏剧曲艺研究所所长）、杜海燕（山西作协文艺评论家）、杜鹃（中北大学人文社会科学学院副院长，副教授）、黄晴（中北大学人文社会科学学院讲师）、张婷婷（中北大学人文社会科学学院讲师）等。课题组选择有特色、有传统、有底蕴的长治、阳泉、临汾、运城、吕梁、晋中等革命老区学习调研，每到一个地区都要召开座谈会，广泛征求老区专家学者的意见或建议，收集资料，进一步完善编撰方案和编撰大纲。

进入撰写阶段，为了提高效率，组委会决定实行主笔分工制：贾克勤担任“老区概览”主笔；郭天印担任“烽火岁月”主笔；廖高会担任“沧桑巨变”主笔，杜鹃、黄晴、张婷婷、杜海燕等参加了撰写。

在审稿阶段，省内很多研究机构、专家学者都参与了书稿审阅和修改，提出了很多有价值的修改意见。山西省委党史研究院组织红色文化专家认真审阅该书稿，并提出了修改意见；省作协原主席杜学文、省社会科学院《晋阳学刊》原主编孙晋浩在繁忙工作之余，为整本书稿进行审阅；山西省著名“红色文化”老专家、省委党史研究院田酉如，不顾年事已高和身体不适的困扰，多次对编撰大纲和概览进行审阅修改；省委政策研究室二级巡视员成五虎，在百忙之中为进一步完善概览部分，提出了宝贵的修改意见，还为写好概览提供了非常有价值的文献资料。另外，还非常感谢山西省著名散文作家乔忠延、临汾日报原总编王庚星、太原理工大学教授赵喜萍、晋城市沁水县党史研究专家王良、省社科联杨扬等专家学者，他们作为山西省某些领域的知名学者，为编好本书提供了很多好的素材，为山西篇提供了智力支持。三晋文化研究会的谢恺、王岳作为课题助手，为课题组提供了很多有参考价值的资料。此外，相关市县政府为课题组实地调研提供了工作便利，山西画报社为本书提供了部分照片，在此一并表示衷心感谢。

由于对文献资料去粗取精、去伪存真的能力水平所限，其中包括采用的少数照片，难免有不妥之处，希望广大专家、学者、读者及时批评指正。

本书编委会

2023 年 12 月